好妈妈好爸爸

# 培养完美女孩的100个细节

青影 ◎ 编著

## 细节——决定家庭教育的成败

培养完美女孩，要注重家庭教育的每一个细节
改变你想法的1%，女孩的人生就会变得与众不同

内蒙古出版集团
内蒙古人民出版社

图书在版编目(CIP)数据

好妈妈好爸爸培养完美女孩的100个细节/青影编著．
—呼和浩特：内蒙古人民出版社，2012.12
ISBN 978-7-204-11452-8

Ⅰ.①好… Ⅱ.①青… Ⅲ.①女性-家庭教育 Ⅳ.①G78

中国版本图书馆CIP数据核字(2013)第006411号

| | |
|---|---|
| 书　名 | 好妈妈好爸爸培养完美女孩的100个细节 |
| 编　著 | 青　影 |
| 责任编辑 | 晓　峰 |
| 出版发行 | 内蒙古出版集团　内蒙古人民出版社 |
| 地　址 | 呼和浩特市新城区新华大街祥泰大厦 |
| 印　刷 | 三河市同力印刷装订厂 |
| 开　本 | 787×1092　1/16 |
| 印　张 | 16 |
| 字　数 | 250千 |
| 版　次 | 2013年1月第1版 |
| 印　次 | 2013年3月第1次印刷 |
| 印　数 | 1-12000册 |
| 书　号 | ISBN 978-7-204-11452-8/G·3597 |
| 定　价 | 28.00元 |

如出现印装质量问题，请与我社联系。联系电话：(0471) 4971562　4971659

发展孩子独特的个性来应对未来社会的多元文化，发展出稳定的情感应对外界的竞争，充分发展内部的动机应对外界的利益驱动，发展自我的认同应对外界的急速变化。

——家庭治疗专家 刘丹

你的眼神、表情、动作等都是非言语，非言语反映出你内心的真实想法。在跟孩子说话时应该是发自内心的，这样你的言语和非言语的搭配才是吻合的，才有效果。甚至有的时候，可以把言语去掉，直接用非言语。

——著名学者、心理学教授 杨凤池

# 前言

好爸爸好妈妈是需要锻炼的,好女孩是需要培养的。每位年轻的爸爸妈妈都希望自己的女儿优秀,在同龄孩子中出类拔萃。但是很多时候并不知道如何培养出优秀的女孩,因此,难以避免地在实际教育中出现了诸多问题。

当下社会流行一句话:男孩费心,女孩省心。其实这句话是相对的,无论是男孩还是女孩,如果想让他健康、快乐地成长,父母就没有省心的时候。特别是独生子女政策让父母们对唯一的孩子视若掌上明珠,女孩尤其如此。那么,如何培养女孩成长,让她成为一个优秀的人,这个任务就摆在了每位年轻爸爸妈妈的眼前。

其实,优秀女孩都是培养出来的,父母作为孩子的第一任老师,在其中扮演的角色无可替代。新一代的年轻爸爸妈妈,无不希望自己的宝贝女儿能够出类拔萃,望女成凤是一种渴望,更是一种期盼。或许对大部分女孩来说,出人头地并不实际,名垂青史更加渺茫,然而追求更好的人生,更多的幸福,更美的未来,却是每位为人父母者的期望,更是一种矢志不移的追求。于是,如何教育女儿就成为父母们最"头疼"的事。

天下没有不爱女儿的父母,因此,即便当真头疼也是一种幸福,当然,这种幸福中还有着重重压力。

年轻的父母们,你们想摆脱这种压力吗?你们想找到教育女儿的最佳方法吗?

好吧,请你翻开这本书,它会带给你一系列有益的启示,让你明白培养优秀女孩的正确路径,让你少走弯路,多多受益。

一个优秀的女孩应该是怎样的?

本书告诉你:她应该身心健康,她应该气质非凡,她应该知识丰富,她应该坚强勇敢,她应该自立自强,她应该美德出众,她应该品行端正。除此之外,她应该抛开许多世俗的挂念,譬如势力的金钱观和无节制的消费观。

要想培养出上述优秀的女儿,父母又该具备怎样的素质呢?

**本书建议**:你应该以身作则,你应该树立权威,你应该作好榜样——总之,你应该积极引导,你应该不遗余力地帮助女儿抛弃一切坏习惯和小毛病……

本书通过大量精当的事例和简明的理论,分别从女孩的习惯、气质、爱心、个性、心态、社交等方面展开阐述,对女孩成长的烦恼和家长不合理的教育进行分析,同时给女孩儿的父母们提出了相应的教育方法,进而帮助父母发挥女孩独特的潜质,帮助父母培养出自信、美丽、温柔、聪明的完美女孩!

每个女孩都有自己的成长之路,许多教育方法却是普遍适用的。本书传授最基本最关键的114个育女细节,让你培养出完美的女孩!

# 目录 CONTENTS

## 第一章 培养优秀女孩,父母要扮好的角色 / 1

细节1:凡事要以身作则 / 2
细节2:父母是女儿的第一任老师 / 3
细节3:在女儿面前树立威信 / 5
细节4:母亲是女儿的榜样 / 7
细节5:父亲对女儿的影响 / 10
细节6:再忙也别忽视女儿的存在 / 12
细节7:对女儿的爱不要盲目 / 13
细节8:父母要扮演好自己的角色 / 15

## 第二章 习惯决定命运,好习惯成就女孩一生 / 17

细节1:女孩良好习惯的养成 / 18
细节2:勤奋是女孩成才的钥匙 / 20
细节3:让女孩养成认真的习惯 / 22
细节4:让女孩做时间的主人 / 23
细节5:培养女孩做点家务活 / 27
细节6:培养孩子注重个人礼仪 / 29

细节7：培养女孩良好的学习习惯 / 32
细节8：培养女孩爱写日记的习惯 / 35
细节9：培养女孩理财的习惯 / 37
细节10：让女孩保持节俭的好习惯 / 39
细节11：培养女孩积极锻炼的习惯 / 42

## 第三章 举止温柔优雅，让女孩更吸引人 / 45

细节1：乐观是女孩拥有的最大魅力 / 46
细节2：让女孩学会寻找身边的快乐 / 50
细节3：让女孩学会冷静、不冲动 / 51
细节4：让女孩学会从自身找原因 / 53
细节5：经常教育女孩学会向前看 / 54
细节6：帮助女孩找回积极的情绪 / 57
细节7：培养丑女孩变美好心态 / 59
细节8：培养女孩从紧张情绪中走出来 / 60
细节9：培养女孩坦然面对挫折 / 62
细节10：让女孩在困难中得到磨炼 / 64

## 第四章 心性纯洁善良，永远伴随着女孩的心灵 / 67

细节1：培养女孩一颗善良的心 / 68
细节2：让女孩学会宽容的 / 71
细节3：让女孩学会分享快乐、大方 / 75
细节4：培养女孩信守承诺 / 78
细节5：培养女孩谦虚的美德 / 80
细节6：让女孩学会感恩 / 85
细节7：教女孩遵守社会公德 / 86
细节8：让女孩懂得道歉是优雅行为 / 90

## 第五章 气质超凡脱俗,培养与众不同的女孩 / 93

细节1:培养女孩正确的审美观 / 94
细节2:培养女孩不腼腆、不害羞 / 95
细节3:培养真正的优雅小淑女 / 97
细节4:培养女孩的知性美 / 99
细节5:培养女孩灵动的气质 / 101
细节6:女孩感悟美的能力 / 103
细节7:让女孩拥有仪表美 / 105
细节8:让女孩拥有礼貌教育的气质 / 107
细节9:让女孩关注时尚信息 / 109
细节10:培养女孩优美的气质 / 111
细节11:培养女孩感悟美的能力 / 113
细节12:培养女孩腹有诗书气自华 / 115
细节13:培养女孩温柔的特质 / 116

## 第六章 个性"亭亭玉立",培养女孩更加上进 / 119

细节1:培养女孩积极进取 / 120
细节2:培养女孩自控的能力 / 122
细节3:培养活泼可爱的女孩 / 124
细节4:培养有主见的女孩 / 126
细节5:培养女孩坚强的性格 / 127
细节6:培养女孩乐观的态度 / 130
细节7:让女孩远离胆小懦弱 / 132
细节8:培养优越感的女孩不娇纵 / 135
细节9:让女孩完美地展现自己 / 136
细节10:培养女孩的忍耐性 / 138
细节11:培养女孩理性思考 / 140
细节12:让女孩做一个自信的人 / 142
细节13:培养女孩强烈的责任感 / 145

## 第七章 教女高效有方,让女孩的学习更上一层楼 / 147

细节1:让女孩感受学习的乐趣 / 148
细节2:让女孩知道为什么学习 / 149
细节3:培养女孩在循序渐进中进步 / 150
细节4:培养女孩学习的恒心 / 152
细节5:引导女孩学会课前预习 / 154
细节6:培养女孩学会复习 / 155
细节7:培养女孩独立学习 / 157
细节8:培养女孩从考试紧张中跳出来 / 159
细节9:理智对待女孩学习成绩 / 161

## 第八章 传授为人处世,带给女孩一个好人生 / 163

细节1:培养女孩学会与异性交往 / 164
细节2:培养女孩学会与人分享 / 166
细节3:培养女孩做一个诚实的人 / 167
细节4:培养女孩隐藏自己的实力 / 169
细节5:培养女孩与人相处的能力 / 170
细节6:培养女孩良好的社交口才 / 173
细节7:培养女孩与人合作的精神 / 174
细节8:培养女孩自我保护能力 / 176
细节9:培养女孩学会抵制诱惑 / 178
细节10:培养女孩懂得信守诺言 / 180
细节11:培养女孩成为善于交际的人 / 182

## 第九章 青春正确导航,让女孩顺利度过青春期 / 185

细节1:引导女孩正确认识青春期 / 186
细节2:注意女孩日常健康饮食 / 187
细节3:灵活疏导女孩正视早恋 / 189
细节4:培养女孩正确的性意识 / 191

细节5：尊重女孩的个人隐私 / 193
  细节6：多一点爱,包容女孩叛逆期 / 196
  细节7：消除女孩叛逆的心理 / 198
  细节8：密切注意女孩情绪变化 / 200
  细节9：给女孩多提建议,少做决定 / 202
  细节10：引导女孩正确利用网络 / 204
  细节11：给女孩的承诺一定要兑现 / 206
  细节12：教育女孩学会说"不" / 208

## 第十章 进行正确引导,让女孩改掉自身的缺点 / 211

  细节1：培养女孩自我约束的能力 / 212
  细节2：培养女孩学会压制怒火 / 213
  细节3：培养女孩克服自卑与胆怯 / 215
  细节4：培养女孩不要太"自我" / 217
  细节5：纠正女孩小偷小摸的行为 / 219
  细节6：帮助女孩改掉粗心的缺点 / 221
  细节7：帮助女孩改掉自私的缺点 / 223
  细节8：帮助女孩克服拖拉的缺点 / 224
  细节9：帮助女孩改掉顶嘴的缺点 / 226

## 第十一章 进行心灵沟通,让女孩健康快乐成长 / 229

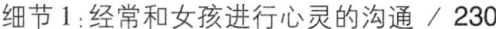

  细节1：经常和女孩进行心灵的沟通 / 230
  细节2：用威信把女孩培养成乖乖女 / 232
  细节3：给女孩多做肯定和鼓励 / 234
  细节4：经常和女孩进行沟通和交流 / 235
  细节5：营造一个良好的家庭氛围 / 237
  细节6：分享一下女孩的喜怒哀乐 / 238
  细节7：多与你的女孩谈谈心 / 241
  细节8：提问多注意一下语气 / 243
  细节9：少唠叨,多倾听女孩的心声 / 245

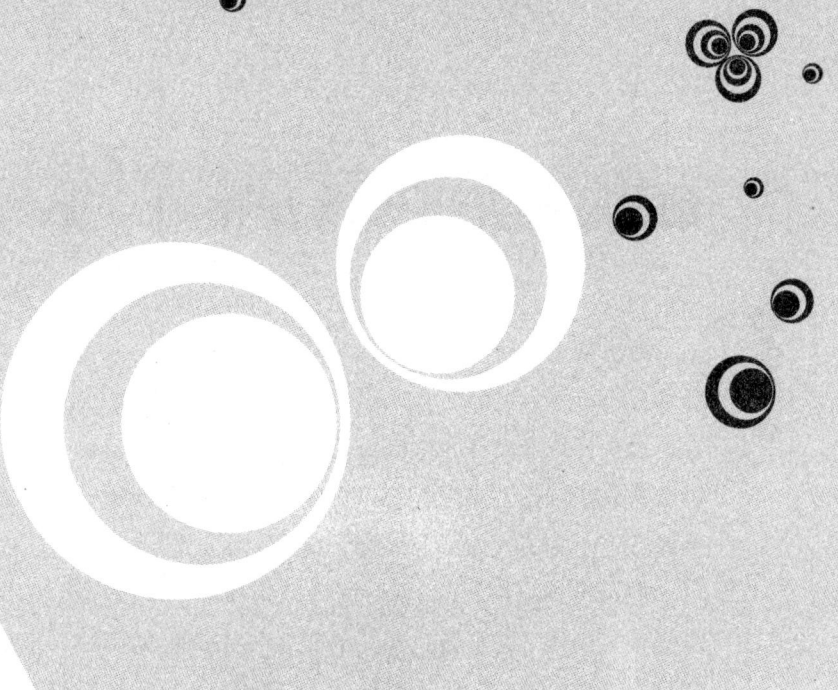

# 第一章
## 培养优秀女孩，父母要扮好的角色

成功与卓越并非轻而易举，那是要付出代价，付出努力的。一个优秀的女孩的成长，与良好的家庭教育是分不开的。

塞德兹说过："人如同陶瓷器一样，小时候形成一生的雏形，幼儿时期就好比制造陶瓷器的黏土，给予什么样的教育就会形成什么样的雏形。"父母自身的素质和修养以及对女儿的教育方法对女儿的成长与成才起着举足轻重的作用。

# 细节1：凡事要以身作则

俗话说，孩子的行为表现，是父母行为的一面镜子，所以父母要时刻注意自己的言行，因为这会对女儿产生极为重要的影响。可在现实生活中，"重视女孩教育，忽视自身素质提高"的父母不少。他们对于自己的女儿要求得很严，而对于自己则放任自流，没有起到以身作则带好头的作用，甚至不知不觉地将自身的一些缺点、不良的行为习惯传给了女儿。

古人曰："其身正，不令而行；其身不正，虽令不从。"如果父母不加强对自身修养的提高，无疑会对女儿的教育带来消极的影响。家庭教育是全方位的、复杂的，但最关键的一条，就是父母要加强自身的品行修养，用优秀的人格去感染自己的女儿。

孩子是父母的镜子，有什么样的父母就有什么样的孩子。在孩子的教育中，往往做比说管用，家长的行为影响着孩子的行为发展。只有做父母的以身作则，身体力行，才是最行之有效的方法。

有这样一位母亲，因发现放射性元素镭和钋先后两次荣获诺贝尔奖，并且一生对名利淡然处之，对祖国无私奉献，她会有什么样的孩子？伊雷娜·居里，著名化学家，1935年诺贝尔化学奖得主——这位母亲的大女儿；艾芙·居里，优秀的音乐教育家和人物传记家，《居里夫人传》作者——这位母亲的小女儿。还有这样一个孩子，她是美国第24任劳工部部长，美国内阁第一位亚裔女性，同时也是第一位华裔内阁成员，她会有什么样的父母？朱木兰，移民到美国后，虽然语言不通，生活极不习惯，但她毫不畏缩，积极地面对各种挑战；她在50多岁时以饱满的热情和不懈的努力从头开始学习日文的故事一直被传为佳话——这个孩子的母亲。

父母与孩子互为镜子、如出一辙。教育家卡尔·威特说："孩子是父母的翻版"，真是恰如其分；"龙生龙，凤生凤"，中国这句俗话也实在是一语中的。所以，教育孩子，言传固然很重要，但光有言传是远远不够的，父母还要以身作则，进行身教。只有先做好自己，进而才能教育好孩子。

 建议父母的妙招：

言传不如身教，父母以身作则确实非常重要。那么父母该如何来进行言传身教呢？

1. 教子，先教己

这虽是"老生常谈"，但却每每被家长所忽视。其实，只要父母能够以那些优秀父母为榜样，并像他们那样以身作则，那么，教育女儿就能收到更好的效果。

2. 父母要做女儿的"镜子"

父母就是一面时刻立在女儿眼前的镜子，女儿常常是通过"照镜子"的方式，在不知不觉中"修改"自己的言行的。家长的一言一行都要给女儿做好表率，这样女儿才能跟在父母后面学习他们的优点，摒除自己身上的缺点。

3. 教育要潜移默化

当女儿犯了错时，首先要对她进行耐心的教诲，如果女儿依然我行我素，不听父母的话，做一些令父母伤脑筋的事，那么父母就得进一步摆事实、讲道理，使她能够明白自己的错误。其实孩子的好品质是在受感染、被熏陶中潜移默化形成的，而不是靠枯燥、粗暴的说教训斥培养出来的。

所以，请用你的言传身教擦亮那一面面立在女儿眼前的"镜子"吧，不要让它们蒙上污垢！

# 细节2：父母是女儿的第一任老师

女孩在成长的道路上，需要良好的学校教育，同时也需要一个优良的家庭环境。推心置腹的一句话便是：家长，永远是女儿成长道路上的第一任老师！

王静今年上初一，父母因性格不和离婚了。法院把她判给了母亲，所以与母亲一起生活。但母亲对王静只有两个话题：一是唠叨她的学习成绩差，二是数落她父亲的不是。母亲要求王静必须考到年级前三名，将来考上重点高中、名牌大学，等她以后有出息了，就能以此来报复父亲。

为了让她提高成绩，母亲省吃俭用，让她参加了好几个课后补习班，还总是额外给她布置很多作业。久而久之，王静对学习失去了兴趣，甚至厌学。而对于母亲每天数落父亲，她一方面感觉厌烦，另一方面也对父亲产生了仇视。现在每

天放学后，王静不愿回家，因为回家不是和母亲争吵就是相对沉默。

我国现代著名教育家陈鹤琴先生说过："父母，不是容易做的。一般人以为结了婚，生了孩子，就有做父母的资格了，其实不然。我们知道，栽花的人，先要懂得栽花的方法，花才栽得好；养蜂的人，先要懂得养蜂的方法，蜂才养得好……难道养小孩，不懂得方法，可能养好吗？"上述案例中王静的母亲，就是因为自身不合格，没有掌握科学的教子方法，才导致孩子的诸多苦恼的。

过去，教育子女完全是家庭的私事，而今天，教育子女不仅仅是家庭的私事，也是国家的大事；过去，培养子女成材，为的是光宗耀祖、显耀门庭，而今天，培养子女成材，是国家托付给广大父母的社会义务和责任。这就对广大父母提出了更高的要求：必须掌握科学的教育观念和方法，必须成为合格的父母。

但父母教育孩子需要科学教育观念和知识技能，并非是天生就有，也不是靠经验传承就能获得的，而是在不断学习与实践中逐步形成的。进入21世纪后，这种学习与实践尤为必要和迫切，因为教育环境与教育对象都发生了历史性的巨变。在今天，要想使家庭教育卓有成效，父母首先要成为自身素质较高，且掌握科学教子精髓的合格父母。如果像上述案例中王静母亲那样，则是难以教育好孩子的。

父母，作为孩子的第一任老师，父母的素质、知识、学问、品德、修养、才能，就像火山底下的岩浆，积累得越厚实、越丰满，传输给孩子成才的爆发力越强，对孩子良性的影响就越大，孩子成才的机会就越大。合格的父母才能教育出优秀的孩子，所以现代父母要不断提升自我素质，不断学习和积累教育孩子的知识和能力，只有这样，才能更好地担当起教子成才的重任。

建议父母的妙招：

要想成为合格的父母，应该从以下五个方面入手：

1. 培养自身良好的思想品德

父母应具备高尚的思想品德和正确的人生观。父母的人生观和道德品质与家庭教育关系密切，它关系到教子观念的树立，也关系到子女培养目标和方向的确定，还关系到父母对教育态度的选择。父母有了正确的人生观，才能正确看待子女、家庭与社会国家的关系，树立为国教子的观念；父母有了高尚的道德品质，就会按照正确的原则和社会的需求去教育培养孩子。

2. 培养自身健康的心理素质

父母心理健康才会给孩子以积极的影响。不论在什么情况下，父母都要以身示范，引导孩子正确认识自己、接纳自己和控制自己。这就要求父母有自知之明，自知而自信、而自强，不因成功得意忘形，也不因失败惊慌失措，始终保持乐观向上的稳定情绪，这将对孩子形成终生的良好影响。

3. 掌握科学家教理念和方法

科学的教育方法是教育理念和教育行为的综合体现，并直接关系到孩子的教育效果。现代的教育理念是父母教育素质的核心，对家庭教育的目标、方向以及父母的教育行为起着指导作用，也是影响家庭教育质量的决定因素。父母要不断提高自身素质，掌握科学教育理念，学习科学教育方法，为孩子全面发展铺就一条宽广的成才之路。

4. 对孩子要满怀深沉的爱

父母的爱是发自内心的，温暖的，柔软的，没有压力，没有强迫，是用心去体验孩子的感受，是根据孩子的实际情况引导孩子，帮助孩子自己成长。父母的爱是孩子心灵的港湾，是孩子力量的源泉。

孩子只有在感受到父母深沉的爱的前提下，才能主动从父母的角度来思考和看待问题，才会主动接受父母教育的行为。否则，他会拒绝父母的帮助，甚至会产生反抗心理。

5. 学会尊重孩子

捷克教育家夸美纽斯指出：应当像尊敬上帝一样尊敬孩子。人性中最本质的需求就是渴望得到赏识。学会尊重孩子，应当是每一个父母的座右铭。哪怕天下所有的人都看不起自己的孩子，父母也没有任何理由对孩子放弃，因为孩子成长的道路犹如赛场，他们渴望父母发现自己身上的闪光点，为自己呐喊加油，激励自己去争取人生的辉煌。

一个孩子能否健康成长，父母起了至关重要的作用。因此，只有成为合格的父母，才能帮助孩子快乐成长，健康成才。

# 细节3：在女儿面前树立威信

在这个独生子女时代，面对自己家聪明伶俐的小公主，父母们的心一天比一天软——把自己正上小学的女儿像公主一般百般呵护着。于是，谈到自己在女儿心目中的威信，很多父母都是一肚子苦水："女儿一点儿都不怕我，每次犯了错误都会强词夺理地和我争辩。""都说男孩子不好管教，可我们家这个女孩子也是越大越难管教了。你说一句，她顶你两句，好像还是她有理。""我有时管管女儿，

她竟然说,这个你不懂。听了真让人生气。"……那么,父母在管教上小学的女儿时要如何树立威信呢?

我们不得不承认,随着时代的变迁,现代的女孩子是与过去截然不同的。生活在独生子女时代、物质生活充裕时代的她们,更自信、更独立、更有自己的见解。再加上很多父母都会对自己的女儿爱护有加、宠爱有加,父母要想树立威信,更是难上加难。

可孩子毕竟还小,思想很容易陷入偏激,如果父母不能及时给予权威的解答、严格的规范,女孩就很容易养成娇纵、偏执、以自我为中心的不良个性。而这对女孩子良好个性习惯的培养,无疑是十分不利的。

作为父母,我们都希望自己的女孩能够乖巧听话,能够成长为一个知书达理的小淑女。因此,树立起父母应有的威信,让小女孩懂得尊重父母、懂得信赖父母,进而与父母建立起一种积极配合的密切关系,就是当代父母必须要完成的一项教育功课!

 建议父母的妙招:

时代变了,管教孩子的方式也必须变化。对于现代的孩子来说,父母的威信并不一定是传统意义上的孩子对父母的绝对服从,或是父母对孩子的绝对支配。父母新型的权威形象,应当是建立在理解、信任、尊重孩子的基础之上,既让孩子心服口服,又让孩子理解父母对她的爱。

1. 严与爱结合最能树立父母真正的威信

对女孩子的教育,只有严与爱结合才能既起到教育效果,又不伤害女孩子敏感的自尊。而且,在宽严相济的教育方式下,父母也更易树立权威形象,让女儿既敬你,又爱你。

2. 父母要统一战线,教育一致

对孩子存在的问题,父亲一种态度,母亲一种态度;或者父母一种态度,祖辈一种态度;一方严厉,一方宽松;一方斥责,一方袒护,这些都是不可取的。长此以往,父母在女儿面前的威信就会荡然无存。

3. 以身作则是建立威信的关键

古话说:"其身正,不令而行;其身不正,虽令不从。"如果父母想在孩子面前树立威信,首先父母自己要做得更好。比如,要纠正女儿乱扔垃圾的坏习惯,仅靠一遍遍地说是不行的,必须要做给孩子看。孩子看到父母的行为自然会模仿,同时也就很容易接受父母的要求了。想想,如果父母自己都做不到的事情却要求孩子去做，孩子又怎么会听你的话呢?

4. 少而精的管教有助于树立威信

很多当妈妈的都有这样的感受：自己苦口婆心，天天对女儿进行教导，结果女儿根本不听、不怕自己；反而是当父亲的，往往在关键时候一句话，就顿时挽狂澜于瞬间。

要树立威信，还要管得少而精。如果父母每天都是絮絮叨叨，大事小事数落个没完，孩子难免会产生逆反心理。所以，有时候抓大放小，反而更有效。

# 细节4：母亲是女儿的榜样

生活中我们常常听到有人这样说：

你简直和你的母亲一模一样；

有什么样的妈妈，就有什么样的女儿；

……

的确是这样的。心理学家指出，当女孩刚刚来到这个世界上，母亲和女儿的关系非常和谐、非常亲近，任何东西都没有办法剪断她们之间的这种脐带式关系。由于这样一种特殊的关系，女孩从小就对母亲有种特别的依恋和亲近。

一位幼教工作者这样描述母女间的关系：

大多数女孩在生命之初，都是由母亲来哺乳和照顾的。在这段时间里，女孩会深深沉浸在母亲的世界里。只要听到母亲的声音，或是看到母亲在摇篮边看着自己，她就会变得很安静。她张着小嘴笑，或是踢蹬着小腿表示对母亲的欢迎。

在母亲的启迪下，女孩发出第一次咿呀声，学会第一个挠手的动作……她们在人群中能够准确地认出妈妈。

母女之间的这种心灵相通，使女孩与妈妈的亲密关系与日俱增。在母亲的呵护下，大多数女孩能够健康、快乐地成长。而在她们成长的每一个生命瞬间，妈妈无疑成了她们模仿的对象。通常情况下，女孩的视线是不愿离开妈妈的。细心的家长都会发现，在女孩还不会说话的时候，她就开始注视着妈妈，她的视线会追随妈妈的每一个动作。

当女孩渐渐长大，她还会寸步不离地跟着妈妈。无论妈妈走到哪里，她都会围在妈妈身边。她和妈妈一起做家务、买东西等，不管是干什么，只要和妈妈在一起，女孩都会很高兴。而这其中，她们也渐渐学会了倾听、观察和模仿：

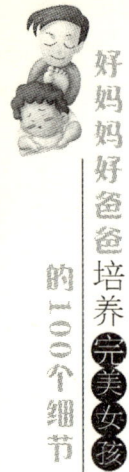

她们倾听妈妈的话语，是温柔的，还是蛮横的；

她们观察妈妈对待别人的态度，是热情的，还是冷漠的；

她们模仿妈妈的动作，妈妈做事情的方式；

……

无论是妈妈的一言一行，还是一颦一笑都是女孩模仿的对象。所以在孩子的成长过程中，女儿仿佛就是妈妈的影子，往往妈妈是什么样子，女儿就是什么样子。

当女孩渐渐有了女性意识的时候，她们会不自觉地开始模仿妈妈的行为。例如，小女孩在玩洋娃娃的时候，不仅会模仿妈妈照顾自己的方式，还常常会奶声奶气地模仿妈妈的口吻对娃娃说："乖宝宝，要听妈妈的话……"

当然，女孩的模仿能力还不仅限于此。心理学家表示，在生活的许多细节中，女孩都可以感受到母亲所传递的各种信息，包括对于自我、女人、男人，以及生活的态度等。仅在日常生活的接触中，妈妈就可以在无数个方面影响着自己的女儿。

女孩的模仿能力是天生的，也是超强的。然而，生活中大部分母亲没有注意到这一点，她们尽情地表现着自己对待生活的一些负面态度。

例如，一些母亲喜欢抱怨，喜欢对自己以及自己的生活表现出不满情绪。她们不断地抱怨生活不公平，不断地对别人表示不满，经常对自己及自己的生活表示厌倦……但妈妈们却没有意识到，自己的这种负面情绪很快就会传递给自己的女儿。

曾听到过一位母亲这样的讲述：

有一段日子，我发现自己的皮肤有些暗，脸色也不好。每当对着镜子，看到自己暗黄的皮肤、憔悴的面容时，我真的无法控制自己……不经意间我抱怨起生活的操劳，并对自己的面容表示不满。

直到有一天，我11岁的女儿对我说："妈妈，我不喜欢我的相貌，我的皮肤太暗了，怎么长成这样？"我当时感到很意外。我告诉女儿，你是最漂亮的、最可爱的，可是女儿对我说："妈妈，每个人都不喜欢自己的样子，是吗？我看你照镜子时，总是对自己的样子感到不满意。"

我当时非常惊讶，原来我不经意间的举动，竟然对女儿有这么大的影响。

妈妈是女儿的第一榜样。妈妈的生活态度、生活方式都会对女儿产生极大的影响。如上面的例子中，那位妈妈由于生活的操劳、工作的辛苦，对自己的容貌产生一定的不满情绪，而这种不满在潜移默化中也会传递给女儿，并使女儿在年龄尚且幼小的时候，也对自己的相貌产生疑虑。这些都会吞噬女孩的自信心，对其心理健康发展也是极其不利的。

我们试想一下，一个经常抱怨的母亲，势必会让女儿觉得生活并没有那么美好，到处都有一些烦恼和不愉快的事情。在母亲的抱怨声中，女孩的生活随之也将充斥着不满、愤怒、厌烦等许多不良的情绪。这样，女孩自然会失去对美好幸福生活的向往和追求。无疑，妈妈这样的榜样作用对女孩来说是最为痛苦的经历。

对女孩而言，母亲在她们生活中的影响远不止这些。比如，女性犯罪心理学的调查报告指出：通过对多名有过犯罪经历的女孩进行心理咨询，其中，很大一部分女孩把自己遇到的麻烦归罪于母亲。其原因主要有两点：第一，她们从小被母亲疏远，没有得到足够的母爱；第二，她们没有从母亲那里学到良好的习惯和优秀的品质。

建议父母的妙招：

既然，母亲的榜样作用对女儿的影响如此之大，那么，作为女孩的母亲，应该怎样做才能成为女儿的好榜样呢？

1. 一个优秀母亲的榜样作用是把你对生活的美好愿望传递给女儿，并引导她追求美好、祥和的生活

生活中，有这样一些母亲，她们非常善良、乐观、细致，对自己的生活表现出极大的满意度。在生活中，她们也表现得温柔贤惠，时刻扮演着"好妈妈"的角色。在许多生活情景中，她们会充当这样一些角色：

——一些母亲是家庭的护理师，时刻保护女儿的安全；

——一些母亲是家庭的厨师和清洁工，时刻准备着满足每个人的需要；

——一些母亲是家庭的"和事佬"，总是尽力抹平家庭成员间的感情冲突；

——一些母亲是家庭的快乐天使，总是把对生活的满意传递给家人；

……

我们说，这样的妈妈是整体意义上的"好妈妈"——她们保护女儿的安全，避免她们受到伤害；她们照顾女儿的饮食起居，使其身体和能力全面发展；她们给女儿足够的关爱，让女儿产生安全感……

这其中最主要的是，通过母亲的身体力行，让女儿感受到了生活真的很美好。比如，每天能和家人开开心心地在一起是最大的幸福；每天照顾亲人的饮食起居也是最大的幸福；假日里和家人一起出去聚餐、旅游、体验大自然的美好也是一种幸福……这些都是通过母亲的身体力行传递给女儿的信息。

2. 教给女儿感知幸福的能力

特别是到了青春期，随着女孩生命意识的进一步觉醒，以及探索未知世界的

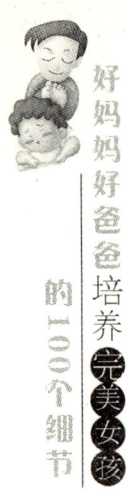

不断深入，在妈妈的抱怨声中女孩对待生活常常会出现这样一种态度——生活无趣。对女孩而言，十几岁的年龄正是她们朝气蓬勃、活力四射的阶段。同时，也是她们对任何事物都感到新鲜、好奇，并且极具探索性的时期。然而，生活中却出现了一些这样的女孩：在她们生命力最为旺盛的时刻，她们不但感觉不到来自生活的魅力和风采，反而对自己的生活感到无趣和没劲，不时对生活发出抱怨和无聊的感叹。那么，作为女儿最贴心的人，妈妈应该怎样做才能提高女儿感知幸福的能力呢？

首先，母亲应提高自己对生活的满意度。

其次，生活中，母亲要有意识地与女儿讨论有关"幸福"的话题。比如，妈妈要经常问女儿："你感到幸福吗？"

母亲在引导女儿看到幸福瞬间的同时，也是在扩散幸福的含义。这种幸福感一旦在女孩的意念中扩散开来，必将引领她们走向更加美好的人生。

3. 赋予女儿有条理、有节奏的生活

对女孩的要求不要太苛刻，教她学会适当的放松。在养育女孩的过程中，母亲切忌不可对女儿要求过于苛刻。比如当女儿遇到不会做的难题时，妈妈没有必要非让女儿在第一时间做出来，可以先让女儿放松一会儿，在她充分调节好自己的紧张情绪时，她也许真的就会做出正确的答案。

当然，我们并不是说要把女孩区别于男孩来对待。只是，在培养女孩时，尤其是妈妈要特别注意不能过分苛责她们。适当的时候放松一下对女孩的要求，只会让她们学会有节奏的生活，学会享受生活的美丽。

# 细节5：父亲对女儿的影响

有一位成年的女孩在日记中这样写道：

我敬爱我的父亲，并且把他作为我衡量男性的标准，在我心目中，父亲一直是最可爱、最亲切、最值得信赖、最有责任感、最有修养的一个了不起的男人，他是我和母亲最坚固的靠山，是我们伤心委屈时最温柔的臂弯。我希望我将来的爱人能像我的父亲那样伟大。

没错，父亲在女儿的生命中占据着重要的位置，而且，对女孩的一生影响深远，更在其自觉不自觉中影响着女儿的性格、气质和择偶标准。

父亲对女儿性格的影响

所谓"虎父无犬女",父亲对女儿的性格塑造起着至关重要的作用,因为父亲是女孩生命中第一个经常接触的男性,他的一言一行都落在了女儿的眼里、心里,并且成为女孩模仿的对象。

父亲对女儿气质的影响

弗洛伊德认为,父亲是女儿形成女性气质的导引者、认可者和支持者,对女孩性别角色的分化具有很大作用。比如生活中,我们时常会听到有些女孩骄傲地说:"我今天按时完成作业,爸爸表扬我了,以后我会更加努力的!""爸爸说我笑的样子很好看,我以后要常常笑哦!"

父亲对女儿择偶标准的影响

很多女孩经常说:"我希望将来的丈夫能像我的爸爸一样"父亲的伟岸和高大从小就在女孩的心中扎下了根,所以与妈妈相比,她们更多地渴求父亲的疼爱,并希望从父亲那里得到来自异性的安全感和保护。

 建议父母的妙招:

密西根大学曾做过一项调查表明:父亲的爱对于女儿的智力发展、情感稳定性以及身体健康有着重要的影响作用,而且这种影响会波及到女儿成年之后。那么,父亲要怎样把握自己对女儿的影响力,让女儿在正确良性的父爱下快乐成长呢?

1. 爸爸要多花些时间陪在女儿身边

父亲通常是家中最忙碌的角色,有时为了工作、家庭,他留给孩子的时间只能是少之又少,但父亲们要知道:女儿的教育永远比你的事业更重要。所以,爸爸们应该多花些时间陪在女儿的身边,并且良性介入到女儿的生活、学习,乃至心灵中去。

2. 爸爸要成为女儿人生正面的"参照标准"

父亲在女儿的心中通常是"英雄式"的人物,而且大多是正面的印象,比如爱家、有责任心、能干、性格刚毅、幽默风趣、果断干练等,当然女孩的这种良性认知会让她对异性产生好感。但如果父亲给女儿留下的是懒散、不务正业、酗酒成性、不负责任、粗暴、没教养等,那女孩便会对异性产生排斥心理,自然对婚姻也会保持消极观念,降低自己对异性的期望值,严重者会心理扭曲,造成令人惋惜的悲惨后果。所以,父亲要真正成为女儿人生正面的"参照标准",给她一个健康、明亮的天空。

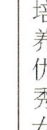

# 细节6：再忙也别忽视女儿的存在

很多父母往往认为，只要把孩子送进一所好学校，那就万事大吉了。其实，仅仅依靠学校教育孩子，那是远远不够的。作为父母，一定要知道：家庭教育始终是孩子成长过程中一个至关重要的环节，来自家长的教导与关怀是什么学校都代替不了的，尤其是女孩子，内心更注重父母亲情。所以，父母们再忙也不能忽视女儿的存在。

曾有一位妈妈说起自己因忙碌忽视了女儿而引起的小风波：前几天，单位派我去参加活动，这样一来我就有些顾不上孩子了，爱人因为出差也不在家，这时女儿开始感到很孤单了。我经常晚上九点以后才能回家，只有在给女儿洗澡时说上几句话。有时，孩子正跟我说着话时，我竟然不知不觉睡着了。这样，两天不到，女儿变了，脾气一下子大了许多，说话的嗓门儿也大了起来，我们交谈时往往能嗅到火药味，这还不说，更严重的是平时一向温和的女儿竟然跟别的孩子动手打起了架。当我问起这事时，她却轻描淡写一带而过，好像事情跟她无关似的。面对女儿的这副神态，我一下子呆住了。于是，我开始反省自己：这段时间确实忽视了女儿的存在，这样下去可不行。于是，我每次说话时都让女儿感觉到我的关心；并且在女儿洗澡时，主动帮她搓搓背，待她洗完澡后，还主动让出电脑，让她或帮她查找资料。就这样，慢慢地，乖巧、懂事的女儿又回来了！她又开始不停地和我说话，聊一些学校里有趣的事情，说学习上的事，她还把几天前发生的打架事件的原委告诉了我。

由此可见，整日忙碌奔波的父母，再忙也不要忽视自己孩子，别让孩子感到孤单，孩子才是你最大的希望！

建议父母的妙招：

忙并不能成为忽视孩子的借口，作为家长，是孩子的第一任老师，应该多挤点时间陪陪孩子，多和孩子沟通，多给孩子一份爱和关系。

1. 不管多忙，一定要记得和孩子多聊天、多沟通

"千万不要以忙为借口把孩子推给老人，不管多忙，一定要记得和孩子多聊天，多沟通。"这是一位职场白领妈妈在总结自己的育儿经验时发出的感慨。她

说，在女儿很小的时候，她和老公由于忙于事业，便把女儿送回了老家。虽然给女儿创造了很好的物质条件，却忽视了女儿的情感需求。现在女儿大了，他们也老了，但是，令人伤心的是，当他们想和女儿亲近一点的时候，却痛苦地发现，女儿根本不愿意和他们沟通了。

2. 多挤点时间满足女儿的情感需求

作为父母，平常再忙碌也一定要多挤点时间陪陪女儿。虽然你可以把女儿交给保姆或自己的父母照看，但是谁也取代不了父母在孩子心目中的地位。因此，忙碌的父母千万不能忽视女儿的情感需求，否则便很容易造成女儿"情感饥饿"。并且，这些"情感饥饿"的孩子跟别的小孩不同的是，她们喜欢撒娇、任性，偶尔还会做出一些古怪的行为，而且做什么事情都喜欢用眼睛看着别人，让人不明白她在想什么……其实，孩子这样做的目的是为了引起大人对她们的关心与注意，让家长觉得她很重要。因此，忙碌的父母，当你发现自己的女儿有这样的行为以后，千万不能张口就骂，而是应该自我反思一下，看自己是否忽视了女儿的情感需求。

# 细节7：对女儿的爱不要盲目

法国启蒙思想家卢梭说："你知道用什么方法一定可以使你的孩子成为不幸的人吗？这个方法就是对他百依百顺。"父母溺爱和娇惯女儿，满足她们的任性要求，她们成长就会堕落，成为意志薄弱、自私自利的人。因此，父母的爱不应该是盲目的。

前苏联教育家马卡连柯在《父母必读》一书中指出："现在一个家庭只有一个孩子，父母会有意无意地娇惯、迁就、溺爱，加上没有兄弟姐妹的相互制约，很容易使孩子养成骄傲、任性、自私、虚荣的性格，给孩子和家庭带来不幸和祸害。"

据一项统计表明，某市妇幼保健院儿童心理门诊每年接诊的小患者中，有90%以上是由于曾经受到过不当家庭教育，而导致心理疾病产生的，这其中有相当一部分是由于父母过分的溺爱给孩子造成了不健康心理，祖辈们处处为孙儿们"护驾"，却阻碍了孩子心智自由地发展。

溺爱的"溺"字在词典上解释为"淹没"的意思。如果父母对子女的爱无限泛滥起来，就会"淹没"孩子，这就是溺爱，一种失去理智的爱。无数的事实证

明，不管是金钱还是其他物质上的富裕，都没有孩子身心健全更重要！对孩子的养育不该只是集三千宠爱于孩子一身。

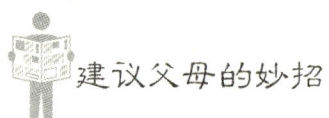建议父母的妙招：

父母是孩子的第一任老师。一旦父母对孩子采取溺爱、迁就的教育方式，把孩子放到比父母还高的位置上，包办孩子的一切，孩子就会变得依赖且以自我为中心，这样的孩子往往软弱，也不会过多地考虑别人的感受。那么在家庭教育中，父母怎样爱孩子才能做到不溺爱呢？

1. 一视同仁，不搞特殊化

很多家庭都习惯以女儿为中心，家里的事物都围绕着女儿安排，当亲戚好友来访，也常常围着女儿逗她玩儿。父母对女儿过于注意，女儿便会容易骄傲。因此，她会觉得自己是家里的中心，而且人人都喜欢自己。

父母如果时时处处给女儿特殊照顾，有好东西都给女儿留着，会让女儿感觉自己在家地位高人一等，这样女儿就会自感特殊，习惯于高高在上，必然变得自私，没有同情心，不关心他人。

2. 对女儿的要求要有选择性地满足，不能事事满足

父母对女儿的要求要慎重考虑，不能女儿要什么就给什么。有的父母总是害怕女儿哭闹，因此就对女儿百依百顺。容易被满足的女儿必然养成不珍惜物品、讲究物质生活、浪费金钱和不体贴他人的坏性格，并且毫无忍耐和吃苦精神。

3. 不要包办代替女儿的所有事情

不少家长将女儿视为"小公主"，宠爱有加，娇惯无比，甘做保姆、奴隶，生活上包揽一切，甚至长期帮女儿整理生活、学习用品，结果导致女儿缺乏爱心，丧失自信，形成依赖、懒散和懦弱的不良个性。

父母应鼓励和安排女儿做些力所能及的事。例如让她自己穿鞋子、穿衣服、整理玩具、学习用品。这样既培养了她的劳动习惯和自立能力，又增强了责任感和自信心。

4. 不要过分保护女儿

其实女儿并不是天生就胆小的，往往是因为父母的过分担忧而导致的。如果父母在确保女儿安全的情况下，少一些担忧，多一些鼓励，在摔跤后不大惊小怪，而是让女儿自己爬起来，女儿就不会变得懦弱胆怯。

5. 不要剥夺女儿的独立性

没有父母的陪伴，就不让女儿走出家门和别的小朋友玩儿，女儿一脱离自己

的视线父母就变得十分紧张,生活在这种环境中的孩子无异于被剥夺了独立性,长此以往,孩子就会变得软弱无能、丧失自信。

如果父母能够做到以上几点,那么对孩子的爱就能远离溺爱,让孩子健康成长。

# 细节8:父母要扮演好自己的角色

我们知道,在电视和电影里每个演员都要扮演不同的角色,而且这些角色还要根据导演的指挥与安排进行表演。在社会心理学中,也有"角色"一词。这个"角色"以社会为大舞台,广泛应用于人际关系研究和实践,主要是指人在特定社会条件下,在一定群体,包括家庭中的身份、地位以及相应的行为表现。

美国著名心理学家欧文戈夫曼说:"真实生活情境和舞台上戏剧情境之间有相似之处,每个组织中的人们都要扮演一定的角色,许多相互作用的因素,帮助人们明确地决定每个角色接受哪一种'表演'。"

换句话说就是,社会角色是有着规范的,这种规范使人们的表现对于别人来说,就像看电影一样,可以让别人借此了解这个人的情绪、动机,还有个性特征,并做出相应的反应。倘若没有这些规范,人们在面对别人的时候,就会感到不知所措,而社会机制也不能正常运行。

所以,人们在与他人交往时,只有扮演好自己的社会角色,才能被社会认可,才能拥有自己和谐的生活、美满的事业。

比如,与朋友相处,就不能表现得像个恋人,那会引起对方恋人的不满;在上级面前,就不能表现得像个领导,那是职场中的"越位";在长辈面前,就要对他们尊重,否则就成了不懂礼貌、没有教养的孩子了。

那么,作为女孩的父母,在家庭生活中又扮演着怎样的角色呢?身为父母,其职责当然是养育和教育女儿了。古语道:"养不教,父之过。"如果父母在教育女儿上做得不好,那就是"不良父母",对女儿的健康成长也会造成很坏的影响。所以,已拥有女儿的父母们,一定要扮演好自己的角色,教育好自己的女儿,在学习与实践中把自己训练成合格、称职的标准型父母。

很多为人父母的,已经深深感到父母不好做,比想象的复杂多了。事实的确如此,家庭教育也是一门高深的学问。为了掌握这门学问,父母有必要学习有关家庭教育的各方面知识。现如今信息传播飞速发展,很多书刊、电视、广播节目

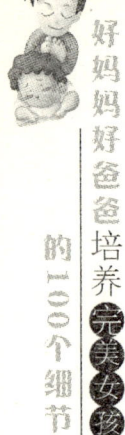

都涉及家庭教育的知识，有助于父母掌握女儿的身心发展规律，了解学校教育的内容、要求和目标，提高家庭教育的质量。

 建议父母的妙招：

父母只要扮演好以下几方面的角色，就可以称得上是合格、成功的父母了。

1. 言行的示范者

要做好父母，当好家长，父母必须时刻注意自己的言行，这就需要父母做好自我教育。列夫·托尔斯泰说："教育孩子的实质在于教育自己，而自我教育则是父母影响孩子的最有力的方法。"也就是说，父母时刻都在为女儿做模范和榜样，影响着女儿的言行。

2. 知识的启蒙者

这里所说的知识范围比较广，包括科学文化知识，还有社会生活方面的知识，如自我管理、自我保护、与人交往、承受挫折、聪明理财、心理调节，等等。父母是女儿的第一任老师，必须做这些方面知识的启蒙者。

3. 称职的指导者

要扮演好父母这个角色，就必须根据社会规范的要求和女儿的成长特点，让女儿树立正确的学习观念，教她掌握高效的学习方法，培养她浓厚的学习兴趣，指导她发展良好的性格心理品质，使女儿在德、智、体、美、劳等方面得到全面发展。忽视了任何一个方面的指导，都不能算是称职的指导者。

4. 心理保健师

家庭是女儿成长的园地，它更广泛地影响女儿心理的发展。因此，作为孩子的父母，不仅自己要有健康的心理，还要懂得相关的心理保健知识，以维护女儿的心理健康。当女儿心理出现问题时，父母要帮助女儿矫正心理上的各种异常，问题严重的，则要求助于心理医生。

# 第二章
## 习惯决定命运，好习惯成就女孩一生

培养女孩一个好习惯，缔造女孩一生的财富；纠正女孩一个坏习惯，成就女孩一生的幸福。

好习惯是开启成功的钥匙，坏习惯则是一扇向失败敞开的大门。俗话说：三岁看大，七岁看老。作为父母，必须认识到习惯的重要性。这是培养女孩良好习惯的首要因素。

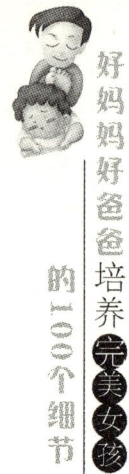

# 细节1：女孩良好习惯的养成

英国作家萨克雷说过："播种行为，收获习惯；播种习惯，收获性格；播种性格，收获命运。"确实，对于孩子来说，养成良好的习惯更是他独立于社会的基础，并将直接影响他一生的成就。

父母不可能也没必要成为教育家或心理学家，也没必要成为教师的助教，但是，父母必须承担起基本的责任——培养孩子的良好习惯。什么习惯？说开了就是做人要拥有爱心，做事要遵守规则，学习要勇于创新。

一位三口之家的母亲买橘子，从来不按斤买，而是以3的倍数来买，由此，她的女儿从小就有概念，吃东西是要与家人一起分享的；这位母亲给远方的老父亲汇款，也是让女儿跑邮局，时间一长，孩子做每件事前就会先想到他人。不少爷爷奶奶，看到儿孙一摔跤，就当着宝宝的面跺脚跺地，说着"打它，打它，都是它不好"的话来哄人，这样做会让女孩从小学会逃避责任。孩子好习惯的形成，需要体验各种甜酸苦辣，家长无法代替。

小学语文课本里有一篇俄国作家屠格涅夫写的《麻雀》，讲的是一只老麻雀面对一只猎犬，奋勇保护小麻雀的故事。老师问"老麻雀有什么精神"，学生答"伟大的母爱"，老师表示赞同。这时，角落里一个学生站起发问"老师，你怎么知道老麻雀是女的呢，我读了几遍都没发现。"你们看，多么好的提问啊。对孩子爱质疑的习惯，哪怕是胡说八道，老师、家长都不要一概否定，应该顺势引导。学习时坐不住是很多孩子的一种不良习惯。智慧的妈妈就会运用"脱敏疗法"。比如约定一小时只站起来5次，只要做到了，就奖励他，之后次数逐渐缩小……慢慢地，孩子做作业时就不站起来了。不良的学习习惯，不可能一刀斩断。

女孩毕竟还是孩子，思想等各方面还不成熟，所以，在其成长过程中，总会有些不恰当的行为。而这些行为如果变成习惯，必定成为孩子成长的羁绊。所以，父母切不可忽视，更不能纵容孩子的这些坏毛病。

 建议父母的妙招：

不良习惯是束缚在孩子身上的无形枷锁，严重地阻碍着她们的进步，因此，父母应将纠正孩子的不良习惯，当作家庭教育中的一项重要任务来抓。检视一下

孩子生活和学习中的习惯，看哪些习惯会成为她学习和生活的障碍，然后改正它，切勿让孩子被不良习惯束缚。

1. 父母要发挥榜样的作用

俗话说，榜样的力量是无穷的。对于那些"屡教不改"的孩子，父母一味的批评与叨唠已经起不了任何作用。这个时候，父母不妨在日常生活中为他树立一个榜样，久而久之，孩子的那些坏习惯就会在不知不觉中改正过来。

2. 要给孩子改正的机会

对于孩子的一些坏习惯，即使是"屡教屡犯"，父母也不能对他抱有成见，觉得他"不可救药"。因为父母的这种态度，往往会更加严重地伤害孩子的自尊心，从反面强化孩子形成坏习惯的动机。因此，不管什么时候，父母都要给孩子改正的机会，即便是"死马当活马医"，也比让孩子"破罐子破摔"好得多。

3. 鼓励孩子改正缺点

对于孩子的一些缺点，父母不要一味批评，因为这样只能助长孩子的叛逆。应该采取宽容和鼓励的方式帮助孩子改正缺点，同时，对于孩子所取得的进步，也不要吝啬赞美之声，有时父母一个赞许的微笑、一个会意的眼神，都会让孩子受到莫大的鼓舞。

4. 要明确根源，对症下药

每种不良习惯的形成都有其内在和外在的原因，在纠正时，要明确孩子不良习惯的根源，对症下药。比如：有的要培养孩子的学习兴趣；有的要加强孩子的时间观念；有的要完善孩子的性格；等等。因此，父母要根据每个孩子不同的情况，采取有针对性的措施。否则，不良习惯不但不能被纠正，反而会愈加严重。

5. 要帮助孩子及时纠正坏习惯

习惯是一种固定的行为方式，形成的时间越久，纠正就越困难。因此，在孩子的不良习惯刚刚形成或萌芽之际，父母就应及时予以纠正，不要等恶习难改时才给予重视。父母平时对孩子的不良习惯要有警惕性，一旦有不良习惯的苗头出现，就及时抓住，及时纠正。

6. 对孩子的要求要适当

要想纠正孩子已养成的坏习惯，父母的要求一定要切合实际，不能过高，而且要有一定的耐心，不能操之过急，也不要紧盯着孩子的缺点。只要引导和教育方法得当，相信孩子一定会逐渐改正这些坏习惯。

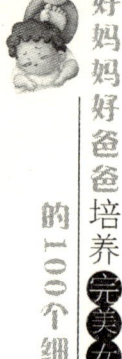

# 细节2：勤奋是女孩成才的钥匙

勤奋会使有天赋的人才能更出众，平凡人也能通过勤奋弥补缺陷。虽然勤奋不等于成功，但要获得成功则必须勤奋。

任何人做任何事都离不开勤奋。勤奋是获取成功的最主要因素，是通往成功的必经之路。因为勤奋，安徒生从一个鞋匠的儿子变成了童话之王；因为勤奋，爱迪生才有了一千多种伟大的发明；因为勤奋，爱因斯坦才得以创立震惊世界的相对论；因为勤奋，中国古代先贤才给我们留下了"悬梁刺股""凿壁偷光""囊萤积雪"的千古美谈。

爱因斯坦说："在天才与勤奋之间，我毫不迟疑地选择勤奋，她几乎是世界上一切成就的催产婆。"事实上，一个勤奋的人，他能够取得的成就必然比其他人要多。因此，父母一定要注重从小培养孩子勤奋的美德。

现在的孩子绝大部分是独生子女，因而在家庭里的地位十分重要，被父母视为"掌上明珠""心肝宝贝"。不少父母对孩子过分溺爱、百般迁就，久而久之，使孩子养成不良的行为习惯，使孩子心目中只有自己，逐步滋长自私、任性、依赖和懒惰等坏的心理和行为。

勤奋是学习所必备的优良品质，勤奋努力则是其中最重要的品质。勤奋是成就任何事业的必备条件之一。勤奋是成才的钥匙，是成才的第一推动力。具备了勤奋这种可贵的品质，孩子就会自强不息、顽强奋斗，就等于成功了一半。所以，父母一定要纠正女孩身上懒惰的恶习，从小开始培养女孩勤奋的美德。

晓琼是一个勤奋的女孩，她最看不起那些守株待兔、凡事总想不劳而获的人。

上学以后，她每天早晨六点半起床，在庭院里早读半小时，七点钟吃完饭上课，十一点半放学回家，中午午睡一小时，晚上六点半就去上晚自习，一般都自习到十一点半才上床睡觉。她的饮食起居都很有规律，而且她始终保持着这样的规律。由于在教室里上自习，一方面有老师的辅导，另一方面大家在一块学习，也比较有气氛，所以，晓琼每天晚上都坚持去学校上自习，有时候即使身体状况不好，她还是执意要去上自习。晓琼小小的年纪就对勤奋有着自己的看法，读高中时，她在日记本里这样写道：

理想好立，目标好定，但难的是实现目标的过程。人多多少少有点儿惰性，在目标确定时，信誓旦旦，但真正实施目标的时候，却只是3分钟热情……学习的确是一件苦差事，作为一名学生，每天早上月亮还在天上，我们就得背着书包去上课，晚上月亮都已经挂在天上的时候，我们才能往家走。所以说，我们事实上是一群很难见到太阳的人。在高强度的学习压力下，只有锻炼好自己的毅力，刻苦勤奋才能在成功的路途上迈出坚实的一步。

晓琼在日记中是这样写的，在实践中也是这样做的。她后来能够成功地走进剑桥大学，为人羡慕，其实都是源自光环的背后那些极其普通的勤奋刻苦的琐碎小事。正如晓琼自己在日记中说的："成功的取得更大程度上是依赖于在实现理想的过程中，谁付出的勤奋和汗水多一些，谁的毅力更强一些，谁坚持更久一些。"

生活中的女孩子并不是个个都是晓琼，相反还有很多思想懒惰的女孩。所以，父母们一定要纠正女孩身上懒惰的恶习，培养孩子勤奋的美德。

建议父母的妙招：

知识的获得需要人们的钻研、练习、集中注意力、修改和纠正错误。坚定、持久、勤奋是学习所必备的优良品质，而勤奋努力则最为重要，它是成才的第一推动力，是成才的钥匙，拥有了它，就等于拥有了成功的一半。女孩的父母怎样才能在女孩身上培养出这种勤奋努力的品质呢？以下方法和建议供您参考：

1. 培养孩子勤奋的学习习惯

习惯决定孩子的命运。好习惯的养成不在一朝一夕，贵在长久坚持。

孩子上课注意力不集中、对读书不感兴趣、观察事物粗心、记忆力差等情况，都是影响孩子形成良好学习习惯的因素。父母首先要引导孩子的好奇心，培养孩子的学习兴趣，创立有利于孩子学习的外部环境。还可以进行一些培养注意力训练，养成孩子读书的习惯、主动学习的习惯等。

2. 赏识孩子的积极行为

父母赏识孩子的勤奋行为，孩子就会变得更加勤奋。父母可抓住适当的时机，通过言辞，承认孩子的努力、耐力和勤奋。其范围可从一句简单的"我喜欢你的努力"到对他的行为作出详尽的评论。父母要把完成一项任务和做好一项工作所确立的标准告诉孩子，比如打扫房间或完成功课等，然后以此来关注孩子勤奋的程度。

3. 培养孩子热爱劳动的习惯

孩子在家里跟其他成员一样，可以享受一定的权利，也应该履行一定的义务，切莫把孩子置于只享受权利，不履行义务的特殊地位。

父母应该注意培养孩子独立生活的能力，要教会孩子做一些力所能及的事情。父母还要为孩子规定合理的作息时间，让孩子生活得有规律。这样，对孩子来说，既培养了他们独立生活的能力，又养成了他们爱劳动的好习惯。

4. 父母不妨"懒"一点

妈妈的"懒"和苗惠芳的勤奋、能干形成了鲜明的反差，以至于周围的熟人、邻居在佩服"懒"妈妈培养了一个勤奋、能干的好女儿的同时，纷纷向"懒"妈妈取经。这里所谓的"懒"并不是真正的要父母懒，而是在孩子能做的事情上，父母不妨偷"懒"一下。孩子能做的就都让孩子自己去做，这样不仅有利于培养孩子勤奋的习惯，还能培养孩子的动手和自理能力。做个"懒"父母，放手让孩子自己成长，是一种高明的教子方法。

# 细节 3：让女孩养成认真的习惯

现在很多孩子都是马虎成性。比如说学习，明明学过，可是一上考场不是这儿少个字，就是那儿少个小数点，结果自己都会的题，却做得一塌糊涂。因此，父母从小就应该让孩子养成认真的好习惯。

黄蓉五六岁时，母亲曾带着她到乡下，在乡间的茅草屋中住了一段时间。乡下的空气特别好，有小溪和广阔的天地，孩子们都很高兴。

有一天，黄蓉的母亲随口说了一句："有心栽花花不开，无心插柳柳成荫。"黄蓉听后很纳闷，连忙问妈妈："'有心栽花花不开，无心插柳柳成荫'是什么意思？为什么'无心插柳'还能'柳成荫'呢？"

妈妈告诉她："这是一句俗语，意思是柳树与花相比容易存活，你只要插一根柳条在地上，它就能长成树，成为树荫。"

黄蓉是一个认真的孩子，听了妈妈的话，她果真找到一棵没发芽的绿柳条，将它从树上掐下来，然后插在池塘边松软的泥土里，看它到底能不能存活。黄蓉天天跑来看，可一连几天，柳条一直都没有发芽。

母亲要带黄蓉回城里办事，可她不放心她的柳条，于是，她将柳条带着土抠出来，移植在房子旁边的一个大洞里，这才放心地跟着妈妈回城里去了。

过了好长一段时间，妈妈终于带着黄蓉再次回到乡下。黄蓉一到乡下，马上跑去看自己的柳条。柳条真的发芽了，黄蓉非常高兴。

正是因为黄蓉从小就对科学有着认真和执著的态度，使她一步步走进了科学的殿堂,成为了一名科学家。由此可见,培养并保护孩子坚持与认真的品质,对孩子未来有着极其重要的影响。

建议父母的妙招:

父母有责任帮助孩子去不断克服、抑制坏习惯,养成做事认真的好习惯:

1. 培养孩子认真书写的习惯

孩子的字在向成形过渡的时候,往往会犯同样的毛病——潦草。为了克服这样的毛病,一是需要父母的示范作用。父母要尽力把字写得工整、美观,使孩子受到潜移默化的影响。二是对孩子的书写提出具体明确的要求——正确、整洁、美观。三是适度评价。

2. 让孩子养成认真审题和计算的习惯

上面我们也说了,许多孩子计算出错不是不会,而是不仔细,抄错数或不认真检查。所以,父母要让孩子养成认真审题、计算和检查的良好习惯。在孩子做功课时,父母须教育孩子不要忙于解题,一定要把数量关系搞清楚。在计算试题时,为了避免这样的错误,让孩子做完习题要检查。一旦发现错误,要立即改正,久而久之,他就养成了认真检查的习惯,计算的正确率就会有明显的提高。

3. 锻炼孩子做小事也要认真的态度

在同等条件下,决定孩子学习成绩好坏的最重要因素是态度。当孩子独自面对一个问题,总会觉得要自己独立完成太难,他可能求助于父母或旁人,或表现出等待、拖延和不认真的态度。这时,父母应该告诉孩子,无论做什么事,无论事大事小,都要认真去做。让孩子对每一件小事认真、负责,养成孩子做事认真的态度和习惯。有了这样的习惯,孩子会受益一生。

# 细节4:让女孩做时间的主人

"一寸光阴一寸金,寸金难买寸光阴。"父母应从小培养女孩的时间意识,使女孩懂得珍惜时间,学会管理时间,成为时间真正的主人,这对女孩的成长可谓大有裨益。

父母在孩子懂得时间的概念后,要告诉孩子时间如何珍贵,这样孩子从很小就有了时间很重要的意识,才会珍惜时间。

7岁的彤彤已经有了很强的时间观念。这得益于妈妈的教诲。

从彤彤上幼儿园开始，妈妈就经常教她背诵一些关于时间的名言，如"时间就是生命""一寸光阴一寸金，寸金难买寸光阴""勤奋是时间的主人，懒惰是时间的奴隶"。

同时，妈妈还用别人珍惜时间的事例来教育她，使彤彤从小就认识到了时间的价值。在彤彤做作业时，还给她限定时间，要求她独立完成作业。不仅如此，妈妈还教育女儿要合理安排时间。

每天早晨，彤彤都会在记事本上写下自己一天要做的事情，并且按照轻重缓急的顺序从上到下罗列开来。彤彤会自觉从第一件事情开始做，做完一件事情才会接着做下面的事情。

这样，根本不用大人督促，彤彤不但能很快地把作业做完，而且还有玩的时间，这令爸爸妈妈很高兴。

彤彤的爸爸妈妈都有很好的作息习惯。在父母的熏陶和帮助下，彤彤也制定了科学的作息时间表。现在，彤彤已经完全能够自己管理时间、合理利用时间了。

孩子一般都缺少时间观念，他们不懂得按照事情的先后顺序来安排时间，只是凭自己的兴趣来做事情，结果在不知不觉中会使大量的时间溜走。这无疑耗费了大量宝贵的时间。

这时候，父母要做的不是责怪，而是引导、帮助孩子学会利用时间。父母要尝试把时间全部交给孩子，教她自己支配时间，告诉她：你的心爱之物，可以珍藏在家里，锁在箱子里，但是时间藏不住、锁不住；世上没有时间的收藏家，但每个人都可以做时间的主人。

每个人都是在时间的长河中开始人生的旅途，每个人的生命都是在时间中发展的。谁能够把握时间，谁就会利用时间，谁就最早接近成功的终点，所有希望孩子成才的父母，要培养孩子做时间的主人，这会使他们终生受益。

著名的物理学家爱因斯坦认为：人与人之间的最大区别就在于如何利用时间。在我们每个人出生时，世界送给我们最好的礼物就是时间。不论对穷人还是富人，这份礼物是如此公平：一天24小时。我们每一个人都用它投资来经营自己的生命。有的人很会经营，一分钟变成两分钟、一小时变成两小时、一天变成两天……他用上天赐予的时间做了很多的事最终换来了成功。

其实，不仅是爱因斯坦，许多功成名就者都有珍惜时间的好习惯。因为在他们看来，珍惜时间就是珍惜生命。

法国著名科普作家凡尔纳是一个十分珍惜时间的人，一般情况下，他每天早上5点钟起床，一直伏案写到晚上8点。除了在吃饭时休息一会儿，一天中他很少休息。当妻子来送饭时，他总是先搓搓酸胀的手，然后拿起刀叉，很快填饱肚子，抹抹嘴又拿起了笔。

见他这么累，他的妻子就劝他说："你写的书已不少了，慢点写不可以吗？"凡尔纳对妻子笑笑说："你记得莎士比亚的名言吗？放弃时间的人，时间也放弃他。哪能不抓紧呢？"

在凡尔纳40多年的写作生涯中，他记了上万册笔记，写了104部科幻小说，共有七八百万字，真的是让人难以置信！

事实上，凡尔纳之所以取得这样巨大的成就，就是因为他珍惜时间，从不浪费时间。

如今，越来越多的父母对此开始关心，逐渐认识到如何让孩子学会合理地安排时间，是一个十分重要的问题。学会合理利用时间，不仅是保证孩子身心健康成长的重要条件，还是成才教育的一项基本训练。这种训练应当从小学阶段就开始进行。上小学的孩子已懂得了昨天、今天、明天，认识了年、月、日，并随着年龄的增长，时间观念不断增强，但他们还没有真正懂得"一寸光阴一寸金，寸金难买寸光阴"的道理，没有时间的紧迫感，没有学会安排和利用时间，因此，父母应帮助孩子克服淡薄的时间观念所造成的一切不良习惯，必须增强孩子的时间观念，培养孩子养成惜时、守时的良好习惯，重视帮助孩子合理地利用时间。

让孩子从小就具有时间观念，珍惜时间，才能使孩子养成雷厉风行的作风，干什么事都会有责任感和紧迫感。学习时能集中精力、神情专注、不丢三落四；做事时有板有眼、快捷利索、不磨磨蹭蹭。同时，能使孩子学会合理安排时间、支配时间，使自己的生活过得充实而富有意义。

建议父母的妙招：

你的孩子有时间观念吗？你的孩子浪费时间吗？你的孩子会利用时间吗？如果你的回答是否定的，那么为人父母的你应该运用一定的方法，帮助孩子养成合理安排时间的好习惯。

1. 让女孩明白珍惜时间的重要性

父母要让孩子明白珍惜时间就是珍惜生命的道理，可以给孩子讲一些古往今来的成功人士珍惜时间的故事，还可以在孩子的卧室里张贴一些名言警句来提醒孩子。

2. 教会女孩合理安排时间

父母可以每天让女儿将一天的任务写下来，分出哪些是紧急要做的，哪些是

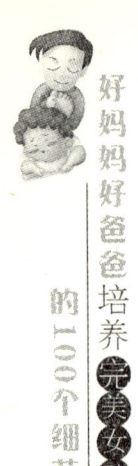

次要的,哪些是必须要做的,哪些是可做可不做的等等,进行排列,然后按顺序去做事,就会提高孩子的时间管理能力。另外,父母要注意观察孩子平时是怎样利用时间的,表扬其合理利用时间,批评其浪费时间,向她提出合理安排时间的建议,如一个星期读几篇文学作品,每天晚上先做作业还是先整理自己的书桌,使女孩体验巧用时间之妙。还要让她学会利用零散时间。

3. 教会女孩统筹安排时间,做事有计划性

女孩做事情大多是一件事情完成后再去做另外一件事情,父母要教女孩学会同时做几件事情,根据事件的特点与需要的时间进行统筹安排,这样能够节约时间,提高效率。另外,父母要指导女孩制订相关计划和科学的作息时间表,要求女孩按计划做事,按作息时间表学习、生活、游戏。开始时,也许孩子不能严格遵守,父母可以帮助、督促她逐步适应,最后使她能够自觉遵守。

4. 教会女孩集中精力做事

如果女孩做事时三心二意,甚至边玩边干,这是最浪费时间的。父母应教育女儿,做事就是做事,玩就是玩,而且事情要一件一件地做,不可一心二用,指导女孩养成做事有始有终的习惯。

5. 教会孩子必要的技能

父母必须教会孩子一些基本的技能,比如:怎样穿衣服才能穿得更快,怎样洗漱才能不浪费时间,怎样整理玩具才能取用方便,学习用品摆放要分门归类,先复习后写作业可以节约时间,早晨醒来之后不能再恋被窝,吃饭时不能看动画片,放学回家不能边走边玩。另外,对一些动手能力较差的孩子,父母还应当增加一些有针对性的特殊训练,以提高孩子的动手能力,从而节省孩子做事的时间。

6. 让孩子改掉拖拉的习惯

有许多孩子都有做事拖拉的习惯,当孩子做事拖拉时,父母不能采用发脾气的办法。因为孩子年龄虽小,但也需要得到尊重,面对父母发脾气、责备和打骂,孩子的心里感觉一定不好,有时他就有可能采取不理不睬的态度,或者干脆故意拖延时间来表示对父母的反抗。所以,要想让孩子不再那么磨蹭,父母改变对孩子的评价是必需的。如果父母能经常对孩子说"你如果再快一点儿就更出色了""真好,现在用不着老提醒你了",孩子便会受到正面的鼓励,而这些真诚的鼓励是能够打动孩子的。

# 细节5：培养女孩做点家务活

付出才能有收获，反过来要想有所收获，就一定要有所付出，而付出就要劳动。所以我们做家长的应注意培养孩子养成良好的劳动习惯，因为，这是孩子一生幸福的重要保证。只有通过劳动，才能培养孩子的自理能力，为以后的自立打下基础。另外可以培养孩子们的健康情感和坚强意志，是孩子身心健康发展的重要途径。

然而，在当今社会，因独生子女居多，许多家庭都忽视对孩子，特别是女孩子的早期劳动教育。一方面，现在几乎都是小家庭自己过，家务事本身也不太多，大都不再像从前那样，从早忙到晚。另一方面是因为现在的家长都过分溺爱孩子，什么事也不愿让孩子干，什么都提供现成的；所以，孩子是否干家务活，父母并不在意。

日常生活中每个家长都应该知道，小孩子看到家长整理房间、洗衣服、洗菜做饭，都有一种神奇感，产生了浓厚的兴趣，愿意模仿家长做这些家务活，因为，我们也有过童年，也从那个时候过来的。然而，轮到了自己，多数家长却忘了孩子的这种心理需要，总认为孩子还小，不必干这些事，或者担心孩子因年幼无知，笨手笨脚，弄坏了东西，弄脏了衣服。所以，在自己干活时，从不让孩子插手，不是让孩子老老实实地坐在一旁，就是叫他到外边去玩。有时，孩子实在憋不住了，没征得家长的同意，擅自去干了一些事情，结果出了差错，家长便严厉训斥，或者总是没完没了的责备孩子"帮倒忙"。殊不知，这样却挫伤了孩子参加家务劳动的积极性。

我们都有这样的体会，如果不是自己辛辛苦苦挣来的钱，花起来就不会太心疼。同样，不做家务劳动的孩子，也往往不知道去珍惜劳动成果。如果孩子没有经过最基本的劳动锻炼，就不会懂得劳动成果得来的是多么不容易。如果一个孩子没有亲手洗过衣服，她就不会知道大人洗衣服的辛苦，也就不会注意保持衣服的清洁。即便是父母告诉他百次、千次，她仍然不会注意。如果让她亲手去洗一次衣服，她就能够体会到父母洗衣服的辛苦，对于父母的劳动成果也就会知道爱惜了。

其实，让孩子多参加劳动实践既是一种锻炼，同时也是让孩子学习知识、了解认识社会的重要途径。如果一个孩子的记忆中只有书本知识，而没有运用这些

知识指导实践的体会，也很难激发孩子进一步的求知欲望和热情。不做家务劳动的孩子，往往动手能力差，眼高手低，依赖性强，缺乏自立性，缺乏同情心。

 建议父母的妙招：

有关分析表明，家务劳动时间与孩子的独立性有显著关系，孩子的劳动时间越长，其独立性就越强。一个没有任何劳动机会、在家里什么活儿都不会干的孩子，当他离开父母的时候，对复杂的社会适应能力差，也会影响在社会中的发展，更体会不到父母劳动的艰辛，父母为家庭、为孩子的付出，他会认为是理所当然的。孩子这样的思想就会在无形之中为亲子间的体谅和沟通设置障碍，使得父母终日辛劳而不得解脱，难以得到孩子应有的情感回报。所以家长应改变观念，从以下几方面着手培养孩子爱劳动的习惯：

1. 让孩子了解劳动的意义和价值

父母还可以在节假日的时候，带着孩子观察工人早早地来到工厂生产，农民在田野里劳作的情景，观察城市街道的变化，科学技术的发展，引导孩子体验劳动的光荣、美好，从而让孩子知道这一切都与劳动分不开。

2. 增强劳动的趣味性

要想调动孩子劳动积极性，就得先培养孩子对劳动的兴趣。比如采取竞赛的形式，既可以满足孩子争强好胜的心理，又可以使劳动富有情趣。父母还要通过劳动来发展孩子的观察力、注意力、记忆力、表现力和思维能力。

3. 和孩子一起做家务

父母给孩子安排家务，应该安排一些孩子可以独立完成的，但是其中要有一两件需要父母和孩子一起完成。父母可以先让孩子做一些简单的家务，慢慢地，再让孩子做一些复杂的工作。当孩子无法独自完成这些工作的时候，父母就可以参加进来了。和孩子一起做家务不仅能够促进父母和孩子之间进一步加深了解，建立亲子间更加牢固的情感纽带，还能够培养孩子与人合作的能力，更让孩子找到自我存在的价值。

# 细节6：培养孩子注重个人礼仪

礼仪是一个人的思想道德水平、文化修养、交际能力的外在表现，对一个社会来说，要想让女孩受人欢迎，赢得更好的人际交往，就应在礼仪上下工夫。

礼仪是一个国家社会文明程序、道德风尚和生活习惯的反映。尽管人们一直被教导不要过于重视人的外在美，但事实上那些漂亮、整洁、优雅大方的女孩往往能博得更多人的喜爱。而这些外表有魅力的女孩由于得到众人的喜爱，也会逐渐变得热情活泼、亲切直率和意志坚强，她能轻松地与人交谈，有包容别人的雅量，也就越来越具有性格的魅力。这实际上是一个良性循环。因此妈妈要注意细节，让女孩成为受人欢迎的人，第一步就是要培养孩子注重个人礼仪的习惯。这并不意味着你需要为孩子的长相担忧，也不表示你得为孩子购买昂贵的名牌服装，只要让她外表干净、衣着整洁、举止得体就可以了。

一位妈妈好不容易把孩子培养成了学习上的佼佼者，唯一不足的是，孩子从小就不太注意礼仪。但是，这并不妨碍妈妈为他而自豪。孩子从小就是个学习尖子，不仅考上了北京一所高校，而且在学校里自己补习英语，计划去国外留学。大学毕业的时候，孩子顺利地通过了托福考试和GMAT考试。

就在面试合格，各项手续也顺利办下来，只等签证就可以实现他的留学梦的时候，一件意外的事发生了！

那天，妈妈陪着孩子去办理签证，孩子的心情非常激动。当听到自己的名字的时候，孩子高兴地站了起来，站起来的同时，孩子不自觉地咳了一声，同时往墙角吐了一口痰。这个细小的动作被细心的秘书小姐看到了，秘书小姐走进办公室，在一位官员模样的人耳边轻声地说了几句话。

当孩子走进办公室的时候，那位官员对他说："对不起，我们很遗憾地通知您，您的成绩和能力虽然都非常优秀，但是，综合素质方面还有些欠缺，我们不能给您签证。"

"综合素质？"孩子有些意外。

官员说："是的，我们认为，一个人的成绩和能力虽然很重要，但是综合素质更加重要，它能体现出一个人的品质。我们非常注重这项考核，事实上，许多人都是因为综合素质考核通不过而得不到签证的。"

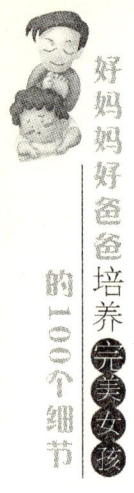

这位孩子有些沮丧地出来了，而妈妈这时已经明白，孩子之所以没有得到签证，是因为他刚才的行为太不文明了。

俗话说得好："一个成功男人的背后，肯定有一位伟大的女人在支持着"。这里，我们也可以化用一下，"一个彬彬有礼的孩子背后，肯定少不了妈妈长期言传身教与引导"。孩子在礼仪方面表现很差，自然也有妈妈教育不当的责任。

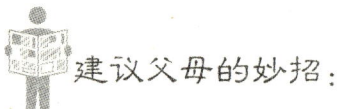建议父母的妙招：

孩子就像一本厚厚的书，礼仪则是这本书的首页，需要妈妈去认真阅读。妈妈是孩子的第一任老师，孩子礼仪的培养更得依靠妈妈平时的督导和榜样的表率。只要妈妈能够有心、留心，做好榜样和表率，一定会培养出懂礼仪的好孩子。

1. 让孩子知道什么是礼仪

当看到孩子有不礼貌的行为时，大部分家长的反应是：训斥、批评，而没想过一个关键的问题，那就是自己的孩子根本就不知道礼貌是什么，什么行为是有礼貌的，什么行为又是没礼貌的。

一个三岁的男孩在被妈妈多次批评没礼貌之后，问妈妈：你老说我不懂礼貌，到底什么叫礼貌呀？至此，妈妈才醒悟，一个刚三岁的孩子对于抽象的礼貌是不理解的，因而也无法要求他有礼貌。要让孩子懂礼貌，第一步当然是告诉他什么是礼貌，为什么要讲礼貌。

妈妈可以有意识地在不同场合、根据不同对象教给他具体的做法。如对长辈说话时要使用"您"，早上主动向认识的人问好；分别时要说"再见"；请求别人帮助时要用"请"，得到帮助后要说"谢谢"；对长者不能称呼姓名或叫老头，而要称呼"老爷爷""老奶奶""叔叔""阿姨"等；别人工作时不去打扰；不随便打断别人的谈话；不随意插嘴；家里来了客人要有礼貌地回答客人的问话；到别人家里不随意动东西等。

2. 教好孩子3个方面的礼仪习惯

孩子的礼仪教育，应该从小培养，妈妈不可认为孩子小无所谓，树大自然直，这些想法都是错误的。孩子从小养成注重礼仪的好习惯，对他以后的成长是非常有利的。以下分别从日常生活、集体游戏和公共场合三个方面来说明。

（1）日常生活中

生活本身就是个大课堂，日常生活中的每一个细节都是培养孩子礼仪的好机会。生活中的你来我往是必不可少的，当有客人来访或到别人家做客时，妈妈可以在交往的过程中培养孩子的礼仪习惯。

孩子在日常交往中的一言一行也是儿童礼仪非常重要的部分。孩子卫生习惯的养成不仅是对自己负责，也是对别人的尊重。天气多变，孩子很容易感冒，感冒了容易咳嗽、流鼻涕，此时家长除了应该告诉孩子照顾好自己之外，还要告诉孩子咳嗽时要用手绢或纸巾捂住嘴，擤鼻涕时，先将纸巾对折，用纸巾掩住鼻子，擤出鼻涕，然后将纸巾丢进垃圾桶里。同时，妈妈还应告诉孩子如果他这样做了，可以避免别人感冒。

即使是在家里也要教孩子注意自己的行为，家长的言传身教此时显得很重要。当孩子进入父母的房间时，妈妈可以说："宝贝儿，进入别人的房间要先轻轻敲门，不然人家可要生气了。"做个生气的表情之后，把孩子领到门外，轻轻敲敲门并问一句："妈妈，我可以进来吗？"在示范之后让孩子再来一次，以后孩子就会知道怎样礼貌地进入别人的房间了。

（2）集体游戏中

集体游戏不仅可以教孩子怎样娱乐，更可以教孩子如何与别人相处。集体游戏因时间、地点和对象不断变换，对孩子的要求更高。在家长和老师的说教和示范下，让孩子明白在集体游戏时得体的应答、良好的行为、和平的相处是很重要的。在集体游戏中，孩子美德的培养得以实现，孩子的人际关系也得以拓展。

儿童娱乐场所或游乐园是孩子集体游戏、团体生活与社会交往的最主要也是最佳场所，在孩子刚刚接触的时候，常因不知如何处理这样那样的事情而采取不当的行为，以致产生行为或情绪上的偏差。试着让孩子为别人着想，相信孩子很快能学会与别人"打成一片"。小朋友看见别人玩游戏时，往往是忍不住想加入，这也是孩子的天性。当孩子和你说："妈妈，我也想一起玩。"你就可以让孩子上前去问："我可以和你们一起玩吗？"当得到其他小朋友的允许后，孩子们就可以一起玩了。记住如果没有得到允许千万别让孩子捣乱，可以让孩子自己玩。

（3）公共场合中

在公共场合接触的人很多，碰到的事也很多。在处理各种事情时，可以借机培养孩子的礼仪。

学前儿童处在学说话的关键期，妈妈应防止孩子在公共场合学说脏话。要让孩子意识到说脏话是一种不文明的行为。有些家长平时不注意，当孩子说出脏话后甚至觉得好玩有趣，这是绝对不可取的。一旦脏话在孩子的大脑中留下印记，纠正起来就会非常困难。在生活中，家长要培养孩子使用健康的语言，美的语言会使孩子终生受益。

3. 教给孩子4张礼仪"名片"

礼仪，是社交的一张名片。妈妈在平时要有意识地向孩子传达个人礼仪的重要性，可以从以下几个方面来培养孩子的礼仪。

（1）仪容仪表

妈妈要教育孩子保持仪容仪表的整洁，要求孩子每天把脸、脖子、手都洗得干干净净；勤剪指甲，勤洗头；早晚刷牙，饭后漱口，注意口腔卫生；经常洗澡，保证身体没有异味；衣着要干净、整洁、合体。

（2）行为举止

行为举止是一个人修养的直接表现。端庄、娴熟、优美、轻盈的举止，最能唤起人们的美感，反之，举止不得体，粗鲁而无礼，是最易引起人们的反感。有的孩子，在生活中，"站没站相，坐没坐相"，也的确很让人反感。如果自己的孩子也有这方面的习惯，妈妈一定要及时纠正。

（3）表情神态

妈妈要教育孩子表现出对人的尊重、理解和善意的表情。在与人交往时要面带微笑，千万不要出现随便剔牙、掏耳、挖鼻、抓痒等不雅观的动作。要做到这方面，妈妈一定要注意观察孩子在与人交往时的表情和神态，如果有不正确的地方要及时提醒并说明理由。

（4）言谈措辞

孩子从牙牙学语，到终于可以喊爸爸、妈妈了，做父母的心里会是多么甜蜜。早在孩子还不能张口说话的时候，妈妈就应该有意识地给孩子灌输好的文明礼貌言语，也可以给孩子讲述一些优美的有启迪意义的短文或者故事，让孩子在幼小的心里种下文明礼貌的词汇。

# 细节7：培养女孩良好的学习习惯

杰出的思想家培根说："习惯是人生的主宰，人们应当努力求得好习惯。"我国教育家陈鹤琴先生认为："习惯养得好，终生受其益；习惯养不好，终生受其累。"在这个竞争日趋激烈的时代，家长都希望自己的孩子将来能在社会中"成龙""成凤"。而养成良好的学习习惯，对他们的成功至关重要。

所谓"学习习惯"是指主体在较长的学习过程中，逐渐养成的不易改变的学习行为。任何行为只有多次强化才会转化为习惯，包括好习惯和坏习惯。

邵倩伊学习成绩平平，但学习积极性较高。母亲就给她安排了补课的日程表：星期六上午语文家教，星期日上午数学下午科学家教。女儿很乖，很听话，对母亲的安排没有任何意见，你不让她看电视她就关掉电视机，可就是成绩不长进。

有人问她母亲：这么辛苦地补课，为的是什么？是想考进重点中学吧？母亲摇头。她成绩太一般了。那么是因为她要留级了吗？也不是，她的成绩在班上算是中游水平。那为什么呢？母亲仔细想想笑了：让她多学点总是有好处的。

如今有不少家长这样说："让孩子拥有良好的学习习惯，比拥有很高的智力都重要。"在此，我们不去追究这些家长的说法是对还是错，但这足以说明一个问题：越来越多的家长开始注重孩子学习习惯的培养。

学习习惯是在学习过程中经过反复练习形成并发展，成为一种个体需要的自动化学习行为方式。良好的学习习惯，有利于激发学生学习的积极性和主动性；有利于形成学习策略，提高学习效率；有利于培养自主学习能力；有利于培养学生的创新精神和创造能力，使学生终生受益。

我们都知道，到了青春期，女孩的智力发育往往跟不上男孩，在这时，女孩的学习成绩往往会出现"滑坡"现象。但是，如果女孩从小便养成了许多良好的学习习惯，那么，成绩"滑坡"的幅度可能会小很多，有时，甚至还可以避免"滑坡"现象的产生。

那么，良好的学习习惯都有哪些呢？下面列举了一部分，便于孩子们学习参考：

（1）主动学习的习惯。一学习就要求自己立刻进入状态，不需要别人督促，力求高效率地利用每一分钟学习时间。要有意识地集中自己的注意力用于学习，并能坚持始终。

（2）按时完成学习任务的习惯。把每个规定的学习时间分成若干时间段，根据学习内容，为每个时间段规定具体的学习任务，并要求自己必须在一个时间段内完成一个具体的学习任务。

（3）各科并进，不偏科的习惯。现代社会迫切需要的是发展全面的复合型人才，所以要求中学生要全面发展，不能偏科。这就要求中学生对自己不喜欢的学科更要努力学习，在学习中不断提高兴趣。

（4）认真听课的习惯。上课时，老师不仅用语言传递信息，还会用动作、表情传递信息，用眼神与学生交流。因此，中学生上课必须盯着老师听，跟着老师想，调动所有感觉器官参与学习。

(5）上课主动回答问题的习惯。做学习的主人,在课上要认真思考每一个问题。积极回答问题可以促进思考,加深理解,增强记忆,提高心理素质,促进创新意识的勃发。回答问题要主动,起立迅速,声音洪亮,表述清楚。

（6）上课记笔记的习惯。在专心听讲的同时,要动笔做简单记录或记号。对重点内容、疑难问题、关键语句进行"圈、点、勾、画",把一些关键性的词句记下来。

（7）多思、善问、大胆质疑的习惯。"多思"就是对知识要点、思路、方法、知识间的联系、与生活实际的联系等进行认真思考,形成体系。"善问"不仅要多问自己几个为什么,还要虚心向老师、同学及他人询问,这样才能提高自己。

建议父母的妙招：

家长应该如何去理性培养孩子拥有良好的学习习惯？

1. 要给孩子预留出自己可支配的时间

如果家长想提高孩子写作业或者学习的积极性,必须要给孩子一个目标激励。比如告诉孩子,你如果专心写作业的话,就可以节约出更多的时间,来供你做其他的事。让孩子有支配自己时间的主动性,实际上就是解放了家长不停关注,唠叨的嘴,甚至烦燥的心。

2. 要帮助孩子建立科学用脑学习的意识

经常看到很多家长一让孩子课外学习时,便一股脑儿让孩子从头写到尾,有时孩子一写作业便是一两个小时,甚至更长的时间。这样做是非常错误的,孩子为什么在学校每节课要上40分钟呢？对于小学一、二年级的孩子来说,注意力专注时间一般为20～35分钟,所以写作业的时间一般安排在35～40分钟,接着就要安排孩子做短暂的休息了,以利于缓解大脑的疲劳。

3. 家长要学会帮助孩子构建时间意识

我们经常强调时间效率,效率从哪里来？就是从时间中来。所以在这里建议家长要充分引导孩子关注你家墙上挂的钟表,或者闹钟。如果孩子对时间认识还存在问题的话,一定要教会孩子认识时间。当孩子在写作业前后都记下时间后,就很容易计算出时间成本,通过时间的对比,让孩子感觉到自己今天比昨天在完成作业方面有进步,家长也同时给予鼓励和表扬,让孩子的自信心得到肯定。

4. 家长要及时关注孩子的学习方法

有些孩子在学习中遇到困难,自己说不出来,家长又观察不到,而老师因为面对全班很多孩子,也不可能一一去关照,这就会无形中使孩子出现学习上的失控现象。为了解决这个问题,现在必须要明确责任人了,那就是我们的家长,因为孩子和家长是一对一的关系,孩子每一门功课是否能课上听得懂,课下是否能独立完成作业,如果不能独立完成,问题出现在哪一个环节,等等,这些问题家长都要一一去关注。

# 细节8:培养女孩爱写日记的习惯

孩子最初写日记就像一个孩子最初学走路一样,总是寸步难行,这就需要家长在孩子遇到困难的时候扶一把或者拉一把。尽管孩子们个个都能口若悬河,但到写的时候却总是无从下笔,没东西可写,或者草草了之。所以这个时候就需要家长的帮助和启发,使孩子的日记丰满起来。比如日记是生活的记录,是一个人将一天中的所见所闻所感或者亲身经历的事情,选择有意义的记录下来。它的特点也是灵活多样,篇幅可长可短,结构自由,可写人物、事件,可写景状物,也可以写自己的感想或者想象。这时往往需要帮助孩子确定一天里哪些事情应该写进日记里,帮助孩子将日记写得流畅、有序、详略得当。

但同时也不能让孩子养成一写日记就需要父母帮助的习惯。所以,家长需要注意,孩子在写日记的过程中,如果遇到困难需要家长的帮助,家长不要直接告诉孩子怎么样写,而应该启发孩子自己说,尽量说,然后再把说的写下来,慢慢地,孩子就能自己写日记了。

张兰的女儿觉得写日记很有意思,放学回到家里,有时间就拿出她的日记本,按照日记的格式,一行行地写上在学校发生的事情。有时候,女儿也犯愁没什么内容可写,产生厌烦心理。张兰告诉女儿写日记有很多好处,应该坚持。女儿一点反应都没有。张兰发现女儿喜欢摘录名人名言,就借机提醒她:"你每天在日记本上记下一两句名人名言,用不了多长时间就会积累成百甚至上千的名人名言。那多好呀!"女儿对这个倒是很感兴趣,每天都找名人名言,有时还让我们帮助查找。张兰在孩子记录名人名言的时候,不失时机地告诉她记日记的一些要求。孩子从摘录一两句名人名言开始,养成了习惯,每天放学回家都要动笔写下一天发生的事情。张兰觉得孩子比以前勤奋多了。

李娜的女儿每天放学回家都能把家庭小日记写完。但是李娜发现女儿像记流

水账似的记日记，日记上写的往往是：妈妈送我上学。同学上课讲话了。晚上放学了。妈妈接我回家了。妈妈做的饭很好吃……李娜觉得孩子应该写得更好一些，便想指导孩子一下。

一次，李娜在女儿写小日记时说："写得不错，可是不能打100分。"孩子不解地问："妈妈，我哪里写得不对了？"李娜说："日记不能什么都记，也要有主次。比如，昨天上课迟到了，为什么迟到？今天没有迟到，说明自己自觉了，比昨天有进步。能帮助妈妈洗碗，妈妈夸我懂事了，我很开心等等。"李娜还和老师沟通，老师也对孩子的进步给予肯定。孩子慢慢改变了流水账记法。虽然女儿在小日记本上写下的内容仍很幼稚，但李娜觉得孩子比以前有了不小的进步。

坚持写日记的人都有这样的体会，这不仅可以提高人的书写能力和语言表达能力，还有利于提高人的综合素质，也是对一个人成长过程的一个记录。而孩子写日记还能培养他们的恒心和毅力。但是现实中很少有孩子养成记日记的习惯。因此这个时候就需要家长的提醒和帮助。

如果从孩子会写字、造句开始就教他们写日记，一直让孩子坚持下去，那将是一笔巨大的财富。许多优秀教师都十分重视学生日记的写作指导，部分学生作文能力强的其中一个原因，就是平时勤于写日记。

建议父母的妙招：

那么，家长应该如何教孩子写日记呢？

1. 教孩子写日记的内容

孩子怕日记，主要原因就是觉得没有东西可写。他们不知道什么东西可写，他们总以为日记的内容很难找。其实，日记内容无处不在，非常丰富，可以教孩子从日常生活所见所闻中最简单的记起。有时甚至可以从自己记起。

（1）记自己的身体发育变化情况，从而可以发现自己的身体一直在成长；

（2）记自己的学习变化情况，当天所学的知识，什么地方懂了，什么地方还不懂，这样可以巩固和加深记忆，可看出自己掌握知识的变化与规律；

（3）记自己生活及家庭的变化，新添了彩电或手机，旧的自行车卖给旧货收购站，或者来了一位外地客人等等，都可以写；

（4）记自己一天当中所见所闻，选择印象最深，自己认为有意义、有价值的记录下来；记自己的思想认识和感情变化，原来没认识到的，现在认识到了，原来不是这样想的，现在这样想了；

(5) 就某一件事、某一个问题根据自己的看法和掌握的知识发表议论。

2. 教孩子写日记的方法

(1) 记的事件要真实。要多记自己看到或经历过的事和人，多记身边发生过的现实生活中的事和人。只有真实地反映事件和心情，真实地叙述问题，才有参考价值，才是有效的积累，才能反映规律。

(2) 记的事件内容要具体些，尽量不要用概括性叙述，而要有一定的描写。孩子写日记主要是练笔。它不同于一般的史料记录。孩子作文最大的毛病是不具体，因此，要教孩子通过仔细回忆和重新观察，把事件或人物的细节写出来。

(3) 要有选择地记。一则日记一般只记一件事，不能太杂，不能拖泥带水地在一则日记中什么都记。也就是说，一则日记要围绕一个中心。这个中心可以是一桩事、一个场景、一段对话、一处风景、一个外貌、一种心情、一个动作等，日记不是流水账。

(4) 记事件的感受不要牵强附会。每个人都会对身边发生的事产生一些感受，都会有自己的想法。在记叙过程中，可以穿插自己的感受。但这种感受一定要真实，自己是怎么想的就怎么写，不要老是考虑这个想法对不对。有些孩子，在自己的日记中搬用套话大话，说一些违心的假话，这种心理是很不好的。

(5) 要妥善地保存日记。日记是私密性极强的，要孩子注意保存。每过一段时间，可翻一翻以前的日记，这样，既可以回忆比较，也可增强记日记的信心。

# 细节9：培养女孩理财的习惯

要女孩独立意识，重要的一点就是要培养其经济上的独立观念。因此，父母在孩子小的时候，就要培养孩子的理财习惯。

当今是市场经济时代，人们的经济意识已逐步加强，但这只是对成年人而言，大多的孩子仍然没有太多的经济意识。因为父母都认为孩子没有收入，属于纯消费阶层。而且一些父母错误地认为，让孩子过早地认识钱，会腐蚀孩子的心灵。有人甚至搬出"万般皆下品，唯有读书高"来教育孩子。让孩子远离金钱的腐蚀没有错误，可孩子毕竟不能彻底与钱隔绝，如果不能让孩子在小的时候就对金钱有个清醒的认识，树立理财观念，那么在她长大之后，不是成为一个小气得不愿意消费而苦了自己的吝啬鬼，就是成为一个"大手大脚"烧钱的败家子。

一般说来，后一种情况比较严重，因为每个女孩子都是父母的小公主，而随着各个家庭生活水平的提升，父母都愿意为女儿提供足够的资金让其消费。特别是那些操"女孩富着养"论的家长，更是如此，为了让孩子显得雍容华贵、气定神闲，他们可谓不惜血本，用钱来"砸"出孩子的气质。结果如何呢？这些女孩子通常都成了穷奢极欲、不懂得珍惜的虚荣女孩，一旦失去了父母的支持，她们就会变得一无是处。因此，父母要对孩子进行理智消费的教育。

专家认为，孩子不能在金钱无菌室里培养。父母在培养孩子的金钱观时，积极的态度应该是：正视现实，以主动的姿态告诉孩子金钱的重要性和来之不易，让孩子从小懂得金钱的价值，从而养成勤俭节约的好品质。让孩子树立健全的经济意识，养成正当消费的好习惯，成为有一定经济头脑和管理能力的小主人。

如今的孩子通常都有零用钱，因此，让孩子规划自己的"零用钱"是一个最好的让孩子学会理财的时机。有一份问卷调查显示，有56%以上的家长在孩子6～8岁时，开始给零用钱。给孩子零用钱的方式则是：80%不定期给；20%定期给，其中每天给的占8%，每周或每月给的各占6%。

可是大多数父母都不重视对孩子"零用钱"的消费教育，当父母给孩子零用钱时，最好别以斥责的方式要求子女不可随便花费，甚至严重干涉孩子关于钱的用途。因为零用钱等于是子女的"薪水"，有一定的数额，所以在一定范围内，应让孩子自由支配使用才是。

另外，父母可以在日常生活中有意识地引导孩子正确消费，让孩子学会在消费中算账的习惯，比如，同样是交通工具，坐普通巴士比空调巴士节省，坐大巴比中巴节省，坐中巴比"打的"节省。

建议父母的妙招：

那么，具体来讲，父母应该如何培养女孩的理财习惯呢？

1. 定期发放零用钱

家长要严格执行约定时间才给孩子下一次的零用钱。一开始，家长可以以"周"为发放零用钱的时间单位，等孩子习惯后，时间慢慢拉长为"月"。家长控制好零用钱的发放时间，能让孩子在固定的时间内分配金钱消费，同时也能训练孩子的用钱能力。

2. 让孩子学会定期储蓄

没有节制的消费会带来烦恼，有规律地储蓄非常重要。每年孩子们的压岁钱、零用钱等全部加起来是一笔不小的财富，家长应该告诉孩子这些钱该如何储蓄或花费。家长不妨从给孩子买储钱罐开始做起，鼓励他存钱。为增加存钱的动力，家长还可以设定存钱目标，当孩子达到目标时，给予额外奖励。

3．培养孩子的记账习惯

孩子年纪小，不知道如何记账，刚开始时，家长可帮助孩子将未来一星期所需要的花费记录下来，然后逐日补上额外支出的项目，慢慢养成孩子记账的习惯。等到建立起几次记录后，家长可以放手让孩子自己记账。几个月后，家长可以借此了解孩子的消费倾向，了解他对金钱的价值与感受，若发现有偏差，可适时纠正。另外，记账也可以帮助孩子培养良好的理财意识和习惯，让他理解花钱容易挣钱难的道理。

4．建立理财目标

在不同阶段，孩子总有不同的消费需求，如小时候买玩具；小学时买电子游戏机；中学时添置 MP3……这就需要家长帮助孩子建立理财目标及投资观念，比如购买一部脚踏车，家长可以协助孩子从每个月的零用钱中，规划出一个时间表，透过目标建立孩子的预算观念，让孩子用自己积攒下来的零花钱来买自己想要的东西。

# 细节 10：让女孩保持节俭的好习惯

唐代著名诗人李商隐在《咏史》中写道："历览前贤国与家，成由勤俭败由奢。"勤俭能使国家昌盛，而奢侈会使国家灭亡。其实，无论是一个人，还是一个家庭、一个国家，要想得到更好的发展，都离不开"勤俭"二字。

然而，很多妈妈宠爱、娇惯着女孩，让她从小就过着衣食无忧的生活。结果，很多女孩不懂得节俭，浪费、奢侈的现象随处可见。

据报道，在某所小学，学校员工在校园内捡到的物品堆满了一间房子，大至皮夹克，小至铅笔、橡皮等学习用品。学校多次通过广播要求学生去认领，却没有一个学生去认领。

试想一下，一个从小铺张浪费的女孩能很好地持家理财吗？能肯于吃苦做出一番事业吗？恐怕很难。因此，我们要不宠不娇，让女孩学会节俭。

有这样一个真实而发人深省的故事：

一天,一对年轻父母带着刚上小学的女儿去逛街。当他们来到一个繁华的路口,看到一位老爷爷在卖报纸。爸爸拿出5块钱交给女儿,让她买了10份报纸。然后,父母与女儿商量:按原价把报纸卖出去,看看要花多长时间。

在父母的帮助下,女孩用了几个小时的时间,费了很大的劲,才把10份报纸卖出去。随后,父母又让女儿去询问卖报的老爷爷,一份报纸能挣多少钱。女孩从老爷爷那里得知,一份报纸只能挣几毛钱。

女孩一算账,才知道,自己花了这么长时间、费了这么多口舌,才挣了几块钱。想到这里,女孩对父母说:"爸爸、妈妈,挣钱太不容易了,我以后再也不乱花钱了。"

真是有智慧的父母!他们给女儿提供了这样一个机会,让她通过这一次亲身体验,明白了挣钱的不容易,进而明白了节俭的重要性。

对于女孩而言,是否能学会节俭对她的一生影响重大。因为女孩长大以后要操持一个家庭,只有让她从小学会了节俭,才能成为一个称职的"好管家"。一旦女孩具备了节俭的美德,那将是她一生的财富。

与女孩一起力行节俭。

在生活中,我们要以自己的节俭行为影响女孩,用自己的节俭作风感染女孩。比如,吃饭的时候不要剩饭,用水要节约、不浪费,把洗衣服的水用来拖地或冲马桶,离开房间要关灯,等等。在我们的带动下,女孩就会和我们一起力行节俭,就会逐渐学会生活中的节俭细节,进而养成节俭的好习惯。

生活环境对女孩有着深远的影响,如今的女孩几乎都是在"蜜罐"里长大的,从没有吃过苦,自然就不知道节俭的重大意义,也不知道珍惜现有的幸福生活。

因此,我们要适当地让女孩尝尝"苦头"。比如,我们可以带女孩去一些贫困山区,在那里住上几天,看看生活在那里的小朋友是在怎样的环境中学习和生活的,让她切身体验一下艰苦的生活;我们也可以带女孩去农村体验一下农民伯伯的生活,让她参与一些农活,如播种、施肥、除草、浇水等,亲身体验一下"粒粒皆辛苦"的含义。当女孩有了这些"吃苦"的体验,就会珍惜现有的生活,就会产生节俭的意识,从而学会节俭、力行节俭。

当女孩不知道钱财来之不易,不知道赚钱的辛苦,花钱自然就会无所顾忌,随之而来的便是铺张浪费、不节俭的行为。

对此,我们可以向前面事例中的父母学习,让女孩亲身体验一下赚钱的辛苦,比如,带她一起上一天班,让她利用假期去打工,等等。一旦女孩体验到了挣钱的不易和辛苦,自然就不会乱花钱、随便浪费,就会慢慢养成节俭的好习惯。

有人曾经这样比喻：节俭如甘霖，能让贫穷的土地开出富裕的花；节俭似雨露，能让富有的土地结下智慧的果。

英国女王伊丽莎白二世就是明白这个道理，才会每天深夜她都亲自熄灭白金汉宫小厅堂和走廊的灯；才会坚持皇家用的牙膏要挤到一点不剩。而号称"车到山前必有路，有路必有丰田车"的日本丰田公司，办公用纸用了正面还要用反面，厕所的水箱里要放一块砖用来节水。一个贵为一国之尊、一个是世界著名的跨国公司，节约意识竟如此强烈，令人赞叹。

然而，随着生活水平的不断提高，节俭的美德已渐渐被人们所忘却，而我们一不如英国女王，二不胜丰田公司。所以，作为女孩的父母必须知道节俭的美德对她的一生意义依然重大。否则我们的女儿很有可能走节俭的反面——虚荣攀比，而虚荣攀比带给女孩最直接的影响，就是让她更关注自己的穿衣打扮、外貌仪表……而当一个女孩太过于关注自己外在的一些东西，问题就开始变得严重了。

刚上小学三年级的佳佳每到周末都会吵着让妈妈带她逛商场。妈妈问她为什么，她歪着小脑袋告诉妈妈："楼上的蕾蕾成了她们班上的'班花'。因为她总是戴着新头花、穿着新衣服去上学。我也想做'班花'。"

在这个独生子女、物质充裕的时代，面对需要自己更多呵护、关爱的女儿，很多父母都会倾其所有，努力满足孩子的一切物质需求。这样却使节俭的美德在我们的小公主身上，渐行渐远；使女孩把过多的心思花在了攀比上，而用在学习、提高自身修养方面的时间却越来越少。如此一来，她们也就距离成为小淑女、小才女的成长目标越来越远了。而这显然背离了父母望女成凤的迫切期望！

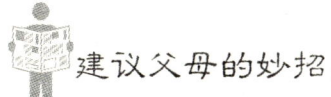建议父母的妙招：

在当今的时代，我们之所以提倡女孩要养成节俭的美德，并不是说要孩子完全发扬艰苦朴素的作风，有好的不吃、有漂亮的不穿。而是说，父母应努力将女孩更注重穿衣打扮的倾向，引导到更注重个人内在修养方面，让我们的女孩真正成长为一名人人羡慕的优秀女性。

1. 让你的女孩体验一下"贫穷"

生活环境对孩子的熏陶作用是很大的。当我们的小公主一直生活在"蜜罐"中，她自然不懂得节俭，喜欢与他人攀比；而当她真正地体验到了"贫穷"的滋味，她才会明白"一粥一饭，当思之不易"的深刻道理。

生活条件的优越往往会让我们的小公主体验不到"贫穷"的滋味，不知道勤

俭节约的重大意义。因此，父母不妨来点"苦肉计"，让你的女孩身临其境地感受"贫穷"的味道。

2. 让女孩知道自己挣钱不易

孩子没有节俭的意识，很大程度上与她从未有过挣钱的经历、不知道挣钱的艰难有关。因此，父母应放开手脚，鼓励女儿多去尝试、多去体验，当敏感的女孩知道金钱来之不易，她自然就会养成勤俭节约的好习惯。

3. 教女孩学会花钱

向女儿灌输这样一个消费理念：节省下来的钱，可以实现更多的心愿。当女孩有了正确消费的意识、节省的意识，做到勤俭节约也就不是什么难事了。此外，让女孩尝试"一日当家""一周当家""记收支账"等，也是培养她养成节俭品质的好方法。

# 细节11：培养女孩积极锻炼的习惯

人常说：身体是革命的本钱。如果没有健康的身体一切都可能成为枉然。健康的身体离不开运动，运动在于锻炼，锻炼贵在坚持，坚持就是胜利。

我们可能都想过这样的问题，为什么女明星们大都承担着那么大负荷的工作量，却依然能够神采奕奕？这自然和化妆很有关系，但是运动的作用更不容小觑。

比如：许如芸身材修长，长手长脚吃不胖，所以她反而希望自己能结实一些，于是，她便给自己规定了运动时间表。其中有一点与众不同——下午跑步，一个星期四次，一次两小时。她还特地请了个健身教练，一般的训练包括游泳和到健身房举重。

朱茵的身材自小偏瘦，现在也不算理想，不过她仍然坚持每星期游泳三次，每次一小时，最喜欢自由式。每次只要进到水中她都来回不停地游，以使自己的肌肉变得更结实。朱茵的另一招保持健美身体的方法是跳健康舞，每次跳完之后浑身都出汗，却有一种说不出的舒服。

16岁之前的女孩子正处于生长发育的时期，也是追求美丽的时期。有的女孩子身材瘦小发育不良而大吃特吃；有的女孩子因为觉得自己过于肥胖而刻意节食减肥。其实这些发育中的女孩子最应该做的，就是运动。因为这个时期人体正处于生长发育阶段，此时骨骼里的有机物骨原胶比较多，钙盐的含量少，所以骨骼富有弹性，其弯曲度比成年人要强，骨骼的可塑性很大，人的骨化过程一般要到20～25岁左右才能完成，所以从儿童时期开始到骨化完成之前是塑造体型美的关键时期。

同时，在儿童少年时期肌肉尚未发育完善，肌纤维比较嫩弱，肌肉力量弹性和伸展性较差，因此容易疲劳。不正确的姿势容易导致肌肉疲劳而逐渐产生畸形，如驼背、脊柱侧弯、斜肩、歪脖子等，因而严重影响体型健美。

因此，在女孩16岁之前，要教育女孩应经常参加体育锻炼，养成良好的身体姿势，为未来的成长打下有益的基础。

建议父母的妙招：

为了女孩热爱运动的习惯，专家给父母们提出如下方法和建议：

1. 给女孩创造运动的条件

父母尽量要创造条件，鼓励、支持女孩参加各种体育锻炼，以增强女孩身体各部位的机能和适应环境的能力，增强女孩的体质。现代都市一般居住环境比较狭窄，女孩在家里的活动空间有限。父母应在适当的时间，给女孩安排一些户外活动，让女孩多跑跑、跳跳，参加一些体能锻炼。这样，既可以训练女孩有敏捷的身手，又可以锻炼女孩的体魄和胆略。

父母不要整天将女孩关在家中。女孩从幼儿园出来时，总希望在外面玩一会儿，这时父母不要急着把女孩带回家，应该让她做些必要的户外活动，可以在居住地的周围找一块空地让女孩蹦蹦跳跳。不过，有些住宅区周围过往的车辆很多，父母应该特别注意女孩的安全。

女孩如果为运动而运动，就会总感到枯燥，父母可以为女孩配置必要用具，增加活动的兴趣性，如球类、橡皮筋。另外，为了方便女孩运动，应该让她穿运动鞋和运动服。

2. 让女孩养成爱好锻炼的生活方式

3～12岁是人形成良好习惯的关键期，特别是女孩子，因为，此时女孩在生理上处于生长发育和素质发展的敏感期，可塑性大，最容易接受成人的引导与训练，正是养成自觉锻炼身体习惯的好机会。如果错过了，随着人的年龄的增长，由于受旧习惯的干扰，新习惯就难以形成。

3. 父母可参与女孩的运动游戏

由于许多独生子女缺少玩伴，父母就不可避免要充当这一角色——当女孩的

玩伴，如与女孩一起拍球、传球、单腿跳等。因为5~10岁的女孩竞争意识增加，她们重视行动后的结果，所以父母与女孩一起玩，可以提高女孩的运动能力。

运动能给女孩带来无穷的活力，能够促进女孩的身体成长。同时也能够锻炼女孩的意志和品格。锻炼身体是促进身体健康的重要途径，从小训练女孩，让女孩自觉锻炼自己的身体，可以省却父母很多不必要的烦恼。

# 第三章
## 举止温柔优雅，让女孩更吸引人

女孩的优雅是模仿不来、着急不得的事，它不同于时髦：时髦可以追、可以赶，可以花大钱去"入流"。优雅却是一种恒久的时尚，它是一种文化和素养的积累，是修养和知识的沉淀。从一个女孩优雅的举止里，我们可以看到一种文化教养，让人赏心悦目。

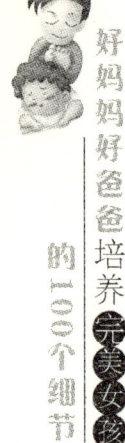

# 细节1：乐观是女孩拥有的最大魅力

在孩子的一生中，乐观具有许多意义：它是诱发孩子采取行动的强烈动机；它静驻孩子内心，可以提供充满勇气、克服困难的神秘力量。女孩子是鲜花、是美玉，是所有美好的代名词，可是，人们不会去欣赏无精打采的鲜花，被灰土岩石覆盖的美玉也难以受到人们的重视。女孩子，如果总是沉浸在阴郁愁苦之中，就很难有所成就，也很难被人欣赏。因此，培养女儿乐观的心态，这对培养她的自信非常重要。

其实，女孩是为快乐而生的，我们应该让笑声伴随着女孩的成长，这样，女孩的生活就永远充满了阳光。一位教育专家有句名言："培养笑容就是培养心灵。把孩子培养成面带笑容的孩子，就是把孩子培养成为乐观、进取的人的最重要的条件之一。"

一个乐观开朗的女孩，无论面对什么样的生活，都有能力重新开始，即使在地狱中，也能重新走入天堂。面对生活中的每一次转变，女孩乐观的性格，有助于形成走向成功的机会；孩子积极的观点，有助于目标的实现。对于任何一个人来说，这是比什么都重要的财富。

在培养女孩的心理素质和性格过程中，乐观的性格的培养是一个必不可少的基本成分。女孩乐观开朗的性格不是先天的，父母的教育和培养对孩子养成乐观的性格至关重要。

迪翁是美国著名的潜能开发大师。迪翁常常用一句话来激励人们进行积极思考："任何一个苦难与问题的背后，都有一个更大的幸福！"这是他的招牌话，由于时常将这句话挂在嘴上，连他唯一的女儿，在很小的时候都可以朗朗上口地附和他这句话。

那一天，不幸突然降临，迪翁正准备在韩国的一场演讲，忽然收到一封来自美国的紧急电报：他的女儿发生了一场意外，已经送医院进行紧急手术，有可能切除小腿！一听到他的掌上明珠出现了这样大的事故，迪翁痛心不已，心情烦乱地无法继续进行课程，于是，他火速赶回美国。

当看到躺在病床上一双小腿已经被切除的女儿时，迪翁心如刀绞，他的情绪一下子沉入万丈深渊。这是他头一次发现自己的口才完全不见了，笨拙地不知如何来安慰这个热爱运动、充满活力的天使！

然而他的女儿似乎没有因此而影响好心情，她察觉父亲的痛苦，就笑着告诉他："爸爸！你不是常说，任何一个苦难与问题的背后，都有一个更大的幸福吗？不要难过呀！这或许就是上帝给我的另一个幸福。"迪翁无奈又激动地说："可是！你的脚……"

小女儿非常懂事地说："爸爸放心，脚不行，我还有手可以用呀！"

听了这样的话，迪翁虽有几分心酸，可也欣慰不已。

装上假肢后的女儿已经无法跑步，只能缓步走路。可是两年后，小女孩升入中学了，她再度入选垒球队，成为该队有史以来最厉害的全垒打王！因为她的腿不能走路，就每天勤练打击，强化肌肉。她很清楚，如果不打全垒打，即使是深远的安打，都不见得可以安全上垒。所以唯一的把握，就是将球猛力击出底线之外！

这是一个乐观积极的小女孩，在最艰难的时刻，她留给人们的依然是微笑，因为她父亲的那句话已经深深地印在她的大脑里，她相信"任何一个苦难与问题的背后，都有一个更大的幸福"，于是，灾难变得不再可怕，而她本人也更有能力面对那场艰难的挑战。

也许有些孩子天生就比较乐观，有些孩子则相反。但心理学家发现乐观思想是可以培养的，即使孩子天生不具备乐观品质，也可以通过后天的努力来实现。

假如你不够快乐

也不要把眉头深锁

人生本来短暂

为什么还要栽培苦涩

——汪国真《假如你不够快乐》

要培养孩子乐观的品质，父母首先必须有乐观的思维方式。如同迪翁一样，因为他的乐观，才造就了女儿的乐观，因为他的积极才培养了女儿的积极。在孩子的成长过程中，她一直在看着父母，如果父母在处理自身问题和家庭问题时持乐观态度，那么孩子通过观察和模仿会逐渐养成乐观品质。当孩子遇到不利事情而悲观时，父母应带领孩子对问题进行多方面的思考和衡量，并让孩子明白她的思想中存在的逻辑错误。

这是一个活泼可爱的小女孩，她头上戴一枚草莓型发卡，尽管长着满脸雀斑，但她却没有丝毫的忧愁，她开朗而乐观，无论什么时候看到她，都能见到她满脸的笑意。她的父母也是同样一副面孔，那种微笑似乎是他们永远不变的表情。

这一天，她特别兴奋，因为她要去参加好朋友卡莉的生日宴会了。她早早就穿上漂亮的牛仔靴、黑色的牛仔裤，这是妈妈为她新买的衣服，她又带上爸爸以

前送给她的牛仔帽，简直帅极了，最让她激动的是，她要骑一匹真正的小马去参加宴会。

然而，天公不作美，11点半，天气突然变了脸，狂风大作，大雨如注。她只好静候在窗前，等待暴雨结束。这时，妈妈走了过来，告诉她由于天气，宴会取消了。她一下子没有了笑容，眼泪在眼圈里转了半天。妈妈也很难过，不过她微笑着说："宝贝，不过，我们今天可以在屋里子做'寻找公主'的游戏了。"

小女孩随即高兴起来，她说道："我敢打赌，下个星期六一定是个骑马的好日子，到那时，我要骑马去玩儿。"

她就是美国今天著名的女企业家拉塞尔·合姆。

一个自信乐观的父母，总是能够培养出言行乐观的孩子，他们总是能够为女儿营造这种积极乐观的氛围，因此，培养孩子乐观的心态，首先，父母要身体力行，营造出一个乐观而温馨的家庭环境，让女儿快乐地学习、快乐地生活，教会孩子正确面对批评和挫折，学会乐观向上，帮助孩子克服羞怯和抑郁的悲观因素，多给予赏识与鼓励，多给予笑声与温暖，孩子就会逐渐形成乐观开朗的性格。

为此，家庭中所有成员在说话做事时都应有平和的态度。对女儿说话时，要和颜悦色，让女儿感受到心情舒畅，不要经常厉声厉色地斥责孩子，以免孩子对父母望而生畏，心情老是处于不舒畅的紧张状态。这就要求父母尊重孩子的愿望，做事以理服人，要让他们自然滋生出积极的情绪。

著名教育学家塞利格曼指出：父母教育孩子的方式正确与否，显著地影响着孩子日后性格是乐观还是悲观。因此，作为父母，一定要积极营造一种乐观和谐的家庭氛围，让孩子在乐观中逐渐找到生活的自信。

另外，与男孩相比，敏感的女孩往往会更容易陷入悲观的情绪中。女孩是善于模仿的，如果父母经常怨天尤人，她很容易就变得内向封闭、喜欢指责他人；女孩是多愁善感的，父母的批评、他人的嘲笑，很容易让她产生自卑心理，不能以阳光心态面对生活；女孩更重视自己与他人的关系，如果不能得到父母更多的爱、他人更多的关注，她往往会因此而郁郁寡欢、闷闷不乐；天性敏感的女孩们，更像是一朵朵娇弱的小花，一点点负面的"风吹雨打"都可能让她从此陷入悲观的世界。

因此，女孩的父母一定要注意：你在日常生活中的情绪和行为，往往就是给女儿的一种明确暗示。如早晨醒来，家长看到外面正在下雨，便随口说了一句："这该死的天气，又下雨了！"就是这一句话，就会让女孩产生消极、悲观的想法：下雨天很让人烦。

但是，面对下雨的天气，如果家长说的是："太好了，下雨了，小草、小花们又能喝到水了。"这时,家长就会给女孩一个乐观的暗示:下雨对植物很有好处,雨水可以让植物茁壮成长。

女孩的个性以及对待生活的态度,就是这样在父母的影响下一点点地培养起来的。父母用悲观的态度对待生活,那女孩肯定不会看到生活中光明的一面;如果父母总能在困境中看到希望,那再大的困难在乐观的女孩面前也会显得微不足道。

总之,女孩父母应牢记这样一个真理:乐观是女孩拥有的最大魅力,它远比聪明漂亮更重要。

建议父母的妙招:

为了让我们的小公主在未来的日子里一生幸福、一生快乐,做父母的必须要对孩子进行正确而积极的引导。

1. 让孩子避开消极情绪的影响

父母有时也会愁苦不堪、也会大光其火、也会伤心哭泣,但这种情绪应尽量避开孩子发泄。如果父母过早地让女孩幼小的心灵体验到忧伤、惊恐、冷漠、愁苦等负面情绪,孩子势必不会以乐观的心态面对自己未来的生活。

女孩小宇的父母都是公务员,由于每天的工作烦琐而忙碌,他们回到家后总是不停地抱怨:"工作太忙了,我都快累死了。"平时,他们还总是对小宇说:

"不好好学习,将来吃饭都难。"

"你看父母养你多不易,每天起早摸黑的,还得看领导的脸色。"

在这样的环境中长大,小宇从小就学会了唉声叹气:"学习太苦了,我都快累死了。人活着真累,活着真没意思。"

我们可以想象,当孩子成长在这样一个充满消极情绪的家庭中,又怎么会形成乐观的个性呢?

2. 及时排除不良情绪对女孩的干扰

当女孩遭遇困境时,家长要多留心她的情绪变化。如果女孩闷闷不乐,做家长的无论多忙,也要挤出一点时间和女儿交谈,指导她排除心理障碍,使悲观情绪、不良情感及时得到化解。

女儿从学校回来后,情绪一直不对劲,爸爸决定找她谈一谈。

"宝贝女儿,今天学校有什么高兴的事呀?"

"没有高兴事,但是有伤心事。"女儿不高兴地回答。

"什么伤心事,能告诉爸爸吗?"爸爸问道。

"今天老师让同学们选一个人当班长，只有少数的几个人选了我！"女儿伤心地说。

"我们要尊重大家的选择。如果你用这段时间好好表现自己，下学期不要说当班长了，而且还会被评为三好学生呢，你说是不是？"爸爸安慰道。

"嗯，好像是。"女儿同意了爸爸的看法。

家长一定要注意观察女孩的情绪变化，只要她愿意与你沟通，你一定要引导她把心中的烦恼说出来。这样，烦恼很快就会消失，孩子也会很快恢复快乐。

# 细节2：让女孩学会寻找身边的快乐

有一个女孩，经历了很多不愉快的事，对生活失去了信心，甚至有些厌倦。她打算以投江的方式自杀。

当她来到了江边的时候，看到江边有一位正在写生的画家，画家正专心致志地画着一幅画。少女驻足看了很久，很是不理解画家面对着一座秃山为何如此尽兴、如此着迷地作画。

她不屑地看了画家一眼，心想：真幼稚，那光秃秃的山有什么好画的！那浑浊的江又有什么值得勾勒的！

女孩在画家身旁停留了片刻。但是画家依然专心致志地画着。其实画家已经注意到了女孩的一举一动。一会儿当他画完之后，他说："小姑娘，好好看看我的画吧。"

女孩又不屑地一看，逐渐地被画家的画所吸引，画家将"浑浊"的江面画成了辉煌的宫殿，将"光秃秃"的山画成了美丽的、长着翅膀的天使。

她没有想到世界上居然存在那样美丽的画面。看着这幅画女孩竟然忘记了自己来到江边的本意，将自杀的事忘到了九霄云外。

一会儿，画家突然在这幅美丽的画上画了一些苍蝇般的黑点，还有点儿像泥点。可是女孩居然惊喜地说："美丽的星星！"

画家欣慰地笑了，对她说："姑娘，你要记住美丽的生活是需要我们自己用心去发现的！"

生活中的痛楚不可避免，但是如果女孩无限放大这些痛苦，就不会懂得去珍惜拥有的快乐。昂然面对，迎向一切不可能的美廉，正是所有女孩懂得学会满足，学会发现生活的美好，找寻快乐的真谛的榜样。

生活中的风雨和变幻莫测不知会使多少女孩活在自暴自弃的边缘，由于内心世界的晦暗，原本美好的生活在她们的眼中变得死气沉沉、毫无希望。用心去感受可爱的世界吧，只要善于发现，只要拥有阳光的心态，即使是在晦暗中，女孩也能像洗碗盆中的泡沫一样能够拥有彩虹的绚烂。

建议父母的妙招：

那么，家长应该如何让女孩懂得知足，学会满足，学会寻找身边的快乐呢？

1. 帮助女孩发现自己的优点

每个女孩在这个世界上都是独一无二的。相貌平庸的女孩常常具备出众的才华；资质平平的女孩往往拥有一颗善良仁爱的心；大大咧咧的女孩性格开朗招人喜欢；孤僻内向的女孩往往有种动人心魄的气质……凡此种种，每个女孩都可以找到自己的闪光之处。当女孩为某些事情而伤感的时候，父母可以帮助她看到自己的不平凡之处，从而让她感觉到自己生命的独特意义，感受到生活的美好。

2. 帮助女孩发现生活中的美好

罗丹说过：生活中从不缺少美，而是缺少发现美的眼睛。大部分的女孩都是完美主义者，也正是基于这点，女孩的不如意较之男孩要多出许多，所以，不开心、不快乐总伴随着她们。

故事中的女孩之所以转变了对人生的态度，正是由于她拥有了一双善于发现美的眼睛的缘故。女孩们，其实生活中有许多值得我们高兴与欣赏的事情，只要我们转换思维，善于发现生活中那些美好的事情，快乐便会围绕在你们身边。

# 细节3：让女孩学会冷静、不冲动

冲动的情绪其实是最无力的情绪，也是最具破坏性的情绪。许多人都会在情绪冲动时做出使自己后悔不已的事情来，因此，应该采取一些积极有效的措施来控制冲动的情绪。

有一个叫丹丹的小女孩，在放学的时候忽然发现自己的钢笔不见了。"咦！我的钢笔呢？"要知道，这可是丹丹最珍贵的派克钢笔呀！这是去年，在德国留学的舅舅送她的生日礼物。丹丹非常喜欢这支钢笔，看到这支钢笔，也就想起了舅舅的教导。可以说，这支钢笔陪伴她成功战胜了不少困难，一直给她很多学习的动力，如果丢了，那可怎么成！

丹丹按捺不住心中的着急,开始了"地毯式搜索。"她左看看,右瞧瞧,好一会儿,她才发现钢笔竟躺在徐文的桌箱中。

丹丹马上想起了昨天徐文向她借钢笔的情景。当时丹丹本不想借,碍于面子借给了徐文。一下课丹丹就去找她要了回来,当时徐文拿着这支钢笔舍不得还,非要再写几个字,还一边说着:"丹丹,你的钢笔太好用了!"丹丹拿走了钢笔,徐文还不由自主地说:"要是我也有这支笔该多好啊!"

丹丹感到心中一股怒气嗖的一下直冲到头顶。一定是想偷我的钢笔!她指着徐文大声喊起来:"徐文!你怎么可以这样啊!见到别人的东西好就想偷!"

没想到徐文一下子也火了,他冲着丹丹毫不示弱地吼道:"你别血口喷人!就你那破笔,你以为谁稀罕啊!"

丹丹气急了,两个人你一言我一语地吵了起来,唇枪舌剑,谁也不肯让步。吵架的声音越来越大,班主任赵老师急匆匆地赶过来,制止住两个人。丹丹哭着向老师告状,"徐文偷了我的钢笔还不承认"。徐文听了这话气得脸通红,使劲踢了一下椅子,大声向丹丹喊,"我没偷!我就是没有偷!"

这时班长小松走来,看见丹丹手里的钢笔,赶紧对丹丹说:"我见昨天徐文用这支笔来着,今天在地上捡到还以为是他的,就给他放在桌箱里了。"

赵老师看着丹丹,摇了摇头。丹丹停止了哭泣,脸一阵红,一阵白。徐文却掉下了男儿泪。赵老师说,"丹丹,你看你,冤枉了同学,伤害了同学!"丹丹惭愧极了,她真后悔刚才的冲动。

可是,虽然丹丹向徐文道了歉,由于一时的冲动而造成的伤害又该怎么弥补呢?心中的伤痕一旦形成,就很难愈合,所以,控制冲动的情绪是非常重要的。

此次事件对丹丹产生了非常深远的影响。日后她成为了一名女教授,她总是教育她的学生,不要一时冲动发脾气,不要变成情绪的奴隶。

很多老师和家长都说,青春期的女孩是颗不定时炸弹,说不定在哪个时候就会突然爆炸。通过"爆炸"来发泄自己的坏脾气,对女孩性格的培养以及心理的健康发展,都将是十分不利的。所以做父母的应该教女孩控制自己的情绪,在冲动的时候快速让自己冷静下来。

 建议父母的妙招:

家长应该如何教育孩子尽快停止冲动呢?

1. 体谅并接纳女孩的情绪

青春期的女孩强烈需要他人的理解和接纳,当他人不是认为她的情绪莫名其妙，而是体谅并接纳她的情绪时，她心中的怒气就会消减一大半，有利于快速回归理智。

2. 待女孩冲动的情绪平息后，带领女孩冷静思考

冷静下来，女孩才能看到自己的坏情绪给自己和他人造成的危害。等冲动的情绪过去之后，家长就带领女孩回忆自己当时的作为，并且告诉女孩正视冲动的后果，并对自己的行为负责。长此以往，女孩自然就会培养起遇事冷静思考不冲动的好习惯。

# 细节4：让女孩学会从自身找原因

现实生活中，有不少孩子在遇到困难或是失败后，总是不断地抱怨，把失败的原因归结于别的人或事，却不知道从自身寻找原因。之所以这样，很大一部分原因是由于家长的教育方法不当尤其是家长的溺爱而造成的。

张华和同事谈到对孩子的教育时，同事说道："我的女儿让我头疼的一件事是，每当有不如意的事时，女儿就会说'看吧，就是因为你才这样。'有时明明是她自己的决定引起的，可她就是把责任推到他人身上，或者找一些其他借口。"

张华认为，造成这样的一个很重要的原因是你对孩子的溺爱。当孩子遇到不如意时，为了安慰孩子，你的没有指出孩子的不足，而是给了孩子其他的原因，使孩子认为自己都是对的。比如当孩子摔倒时，做父母的就哄孩子道："乖宝贝不哭，都是地板的错，让宝贝摔得那么疼，是地板不对。"这样的事儿多了，孩子在遇到不顺时就找外因，而不会找自身的原因。

寻找内因能让孩子更快找出解决问题的办法，及时摆脱困境。比如孩子学习退步时，他如果善于从自身找原因，就不难发现可能是因为自己最近上课注意力不集中，或没及时复习好才导致成绩下降的，这样就利于孩子及时纠正、调整。

另外，积极主动分析自身原因还能让孩子很好地处理好与同学之间的关系。例如，当孩子和同学闹矛盾时，如果孩子不仅仅只看到别人的不对，还能从中找出自己的错误，就很容易化解矛盾。

孩子懂得什么事从自身找原因，父母也更容易与他沟通交流。这样的孩子不会总把导致不好结果的责任推给父母，怪父母之前没给自己打预防针，不告诉自己做某一决定的利弊。当父母给他们指出自身错误时，他们也能虚心接受，不会

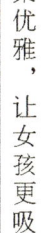

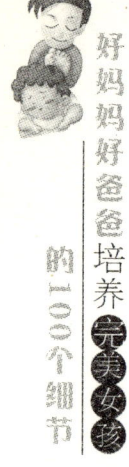

与父母顶嘴。

建议父母的妙招：

女孩总是有很多很多的梦想，而这些梦想却不一定能够真的实现。在打击之下，女孩开始抱怨生活的不公。女孩的家长要知道，抱怨对改变现实无济于事。想要改变事实，女孩就必须从自己身上找原因。

1. 女孩的行为过程和结局密切相关

每个人都有成功的机会，看你如何把握。不要做浅尝辄止的挖井人，让我们坚持到底，源源不断的甘泉终会喷射。试着做最后的努力，你也同样精彩！

2. 摆正自己的位置，适合自己的才是最好的

女孩们都希望自己永远是人们围绕的中心、生活的主角，然而，事实上中心与主角的位置并不一定是最重要的，更不一定是适合自己的，相反的，反而为了争取那个不适合自己的位置，而让自己的情绪低落，变得怨天尤人，丢掉了快乐。

# 细节5：经常教育女孩学会向前看

生活就是这样，当你看着太阳的时候，就不会看到阴影；但是如果你一直朝背后去看，看到的就会全是阴暗；向下看只会使你丧失信心，只有向前看才会使你充满自信。因此，父母在教育孩子的时候，一定要让孩子学会向前看。

雯雯是一个长得漂亮、性格随和的女孩，她的学习成绩在班里名列前茅，老师和同学们都很喜欢她。

可是，在一次大考中，雯雯遇到了一点意外，这导致了她的数学成绩居然没有及格。大家也都很惊讶，雯雯的心里也痛苦到了极点，她不知道怎么对自己的父母交代，更怕同学们会笑话她。她甚至认为数学老师也不会再喜欢她了。顶着这样沉重的心理压力，雯雯简直不知道自己是怎么走回家的。但出乎雯雯意料之外的是，父母好像根本没把这件事放在心上。吃晚饭的时间到了，雯雯心想：这下可完了，父母肯定会在餐桌上教训我了，这是我最不愿意面对的事情。雯雯硬着头皮坐到了餐桌前。一声不吭地低着头吃饭。

父母亲还是像往常一样说说笑笑，聊着他们白天的趣事，没有一点儿反常的

表情。父母越这样，雯雯越觉得难过，恨不得马上就消失。

就在晚餐进行到一半的时候，雯雯的父亲似乎是故意地将一杯牛奶打翻了。牛奶流了一桌子。雯雯想，母亲一定会大声责骂父亲，大呼小叫的开始训斥。可母亲一反常态，不但没有表示很遗憾很可惜的样子，反而拿过餐巾纸安静地把牛奶擦干净了。雯雯觉得很吃惊，今天的晚餐气氛不太一样，可是好像没有什么火药味。

他们到底是怎么了？正当雯雯疑惑不解的时候，父亲忽然开口说话了："雯雯，我最最亲爱的孩子，你看见了吗？不要为打翻的牛奶而哭泣。牛奶已经打翻了，再怎么抱怨都没有任何意义。对待生活也是一样。我们已经知道了你这次考的并不理想，但是这有什么关系呢。这并不能抹杀你以往的成绩，也并不能代表你未来的成绩。这只不过是一次失误而已。不要去在意偶尔的一次发挥失常，即使你这次考得不好，我们还是会一如既往地爱你的。"

母亲也鼓励雯雯说："对啊！况且我们都知道你已经尽力了。放心吧，宝贝，我们会永远爱你、支持你的，我们的宝贝女儿是最棒的！来，给妈妈一个拥抱！"听完父母亲的话，雯雯如释重负，烦恼忽然间消失得无影无踪了，精神也顿时振作起来。那天晚上，雯雯暗自下定决心，一定要在下次考试中取得好成绩。

果然，经过自己的努力，雯雯在接下来的一次考试中，考取了全年级第一名。

是的，事已至此，就不要再懊恼和悔恨。有一老者曾经多次说："一个人的一生，如果让他感到后悔超过三次，那么他的这一生就大打折扣。"如果一个人老是生活在对自己过去生活的悔恨中，永远看着过去，永远消极与落寞，永远想的都是"如果当初……那么现在……"，这样的生活，那还有什么意义呢？既然已经做了的事情，又何必后悔。

可是现实中却有很多女孩经常后悔，她们经常说的话是："如果那次我好好复习了，成绩绝对不会这么差。""如果初一的时候我好好听讲了，现在初二就不会跟不上。""如果初二我还能跟上，我现在就不用这么痛苦"……一切都是不可能实现的假设。因为人生根本没有后悔药。既定的事实无法改变，所以后悔毫无意义。那么女孩所能做的，就是要学着去向前看，把握所能把握的，也就是现在的一事一物。

寒假已经过去了大半，初三学生小华却没有得到丝毫放松，同学们过年聚会时，他被妈妈留在家里补习功课；邻居家孩子结伴玩耍时，他被妈妈关在家里写作业；新学期即将开始，妈妈也没有丝毫让小华放松的意思。在小华眼中，别人休闲放松的寒假对他来说就是一种煎熬。

小华之所以有这样的遭遇，全都是以为他年前的期末考试考砸了：本来学习不错的他，通过和同学对比发现成绩也就是中上游水平。面对即将到来的中考，一心想让小华挤进重点高中的妈妈有些着急，于是，她决定亲自安排儿子的寒假生活。

对于自己的安排，小华的妈妈坦言自己也知道没考好压力很大，寒假的学习也让他有些疲倦，"可是别人不等你呀，再过不到5个月就是中考了，不努力行吗？"小华的妈妈认为，只有寒假抓紧时间补习，小华才能把上学期的退步弥补回来，才能让儿子在中考中具有竞争力，顺利挤进理想的重点高中。

家长关心孩子学习是件好事儿，但从心理学角度出发，家长不应过分纠结在孩子一时的表现上，要学会尊重孩子，尊重孩子的成绩和表现，不管好坏，都是孩子学习的成果。要相信每个孩子都有向上向善的能力，特别是青春期的中学生，更应该以鼓励孩子向前看的学习心态，通过总结分析，帮孩子取得进步。

建议父母的妙招：

如何教育经常后悔的女孩向前看呢？家长可以这样做：

1. 要帮助女孩从消极情绪中抬起头

当陷入极度后悔的状态时，家长应淡化后悔的情绪色彩，积极采取挽救行动。然而，虽然淡化后悔，但不应彻底遗忘后悔的情绪，适当地在心中保留后悔的经验才能对未来的选择很审慎。"健忘"正是屡犯相同错误的根本原因。

2. 让女孩反思后悔的根源，找出决定失误的原因

经常后悔的女孩，家长首先应该知道她的后悔心理是如何产生的，寻找出后悔的根源，才可以在以后不再因相同的错误而后悔。有时候因为疏忽大意或盲目乐观，对可能发生的消极后果没能采取必要的预防措施，在这种情况下，女孩是非常后悔的，因为她已经接近正确的选择，只因一念之差发生了重大遗漏。也有的时候，因为女孩盲目乐观，在制定行动方案时，有意回避不利的信息，对未来的困难、危险及不利条件根本未加考虑，由于没有任何心理准备，也没有任何有效的应急措施，因此，事到临头，女孩开始后悔了。

# 细节6：帮助女孩找回积极的情绪

情绪是人对事物的一种最直观、最直白的情感反应。它最容易反映人的心理状态，也最能影响人的身心健康。它往往只从维护情感主体的自尊和利益出发，不对事物做复杂、深远和智谋的考虑，这样的结果，常使我们处在很不利的位置上或为他人所利用。

相对于男孩而言，感情丰富的女孩更加情绪化，当生活中遇到这样或那样的不快时，女孩就很容易产生失落的情绪。此时，家长要多关注女孩的情绪，教育女孩不要成为情绪的奴隶，而要用自己的思想去主宰情绪。父母要尽快帮助她们从失落中走出来，重新找回积极的情绪。

有这样一则寓言故事：

从前有一位国王，他有七个女儿，这七位美丽的公主是国王的骄傲。尤其美丽的是她们那一头乌黑亮丽的长发。

为了让她们的长发更加美丽，国王送给她们每人一百个漂亮的发夹。

有一天早上，大公主醒来，一如往常地用发夹整理她的秀发，却发现少了一个发夹，于是她偷偷地到了二公主的房里，拿走了一个发夹。

二公主发现少了一个发夹，便到三公主房里拿走一个发夹；三公主发现少了一个发夹，也偷偷地拿走四公主的一个发夹；四公主如法炮制拿走了五公主的发夹；五公主一样拿走六公主的发夹；六公主只好拿走七公主的发夹。

于是，七公主的发夹只剩下九十九个。

隔天，邻国英俊的王子忽然来到皇宫，他对国王说："昨天我养的百灵鸟叼回了一个发夹，我想这一定是属于公主们的，而这也真是一种奇妙的缘分，不晓得是哪位公主掉了发夹？"

公主们听到了这件事，都在心里想说："是我掉的，是我掉的。"可是她们头上明明完整的别着一百个发夹，所以她们都懊恼得很，却说不出。

这个时候，只有七公主走出来说："我掉了一个发夹。"

话才说完，一头漂亮的长发因为少了一个发夹，全部披散了下来，王子不由得看呆了。

故事的结局，当然的是王子与七公主从此一起过着幸福快乐的日子。

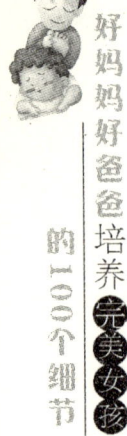

一百个发夹，就像是完美圆满的人生，少了一个发夹，这个圆满就有了缺憾。有的女孩面对人生的缺憾，就沉浸在失落的情绪中不能自拔。然而，女孩可能想不到的是，正因缺憾，未来就有了无限的转机、无限的可能性，有缺憾又何尝不是一件值得高兴的事呢！

陷入失落的女孩，看不到生活中的美好，这对于女孩的健康成长是极为不利的。

对抗失落的最佳武器，就是积极乐观。目前，加利福尼亚大学的研究人员发现，快乐的女孩更容易获得事业成功。该研究科目的带头人索尼亚说："导致这种现象的原因很可能是快乐的女孩经常会有积极的情绪，这种情绪能够激励她们更主动工作，接受新的知识。当她们觉得快乐的时候，会觉得很自信、乐观、精力充沛，这样会使她们更有亲和力。"

从心理学的角度，这个研究结果是有道理的。具有良好心理状态的女孩，能够更好地把有限的心理能量投入到外界建设性的事务中去，能够更自然地开展工作，更大地释放自己的潜能，提高工作效率，这对于取得成功是相当重要的资源。而那些不快乐的女孩，失落的情绪会降低工作效率，而消极情绪背后的心理冲突常常会大量消耗有限的心理资源。

建议父母的妙招：

帮助常失落的女孩找回积极的情绪，父母可以这样做：

1. 鼓励与赞美，帮助女孩实现自我肯定

失落的情绪总是来源于失败。失败的打击让承受能力脆弱的女孩感到不堪重负，无法面对，只好逃避。这个时候，如果家长不弄清楚女孩失落的原因，反而对她的消极一味指责，就会使女孩的情绪更加恶化，甚至引发不良后果。

2. 让女孩获得快乐

快乐的心情能够给女孩带来积极的情绪。如何让女孩获得快乐？其实很简单，就是将女孩带出她为自己设置的牢笼。大自然的美丽、运动的激情、劳动的充实、成功的喜悦，都能够让女孩感受快乐。

# 细节 7：培养丑女孩变美好心态

当女孩进入青春期后就开始十分在意自己的外貌，在意别人对你的评价，这是青春期女孩的普遍心理。此时，家长有必要让她们明白一个道理：女性的美是来自内心的美，内心的美才是真正健康的美。如果你的容貌并不是那么的出众，那么不如放正心态。

好心态能使丑女孩变得美丽。其实，美和丑没有一定的、苛刻的标准。你只要有自信心，自信面对你的每一天，面对你的家长和同事才是最美的。

罗丽芬出生的时候右脸上就有一个黑点，而且是一颗大痣，由于长在面部，所以看起来特别明显。罗丽芬慢慢地长大，小黑点也在不断扩大，几乎占据了她右脸的大部分。

上小学的时候，虽然她的演讲得了校级最高分，但是因为这块胎记，老师告诉她不能再继续参加县里的演讲比赛了。那天，罗丽芬一路伤心地跑回家。父亲告诉她："上帝有一个很大的玫瑰花园，而他每次无法从中轻易找到最漂亮的那一朵，于是，他决定在那朵最漂亮的玫瑰花上留下记号。所以，就选中了你……"罗丽芬知道，"上帝的记号"是父亲的安慰，可是她不想做一个有特别记号的人。她有了一个梦想：如果可以的话，她愿意用所有东西去换一面和左脸一样的右脸。

为了实现这个愿望，19 岁那年罗丽芬开始自己创业，成为当时台中最年轻的美容室老板。通过罗丽芬的努力奋斗，美容室不断发展扩大，遍及台湾省。如今已发展成了以台湾为中心，跨越大陆、香港、泰国、马来西亚、印尼、新加坡、欧美等全球主要华人世界的国际性美容连锁王国。她的事业经过近二十年的不断拓展，每月净利由 60 万元到现在年营业额达 32 亿台币，创造了一个历史奇迹。而且她的集团创造出自己独特的高效率加盟模式。

如今，她也不再是那个"上帝花园里的特别花朵"，而是一位举手投足间都流露出高贵、优雅气质的时尚人物。

每一个女孩都是一块璞玉，成器与否、幸福与否，都在于父母的雕琢。罗丽芬非常感谢父亲为她编织的美好的"上帝的记号"。世间万事万物，都可以看到两个方面：一个是正的，积极的；另一个是负的，消极的。这一正一反该怎么看，完全取决于一个人的心态。好的心态使人快乐，积极进取，有朝气；而消极的心

态则会使人沮丧，难过，没有主动性，缺乏热情，进而会抱怨，生活中也不会有阳光。就如同人生病一样，心态不好、精神不济，身体就不会健康。试想，消极心态的女孩会漂亮吗？

女孩不一定要长得漂亮，但一定要有内涵和修养。父母在教育女孩时，要使她知道身心健康才是人生最大的幸福，心灵美才是真正的美。只要有一颗永不褪色的爱心，有一个乐观向上的积极心态，丑女孩也能变成最美丽的女孩。

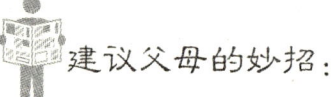

塑造女孩好的心态，使她学会调节自己的心态，父母应在一点一滴的小事中通过自己的言传身教给女孩做出榜样。在日常生活中，女孩形成完整的人格和积极健康的心态，为她全新的生活和终生的发展打下基础。

1. 尊重女孩的想法和意愿

父母应该像朋友一样平等地与女孩沟通，帮助她们解决一些困惑和问题；小心呵护她的自尊心。女孩得到了尊重，自然也会学着去尊重别人。

2. 父母要理解女孩，多替女孩考虑

女孩不喜欢的事情，父母不要再三督促她完成，否则很容易使女孩产生逆反心理。对女孩正当的请求，父母应当理解并且予以满足。女孩想自己独立完成一件事的时候，父母注意观察引导。

# 细节8：培养女孩从紧张情绪中走出来

女孩和男孩不同，她们大都表现得比较柔弱，更容易受到家人的特别保护，所以她们遇到什么事情的时候往往就会陷入紧张、惶恐不安的状态。父母普遍认为这都是孩子小的缘故，也没有太过在意，可是长时间这样，就会形成她遇事紧张的习惯，随着她的长大，她也很难在大家面前完全放松。因此，父母要及时纠正女孩紧张的心理，让她学会放松快乐地生活。

女孩的紧张情绪，大多都是在小时候就养成了紧张的习惯。日常生活中，每当她遇到什么事，家长就特别关注，把它想得十分严重，然后替她解决。这样长此以往，就养成了女孩紧张畏难的习惯，遇到事情都依赖父母。所以父母必须在孩子很小的时候就让她放弃紧张的习惯，从而保持镇定的状态，才能让孩子更容易感到轻松。

一天，小梅高兴地回到家里，大声地对妈妈说道："妈妈，老师让我报名参加拼写竞赛。"妈妈说道："太好了，你去报名了吗？""还没有。"

"为什么呢？""我有点紧张，台下会有很多人看。""我想你还是报名吧，这样你可以锻炼锻炼自己。不过这事情你还得自己决定，我只是告诉你我的看法。"

过了两天，学校老师打来电话，让小梅的妈妈说服她报名参加拼写竞赛。小梅回家后，父母跟她谈了话。爸爸说："首先，我们不是强迫你一定报名，这事还是由你来作决定，但我们可以谈谈参加竞赛的利弊。参加了竞赛可以锻炼自己的意志，锻炼自己的智力，增强自己的信心。赢了更好，没得名次，也无关紧要，父母不在乎。因为你在父母的心中是有能力的孩子，这点不需要用竞赛的名次来证明。"妈妈说："老师打电话来说，她是很相信你的能力的。爸爸和妈妈还有你的老师，都不会以比赛结果来重新评价你。我们对你的比赛结果并不太关心，关心的是你是不是用这个机会去锻炼自己。"有开明的父母这样鼓励和支持，最后小梅克服了紧张的心理报了名，并且取得了很好的成绩。

小梅的父母对她的引导是使她放松心态，以镇定的心态参加比赛取得好成绩的主要原因。明智的父母要从赏识孩子的角度出发，积极地鼓励和安慰孩子，让孩子树立"我在父母的心中是有能力的孩子"的信念，缓解了孩子的压力，就能让孩子尽快从紧张情绪中走出来。

美国纽约州心理研究所的一份报告说，生活在紧张焦虑情绪中的女孩，会比具有快乐稳定情绪的女孩身材矮小，而且长大成人后不会成为"高人"。这是对716个从9岁至18岁的孩子做了10年的跟踪研究后而提出的，其中恐慌与父母分离的"分离紧张感"和性情胆怯的"长期紧张焦虑者"对身高成长有直接关系。

研究人员还分析指出，情绪差会影响生长激素的分泌，从而降低肌肉、骨骼的生长水平。对女孩影响大，可能是女性激素起了作用。由于这些具有紧张焦虑情绪的女孩并不是生来就身材矮小，因此，心理学家猜测紧张焦虑情绪可能抑制了掌管身高的荷尔蒙的正常分泌。

因此，要想使你的女孩长得高，请从小给她创造一个宽松、欢乐的氛围。注意别责备孩子，比如"没出息""小气"等等。责备并不一定能纠正孩子的行为，只能让孩子感觉沮丧，自信心也随之降低。恰当的做法是陪孩子玩游戏，最好是比较轻松、活泼的户外体育游戏。并在日常生活中有意识地教孩子一些必要的社交技能——如何结识新朋友，如何与小朋友在游戏中合作，如何解决游戏中的分

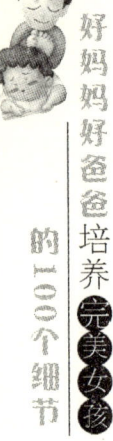

歧等。

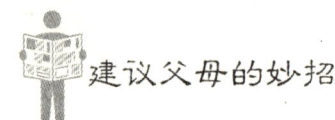 建议父母的妙招:

父母都希望孩子能时刻保持镇定的心态,但是一些父母经常勉强孩子,使孩子造成紧张的心理。父母要尽量避免强迫,用下面的几点方法对孩子进行放松技巧的训练:

1. 不对孩子抱过高的期望

作为父母,一定要看清孩子的实力,不要对她抱有过高的期望,以免给孩子造成过度的紧张感。

2. 多鼓励和支持孩子

父母应时刻给孩子鼓励和支持,在心灵上为她排忧解难,做她背后的支持者。这时,父母的支持和鼓励,哪怕只是一个会心的微笑,对于孩子来说,都是一剂放松特效药。

3. 让孩子做个深呼吸

常识告诉我们,小孩在紧张害怕的时候,她的反应就是弓起背,屏住呼吸,脸憋得通红,这是小孩常有的反应。因此,在孩子感到紧张的时候,要告诉她学会深呼吸,这样可以让孩子镇定下来,保持清晰的思维,让孩子冷静地处理当前所发生的事情。

4. 让孩子多想想感兴趣的东西

可以让孩子在周围寻找一些能吸引注意力的东西,以便集中注意力,这些东西可以是贴有孩子感兴趣的图片的笔记本、告示、课本或一幅画,等等。

# 细节9:培养女孩坦然面对挫折

无论是什么人,在生活中总是难免会遭受各种困难与挫折,孩子也一样,困难与挫折是她们必经的路途之一。但是有好多孩子在遇到困难后就停滞不前了,不愿意直接去面对困难。

人生是一条漫长的旅途。有平坦的大道,也有崎岖的小路;有灿烂的鲜花,也有密布的荆棘。在这旅途上每个人都会遭受挫折,当跌倒时,不要乞求别人把你扶起；你失去了，不要乞求别人替你找回。只要你敢于正视失败、敢于拼搏，你一定会采摘到成功的鲜花。

童童8岁了，正在上小学三年级，她长得乖巧可爱，也算得上聪明伶俐。在童童4岁的时候，爸爸妈妈曾送她去学钢琴。开始的时候，她凭着新鲜劲和父母的鼓励，学得很不错，基本功掌握得也很扎实。

可是，当基本功练完后，难度增大了，童童对钢琴的新鲜感也过去了，便不愿再去学了，有时勉强去了，也不努力，当然也不会有什么进步了。童童的父母都是有一定知识的人，知道强迫孩子去学一些她不愿意学的东西会带来许多负面影响。所以，父母看到她实在不愿意去学时，也就没强迫她再去学。但是，从此以后，童童一遇到困难时就想放弃。其实，在父母看来，有些困难只要童童不急躁，略动脑筋是完全可以解决的，但她却没耐心和信心。父母也经常鼓励童童动脑筋解决问题，但她总是因为一点点小困难就半途而废。面对这种情况，父母不知该怎样帮助和教育女儿了。

童童在对钢琴的新鲜感消失之后，就不愿意再努力地继续枯燥的学习，说明童童已经被面前的一点点困难所击倒了。作为童童的父母不应该就此放弃，而要去鼓励她，让她明白困难是暂时的，只要她肯努力一定能克服。耐心地教导孩子，没有过不去的坎儿，这是培养孩子面对困难时的韧性和勇气。

孩子遭遇到了困难并不可怕，重要的是父母要教导孩子用什么心态去面对。对生活始终充满希望，不畏惧困难，坚信明天会更美好，无疑是最佳的心态。

有一位有两个孩子的父亲，一向对公益事业慷慨解囊，对孩子却十分"小气"：孩子的零用钱每月才10元，而且要帮家里干活儿才能得到。大儿子负责清扫院子；二女儿则帮助父母洗餐具、收拾房间。到了暑假，两个孩子还要骑着自行车，顶着炎炎烈日挨家挨户送报，以赚取买书籍、玩具的费用。每当傍晚，忙碌一天的孩子们回到家时，这位父亲会赞许地对孩子们说："你们真学到了不少东西嘛！"孩子们听后很高兴，第二天又会很认真地做事。

孩子总有一天要去更广阔的天地闯荡。为了他们将来能应对挫折，一定要培养他们战胜困难的能力。

在一所小学的课堂上，孩子们异常安静。讲台前，殡仪馆的叔叔正在讲述人死时会发生的事情。讲完后，孩子们轮流扮演角色，模拟诸如父母因车祸身亡时自己该如何应对。

家长认为通过这样的课程，让孩子们体验到了突然成为孤儿的感觉，这有助于他们体验遭遇不幸时的复杂心情，以及怎样控制情绪。

第三章 举止温柔优雅，让女孩更吸引人

12岁的马俊已被父母八次送去参加暑期一所民办学校组织的"磨难营"活动了。每年暑假,他和数百名儿童一起去远郊进行野外生存活动,活动丰富多彩又充满"磨难"。磨难营活动旨在培养孩子的吃苦精神、团队意识及正视挫折的态度,培养孩子在黑暗中看到光明的能力,这能使孩子们学到不少东西!在经受每一次教育后,马俊的父母都会高兴地对孩子说:"你真学到了不少东西嘛!"而坚强、乐观的马俊,正在雄心勃勃地准备自己的第九次"磨难之旅"呢!他认为这对自己的学习和成长都非常有好处。

一位儿童心理学家说:"有幸福童年的人常有不幸的成年。"很少遭受挫折的孩子,长大后会因不适应社会的激烈竞争及复杂多变深感痛苦。无论是家长还是学校,都有意识地培养孩子的抗挫折能力,或许,我们能从中得到一些启示。

建议父母的妙招:

那么父母该如何教育孩子坦然面对挫折呢?以下几点值得家长借鉴:

1. 让女儿走出"保护圈"

父母要让女儿走出家长的"保护圈",不要怕女儿摔着、碰着、饿着、累着,在女儿成长过程中,父母切不可替她解决所有的困难,否则当她将来面对挫折时,她将无所适从。

2. 让孩子在失败中看到成功的希望

挫折对每个孩子来说既是坏事也是好事,把握好了,它能让孩子走向成熟;把握不好,可能使孩子走向沉沦。女孩遭受挫折时,父母要通过一个个成功的事例让孩子认识到,任何一个人在遭受挫折后,只要不放弃、不气馁,只要能及时从失败中总结经验教训,就能反败为胜,在遭受失败后重新看到胜利的曙光。

# 细节10:让女孩在困难中得到磨炼

人生之路不会是一帆风顺的,我们会遇上顺境,也会遇上逆境。其实,在所有成功路上折磨你的,背后都隐藏着激励你奋发向上的动机。换句话说,想要成功的人,都必须懂得如何将别人对自己的折磨,转化成一种让自己克服挫折的磨炼,这样的磨炼让未成功的人成长、壮大。

所以，作为孩子的父母我们更要注意让女孩在挫折和困难的磨炼中学会坚强，只有这样，你的女孩才能在今后的人生道路上走得更好。

1967年夏天，美国跳水运动员乔妮·埃里克森在一次跳水事故中身负重伤。除了脖子未受伤之外，全身瘫痪。

那时，乔妮哭了，绝望了，她不能接受这个残酷的现实。出院后，她叫家人把她推到跳水池旁。她注视着那蓝盈盈的水波，仰望那高高的跳台。她忍不住偷偷地哭了起来。她知道她再也不能站立在那洁白的跳板上了，她再也无法融入那蓝盈盈的水波中了。从此她被迫结束了自己的跳水生涯，那条通向跳水冠军领奖台的路上再也看不见她的踪影。

她一度绝望过，但她的心中还有信念。她拒绝了死神的召唤，开始冷静地思索人生的价值和生命的意义。

她借阅了许多关于励志以及前人如何成功方面的书籍。她虽然双目健全，但读书却十分艰难。她只能靠嘴衔根小竹片去翻书。但每一本书她都认认真真地用心去读，去感悟。有时病痛和疲惫常常迫使她停下来。休息片刻后，她还会坚持读下去。

慢慢地，她阳光了，她释然了：我的身体是残疾了，但是我的心没有残疾，我还有信念！许多人残疾以后，却在另外一条道路上获得了成功，他们有的创造了盲文，有的成了作家，有的创造出美妙的乐曲，我为什么不能？于是，她开始好好的审视自己，她想起来她除了喜欢跳水之外，对画画也很感兴趣。为什么不能在画画方面有所成就呢？想到这儿，这位纤弱的姑娘变得更加自信，更加坚强。她捡起了中学时代曾经用过的画笔，用嘴衔着，练习开了。这是一个多么艰辛和痛苦的过程啊。

用嘴画画，这是一个多么"幼稚"的想法。家里人连听也未曾听说过。她们怕她不成功而更伤心，纷纷劝阻她："乔妮，别那么折磨自己了，用嘴画画怎么可能，我们会养活你的。"可是，他们的话不但没有打消乔妮的热情，反而激起了她学画的决心，"我怎么能让家人养活我一辈子呢？"她更加刻苦了，常常累得头晕目眩，汗水把双眼弄得又辣又痛，甚至有时委屈的泪水把画纸也浸湿了。为了积累素材，她还常常乘车外出，拜访艺术大师。好多年过去了，她的辛勤付出终于有了回报，她的一幅风景油画在一次画展上展出后美术界好评如潮。

1976年，她的自传《乔妮》一经问世便轰动了文坛。她收到了数以万计的热情洋溢的读者来信。两年之后，她的《再前进一步》一书又出版了，该书以作者的亲身经历向身患残疾的朋友讲述了应该怎样战胜病痛，如何立志成才。后来，

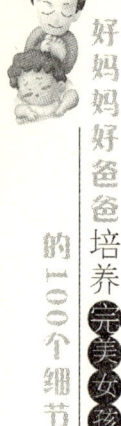

这本书被搬上了银幕，影片的主角由乔妮自己饰演，她成了千千万万个青年尊崇的偶像和学习的榜样。由乔妮的故事，我们可以得知，坚强的重要作用。

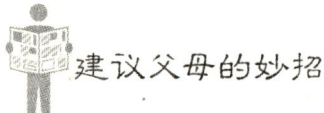建议父母的妙招：

父母们应该怎样矫正女孩容易哭泣的性格呢？

1. 支持爱哭泣的女孩大胆地去做事

父母教育孩子，一是在女孩未成熟期加以保护，此种保护应该随着女孩的发育成长越来越少。否则当女孩单独面对生活的时候，她就会手足无措，只能哭泣。

2. 促成女孩能够单独生活、适应社会的能力

此种促进应随着孩子的成长越来越多。风风雨雨是生活的必然，遇到困境在所难免。而父母不能永远守在女孩身边保护她。为了让女孩具备单独生活的能力，父母可以适当给女孩制造一些磨炼。比如让她挑战自己、应对陌生、完成某些任务等。磨炼多了，经验也就丰富，再面对困难的时候，女孩就学会了坚强。

# 第四章
## 心性纯洁善良,永远伴随着女孩的心灵

女孩犹如春天里散发清香的花朵,天赋的温柔、善感,丰富了女孩的内心世界,使女孩子更具有柔性的魅力,温润的气质。作为父母,要维护女孩子纯洁的爱心、善心、良心,让这些美德永远伴随着女孩的心灵,成为女孩永远纯正的坐标。

完美 → 女孩

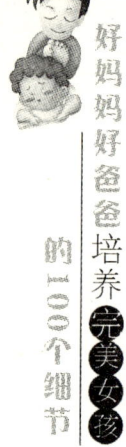

# 细节1：培养女孩一颗善良的心

孩子们就像是可爱的天使，他们的心灵犹如白纸一样纯洁，既容易受真善美的熏陶，也容易受假丑恶的污染。家长要尽量将他们引向善和美，少接触阴暗面。

优秀的家长，会让孩子永存善念，让孩子相信这个世界会越来越美好。

在笑笑很小的时候，有一次，她看《卖火柴的小女孩》，看得非常投入。她妈妈坐在她身边，给她讲故事的具体内容。

"哎呀，这个故事太悲惨了，卖火柴的小女孩每次擦火柴都产生一个幻觉，她擦燃第一根火柴时，因为她感到特别寒冷，所以幻想自己坐在大火炉前面。擦燃第二根时，由于饥饿，她想得到食物，所以火光里出现了烤鹅。擦燃第三根火柴时，火光里出现了圣诞树，这是因为小女孩太孤独了，她要得到欢乐。小女孩又冷又饿又孤独，她是多么痛苦，然而没人疼她，因为唯一疼她的奶奶已经死了，所以小女孩在擦燃第四根火柴时，在火光里就出现了奶奶，她怕奶奶像火炉、烤鹅、圣诞树一样，在火柴灭后就不见了，而赶紧擦着一把火柴，这时，她的幻觉是跟奶奶飞走了。然而火柴灭后，在悲惨的现实面前，小女孩冻死了。"妈妈正讲得伤心时，笑笑忽然大声说："不，小女孩没有死，她上天堂了！多好呀，太幸福了，她终于可以见到她的奶奶了，天堂多美丽呀，她太幸福了，都能进入天堂！"

笑笑的妈妈听到这话，半天没有回过神来，孩子怎么会有这种想法——"她上天堂了！太幸福了，她终于可以见到她的奶奶了！"转念一想，笑笑的妈妈又觉得欣慰极了，孩子这么想，证明她的心灵很单纯，思想很美。这是她的理解，她认为天堂是美丽的，小女孩能见到慈祥的、疼爱她的奶奶，这是幸福的！

现实生活中，很多家长习惯用成人的眼光看待故事，而孩子却用她那童稚的眼光看待故事，她希望卖火柴的小女孩幸福、快乐，所以她认为小女孩没有死。更为可怕的是，在上完课总结时，我们只有唯一的标准答案，就是批判资本主义，批判人吃人的制度，教人向坏处看，而不是向好处看。

这是我们几十年习惯了的僵化思维，至今教科书一直未变，我们用大人的思维让孩子看到世界的阴暗面，事实上，孩子根本不知道什么是资本主义，在孩子的眼里，只有天堂的美好。有时候，我们不妨让孩子自己去想象，去幻想，不要用成人的思维去禁锢孩子的想象。孩子真的很善良，他希望小女孩活着，在美丽的天堂，跟奶奶在一起，多好呀！

这就是孩子真、善、美的一面，我们一直教育他要有爱心；要注重亲情、友情，与人为善；要厚道，要有一颗宽容之心；要尊敬父母，要从爱父母开始扩大到爱老师，爱同学，爱身边的一切人。可是一个连自己奶奶都不爱的人，是不可能去爱别人的。

有很多父母，有时心情不好，或者是发生矛盾了，总是把孩子拉到一边，在家里拉帮结派，和对方形成阵营对阵。其实把孩子拉到战斗之中，充其量只是个数学上的人数递增问题，并不能解决实际问题。夫妻之间在孩子面前相互诋毁，相互攻击，相互揭短，唯恐自己输给对方，其实非常不好。

作为父母，特别是父亲一定要教育孩子尊敬妈妈，当妈妈的要不断努力，做一个让孩子从内心真正爱自己的妈妈；要不断学习，终生学习，做一个学习型的妈妈，因为"人生最圣洁、最美好的就是母亲"，爱妈妈是"爱"的萌芽、"善"的开始。作为爸爸，要教育孩子尊重妈妈，就不要在孩子面前对妻子大喊大叫，不要嫌弃妻子唠唠叨叨，因为这也是对妻子的爱；要关心妻子的身体，关心妻子的心情，在妻子遇到困难的时候，帮助妻子，安慰妻子。

让孩子的眼睛看到尽可能多的相亲相爱，从而让他们的内心世界里充满阳光，即使读到卖火柴的小女孩被冻死、饿死，也认为她是幸福的，因为她在天堂和奶奶在一起。让孩子心里永存善念！

优秀的家长，会让孩子永存善念，让孩子相信这个世界会越来越美好。

2007年2月16日，在德克萨斯州的一所庄园里，刚刚卸任的联合国秘书长安南举行了一场慈善晚宴，应邀参加晚宴的都是富商和社会名流。当一个叫露西的小女孩捧着她的全部积蓄来到庄园，要求参加这场慈善晚宴的时候，遇到了保安的阻止。

"叔叔，慈善的不仅是钱，还有心，对吗？"小露西问道。她的话让保安愣住了，"我知道受邀请的人有很多钱，他们会拿出很多钱。我虽然没有那么多，但这是我所有的钱。如果我不能进去，请把这个带进去吧。"小女孩把手中存有所有积蓄的瓷罐递给保安。

保安犹豫了，他不知道接还是不接。小女孩的话打动了前来参加晚宴的巴菲特先生，他带小露西进了庄园。出人意料的是，当天慈善晚宴的主角不是慈善晚宴的倡议者安南，也不是捐出300万美元的巴菲特，而是仅仅捐出了30美元25美分的小露西。她赢得了人们真心的赞美和热烈的掌声，而晚宴的主题标语也变成了这样一句话："慈善的不是钱，是心。"

小露西的内心多么善良、纯真！爱心是不能用钱多钱少来衡量的，30美元25美分相对于300万美元来说不值一提，然而，这却是一位善良小女孩的全部。她

奉献出了自己所有的爱心，毫无保留！

因为有善心的人更加美丽，更加有涵养，因此小露西的行为才引起了人们的注意，成为全场的焦点人物。人们被小露西的善良和真诚感动，正是这颗善良的心才使小露西能在保安面前不卑不亢；因为她认为自己是来献爱心的，爱心不分贫富，爱心是不以金钱的数量来衡量的。

暴风雨后的一个早晨，一位老人沿海边散步，他发现昨夜巨浪把许多小鱼抛到了离海水有几米远的沙滩上，足有上千条。只见一个七八岁的女孩儿弯腰在捡那些鱼，不停地把鱼往海水里扔。老人走上前问：这么多鱼，你能扔完吗？女孩儿没有回答，只是手不停地扔鱼。老人又问：救这些鱼或不救它们，谁也不知道，谁也不在乎。你为何要这样做呢？女孩儿说：小鱼知道，小鱼在乎，我的心在乎！？

"我的心在乎！"茫茫大海，对于这些小小可怜的生命只是沧海一粟，然而在生命的世界里却是上千条鲜活的生灵，也许有人不在乎，但所有善良的心一定在乎！就像那个小女孩儿那颗善良的心。

当一个女孩真正拥有善良这种美德时，她就是美丽的天使，就是块闪闪发光的宝石，不但照亮了自己，更照亮了别人的心灵。

建议父母的妙招：

为了使善良成为孩子的终生品质，父母必须讲究良好的方法，可以从以下三方面入手：

1. 使孩子懂得如何才能变得善良

让女孩拥有一颗善良的心一味说教，父母可以在某些特定的场合下，见机行事，简单、随意地向孩子解释。如果孩子偶有些小私心，也不必责怪她，更不能把她的行为定性为"恶"，以免挫伤孩子。要让她认识到这样不好，不是好孩子应该做出的举动，并表示你对此的遗憾，相信她下次会做得好一些。

2. 赏识孩子善意的举动

从教育学的角度来说，如果孩子做的事得到了肯定和表扬，那么她还会继续这么做。因此，父母要赏识孩子的善良，让孩子知道你希望她这样做，希望从她的举动中看到善意和柔情的美丽。另外，父母应该注重自己的言行，不要破坏孩子善良的本性。

3. 为孩子创设亲切、友爱的成长环境

一个在爱的环境中长大的人，不难拥有善心、爱心。作为父母，以友好和爱的方式来教育、帮助孩子，努力使善意、友好的气氛充满整个家庭，充满孩子成长的每一个细微的角落，那么，孩子在此环境熏陶下，会非常认可自己的善良本性，也愿意把这个本性坚持下去。

# 细节2：让女孩学会宽容的

培养孩子学会宽容的心，就是让孩子保持其心灵中本来就存在的爱心、宽容和谦让。如果一个孩子任性、自私、盛气凌人，不仅会使孩子不合群、孤僻，产生孤独感，久而久之就会养成恶劣的性格，阻碍孩子一生的发展。

亚亚小时候经过许多让人感到惊心动魄的"事故"，这些至今想起来还感到有些后怕。家长对这些"事故"的处理，无疑在无形中影响着孩子对人、对事的态度。

亚亚刚上小学的时候，有一次她妈妈的同事带着自己的两个女儿到我家来串门，然后两家人就到附近的游泳池去玩。在水池中，亚亚坐在卡通救生圈里，由两个小姐姐推着，在水面上漂浮。一会儿，两个女孩和亚亚在水中嬉戏打闹起来，大人在水池边大声喊"别打闹"，孩子们根本就不加理会。忽然一个小小的人工浪打过来，救生圈不得不朝一边晃，瞬间亚亚连人带圈一起翻入水中，人一下子沉了下去。庆幸的是，那两个孩子都是经过体校少儿游泳班训练的，几乎还没等大人反应过来，就把亚亚托出水面，由于施救及时，亚亚仅仅呛了几口水。一时疏忽，险些酿成大祸。这个时候家长的反应很重要，家长的情绪、家长对整个事件的认知和评价，直接影响着孩子的情绪和判断。孩子也最善于察言观色，孩子摔倒了是因为家长害怕，所以孩子才害怕；孩子受到了伤害，是家长的愤怒才牵动了孩子的情绪。

孩子的心理成长就是从他人的评价开始建立自我意识的，这个时期父母的言行甚至情绪对幼儿的影响至关重要。对亚亚落水一事，尽管我们担心、害怕，但应该极力克制自己，不要表现出任何过分的惊慌和恐惧，也不要因孩子们打闹险些酿成祸端而发泄自己愤懑的情绪，亚亚妈妈的同事也不要责骂自己的孩子，这样就释解了亚亚的恐惧，亚亚也就不会把这次经历看得太重，不致在心灵上留下阴影。

孩子进了幼儿园，在集体生活中与小朋友相处，吃亏、被占便宜甚至被欺负都是常有的事。家长的过度干涉和介入会使孩子失去独立解决人际关系冲突的机

会,而教育孩子以牙还牙更不利于孩子心理的健康成长。启发和引导孩子宽容和善待别的小朋友,让孩子在与别的小朋友的相处中学会处理一些简单的人际关系这是孩子成长的阶梯。

在幼儿园时,亚亚曾被小朋友抓伤、咬伤过。印象最深的是,六一儿童节的前几天,下班后,我去幼儿园接孩子,发现亚亚的脸上平添了一道很深的抓痕,而且渗着血。我问亚亚:"脸怎么了?"亚亚回答:"让一个小朋友抓的。"回到家里我马上给亚亚的伤口涂上了红药水。第二天送孩子上幼儿园时,幼儿园的老师告诉亚亚的妈妈,孩子的脸被抓伤后不能上药,否则脸上会留下抓痕。由于我们并不知道如何处置孩子被抓伤的伤口,盲目地给孩子上了药,所以差一点儿误会了老师,以为孩子被抓伤后老师不给处置。事后,那个孩子的家长找到亚亚的妈妈道歉,亚亚妈妈对孩子被抓伤十分心疼,但一句也没有埋怨他,反而一个劲儿地宽慰他,告诉那个家长不要太在意,毕竟都是还不懂事的孩子。整个事件的处理,亚亚都看在眼里,记在心上。我相信,这件事给孩子幼小心灵种下的是宽容、友爱的种子。

由于自己的家长并不十分在意,孩子也没有把自己受到伤害的事件看得太重。对年幼的亚亚来说,不论是被咬伤,还是被抓伤,都从未感到委屈,从未觉得这是别的小朋友在欺负她,以后亚亚就会以宽容之心待人。试想,当时如果我们义愤填膺、不依不饶地向人家兴师问罪,那后来的亚亚就可能变得尖酸刻薄,凡事斤斤计较、遇事首先责难别人或推托责任。

还有一次,在幼儿园里一个小朋友打她,被老师发现了,老师责问亚亚:"小朋友打你,为什么不报告老师?"亚亚跟老师说:"他比我小。"意思是说我作为姐姐应该谦让着小弟弟。老师哭笑不得,说:"这个班里就你最小。"后来老师把这件事告诉了家长,说别看亚亚年纪小,比大孩子还有风度、还有谦让精神,独生子女最难得的就是这一点。

一个人善于忍让,时时处处注意考虑别人的感受,那他也一定会得到别人的帮助,一生都会得到快乐。此外,我们还要特别注意为孩子创造一个友好、和谐的家庭气氛,消除孩子的孤独感,让孩子在这样的环境中生活、学习、活动,通过耳濡目染,在不知不觉中陶冶他的品质与性格。我们觉得未来社会尽管充满了竞争,但更多的还是与人合作中的竞争,不能忍让、不会谦逊、不与伙伴友好相处,谁还会和你合作?

孩子与孩子相处,发生矛盾和纠纷在所难免。孩子与他人的相处应该谦让甚至忍让,但忍让不是无原则的。大孩子不能欺负比自己年龄小的,年龄小的也不能让自己被大孩子欺负。我们试着教孩子一些自我保护的方法,告诉孩子被人欺负了要会讲理。如果一个孩子不会讲理,最终解决矛盾的方式,就或是窝窝囊囊忍气吞声或是蛮不讲理。

有一次亚亚和身边的小朋友发生了争吵,请来大人评理。那个小朋友哭述自己的理由,讲得头头是道。而亚亚尽管觉得自己有理,却说不出什么,感到非常委屈,气得呜呜直哭。事后,我们就跟她讲道理:两个人发生了摩擦,不是争吵时谁的嗓门越大谁就越有理,也不是谁越委屈谁越有理,哭不但解决不了问题,还会被认为是胆小怯懦的表现,应该把事情的原委讲出来,他的错在哪儿,你的理在哪儿,要能讲清楚。后来亚亚再和别的小朋友发生矛盾,请人来评理时,亚亚就把事情是怎么发生的,这其中你都说了什么、做了什么,我是怎么说的、怎么做的,你错在哪儿了,讲得头头是道。在一旁的大人们都说,亚亚这孩子虽然厉害,但讲理。

值得一提的是,与男孩子相比,女孩子的心胸似乎更显得狭窄,但其实这并不是天性使然,而是社会的一些舆论误导。社会对男孩子的基本要求就是心胸宽阔,而对于女孩子的狭隘则能够容忍,在这样的社会环境中,对于形成豁达的性格方面,女孩往往没有过多的压力,但如果父母不对之实行积极的教育,女孩子很可能就无法做到宽容大度。

妈妈给姣姣她买了一本《米老鼠》图画书,课间,她正津津有味地阅读时,一摊墨色的液体涌过来,将整个米老鼠染成了黑色。

原来,姣姣的同桌起身时不小心把墨水瓶碰翻,墨水洒到了图画书上。姣姣火冒三丈,大声嚷嚷着让同桌赔她新的《米老鼠》,无论同桌怎么解释、道歉,都无济于事。最后,余怒未消的姣姣还把这件事告诉了班主任老师。结果,同桌被老师批评了一顿。

回家后,姣姣跟妈妈说了这件事情,妈妈非常严肃地对她说:"如果你犯了同样的错误,你的同桌大喊大叫,让你赔,还告诉老师结果受到批评,你舒服吗?"

女儿想了想,不情愿地说:"我是会很难受,可错的是她,不是我。"

"谁都有不小心犯错误的时候。难道你忘了我刚买了一把咖啡壶,就让你给砸碎的事情了?"

姣姣不好意思地低下头。妈妈告诉女儿,要和气、友好地待人,不能斤斤计较,尤其是对待同学,更要大度、宽容。就像今天这样,应该说没关系。这样,才能成为受同学欢迎的人,成为快乐的人。

这次"事件"给姣姣留下了深刻的印象,让她理解了宽容的含义,在以后的生活中,她逐渐学着去宽容他人。

豁达不仅是一种美好的个性,宽容豁达也是一种处世智慧,如果父母教女孩

子学会宽容，那么她就掌握了跟别人交往的一种智慧。学会了宽容，就会有很好的人际关系；好的人际关系，会让她的生活充满快乐。

豁达的人能容人之短，理解他人。人非圣贤，孰能无过，尤其是孩子，更要宽容待人、和气待人，这样才能团结同学，从而营造一个愉快的生活、学习氛围。

那么，父母如何让女孩儿拥有宽广的心胸呢？以下几点供您参考：

1. 教孩子放宽眼界

父母经常利用各种节假日，带孩子游览祖国的大好河山，会使孩子受益匪浅。比如带她领略泰山的雄伟壮观；带她到内蒙古，体会那种"天苍苍，野茫茫，风吹草低见牛羊"的壮阔；带她游览海南岛，观赏热带森林植物的瑰丽和神奇。父母没有刻意地去教育孩子要有宽广的心胸，但是，孩子却在这一次次的游览中，增长了知识，开阔了眼界，从而拥有了宽广的心胸。

2. 在阅读中培养孩子宽广的胸怀

小红是个爱看书的小女孩儿。一次，她在读故事《将相和》时问妈妈："妈妈，如果是我，我可不会背着荆条去认罪。"妈妈问："为什么？"小红说："那样，就等于认输，太丢人了。"妈妈听后，告诉她："因为廉颇负荆请罪，蔺相如心胸宽广，以大局为重，所以，秦国才不敢侵犯赵国。"

显然，故事中妈妈的做法是正确的。父母想要女孩儿拥有宽广的心胸，就应结合生活中的一些现象出发，告诉孩子怎样才能拥有一个宽广的胸怀。比如不要斤斤计较那些鸡毛蒜皮的小事情，要欣赏他人的优点，不要嫉妒。这些都将有利于孩子宽广心胸的培养。

3. 让孩子分享成功，学会包容

女孩小柯是校外活动的小组长。在一次爬山活动中，有一个孩子力气不足，多次落在孩子人群的后面，于是小柯和另几个孩子几次停下来帮助他，小组才赶上前面的"大部队"。小柯心生怨言，回到家里嘟囔着说让老师把这个同学调出去。这时父母就可以告诉孩子：每个人都有优点和缺点，不能因为这样一件事情就否定或不喜欢一个人；有宽广胸怀的人将来才能成就大事。要做富有正义感和同情心的好孩子，要宽容他人，这才是一个人美德的体现。

现代社会强调以人为本，因此，让你的女儿变得更宽容、豁达，可以让她的未来发展得更好。作为父母，一定要让孩子学会理解他人。真正学会了理解，她们才能体会到宽容豁达的意义，体验到宽容带来的快乐。

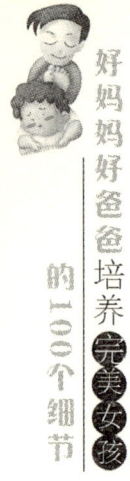

# 细节3：让女孩学会分享快乐、大方

《孟子》中有这样一段记载：孟子见梁惠王，问："独乐乐，与人乐乐，孰乐？"梁惠王答："不若与人。"孟子又问："与少乐乐，与众乐乐，孰乐？"梁惠王又答："不若与众。"大意是说，一个人欣赏音乐所获得的快乐不如与众人一起欣赏音乐快乐。其实，这就是分享，也是快乐的最高境界。

然而，对于一些独生女来说，家里的好吃的、好玩的都是她一个人的，她似乎不需要与家人分享什么。如果我们不教女孩学会分享，她的独享意识就会不断滋生，她就会习惯自己独占一切，这势必会影响到她的人际交往以及未来的家庭和事业。所以，我们需要在生活中给予女孩引导和教育，从而培养她的分享意识。

萍萍上四年级了，老师为了扩大他们的阅读量，让他们交换阅读彼此的图书，分享图书资源。

一天，萍萍放学回到家，闷闷不乐。妈妈忙问："孩子，怎么了？"

"今天同学拿了一本世界名著，我很想看，但是又害怕同学把我的书弄脏、弄坏，就没有换。妈妈，您能给我买一本吗？"

"妈妈可以给你买一本新的，但是这样一来你就不能与他人分享了。你不要害怕同学把书弄脏、弄坏，即使弄脏、弄坏了也没有关系。不要这么小气，要大方一些，这样才能体会到分享的快乐。"

听了妈妈的这一番话，萍萍懂得了，分享不会使自己失去心爱的图书，反而会获得快乐，她决定明天拿自己的图书和同学交换。

分享并不是一种失去，而是一种获得。的确是这样，一个懂得分享的女孩，自然会获得快乐和友谊，会吸引更多的朋友，会受到他们的欢迎、喜爱和帮助。

因此，我们要教女孩学会分享，让她慷慨地与人分享，做一个乐于分享的人。

妈妈总希望把好吃的、好喝的、好玩的、好穿的都给女孩，殊不知，这样很容易让女孩变得自私、爱独享。所以，我们应该给女孩营造分享的氛围，让她学会与大家一起分享。

有个女孩生活在一个温馨的家庭中，每当家里吃什么好吃的东西时，妈妈都会叫她先拿给长辈吃，最后她自己再吃。

一次，家里只剩一个苹果了，女孩把苹果拿给了妈妈，说："妈妈，只有这一个苹果了，你和爸爸吃吧！"

"谢谢你,不过,我们是一家人,要一起来分享这个苹果。"

于是,妈妈把苹果切成了三块,一人一块。虽然一个人只吃到了这个苹果的三分之一,但是他们却吃得特别开心。

看到这样的情景,我们是不是也被这一家人的幸福生活所打动了呢?我们要想让女孩从心理上接受分享,就要让她体会分享所带来的那份快乐。对于女孩的每个慷慨举动,我们要及时给予肯定和鼓励,不仅会让她获得快乐,而且还能巩固、强化她的分享行为。

当女孩体会到分享带来的快乐和满足,体会到分享带来的愉悦,她就能理解分享的真正含义,从而自愿与人分享。

当女孩不愿意与人分享的时候,我们不要因为她的"小气"而斥责她,或者是强迫她把自己喜欢的东西分享给他人,这样只会让她产生不满、怨恨的情绪。

一般来说,女孩不愿意与人分享自己的东西,却希望能够分享到他人的东西。我们可以利用女孩的这一心理,通过移情训练,慢慢引导她与人分享自己的东西。如果女孩还是不愿意与人分享,我们不妨耐心等一等,给她一个成长的时间和空间。

女儿慧慧和妈妈在广场上玩,这时来了几位认识慧慧的小朋友,他们看到慧慧手里拿着妈妈刚送给她的新玩具,一下子被吸引住了。于是,请求慧慧让他们也玩一下。可慧慧却拼命地护住自己的玩具,连碰都不让他们碰一下。其中一位小朋友上前用手来摸,慧慧抬手就打。结果,小朋友们都气呼呼地离开了。

事情发生后,妈妈立刻将慧慧带回家进行教育,妈妈说:"玩具要和小朋友们一起玩,这样小朋友才愿意和你交朋友,而等他们有了新玩具也愿意和你分享,而且打人也是不对的。"慧慧这才意识到自己打人的不对,并表示愿意向小朋友赔礼道歉。在慧慧出去向其他小朋友道歉的时候,看到一位小朋友正在玩滑车,于是妈妈鼓励她:"你可以用自己的玩具进行交换"。慧慧顺利地玩上了滑车,她的玩具也给那个小朋友玩了。妈妈趁机再次对她进行了教育:"你看那位小哥哥多好,慧慧要玩滑车他就给你玩了。你把玩具拿出来和大家一起玩,才会开心,进而成为好朋友。慧慧愿意不愿意向小哥哥学习?"慧慧回答道:"愿意。"

通常,孩子在2岁前表现得还比较大方,愿意将自己的东西和大家一起分享,但是2岁以后,就会表现得很自私。这时候,家长就应当积极引导孩子,帮助孩子树立正确的观念。随着孩子的成长,他们就会逐渐摆脱这种以自我为中心的观念。

儿童心理学家研究指出:"小气"的儿童除了具有"食物不肯给别人吃,""玩具与学习用具不愿意借给别人用"等最直接的特点外,还具有:做事斤斤计较、爱讲条件、自我牺牲与奉献精神较差、自私自利、思想比较保守、缺乏同情心等特点。

孩子之所以会形成这种消极的性格，这和孩子身边的人采取的教育方式有关。如果和孩子相处的是一个"小气"的人，比如她的朋友、父母、爷爷、奶奶等表现得很小气就会对孩子造成这种影响。孩子缺乏交往能力，没有机会体会到与人分享的快乐，家庭经济状况不佳，对孩子的一些要求不容易满足也是一些重要的因素。

建议父母的妙招：

精神富足的女孩才是最美丽的女孩，慷慨大方的女孩是最富足的。与慷慨相反的性格则是"小气"，这是一种不良的性格特征，父母要及早防止和纠正孩子的"小气"行为。那么如何培养孩子慷慨大方的性格呢？

1. 为孩子树立好的榜样

父母的行为对孩子会产生最直接、最持久的影响。为孩子树立学习的榜样是父母的首要任务。同时，父母还可以让孩子多与慷慨大方的孩子交往，在交往中不知不觉地从他人身上学会慷慨待人。

2. 鼓励孩子帮助困难者

在我们周围存在着很多贫困者和受难者，家长应当积极主动地鼓励孩子慷慨相助。在帮助他人的过程中，孩子也会在精神上变得高尚。

3. 给孩子提供练习分享的机会

慷慨待人的品格是在实践活动中形成的，在日常生活中家长要多为孩子提供一些机会，让孩子学会与人分享。比如买回的糖果不要全部留给孩子，要让孩子亲自把糖果分给家庭的每位成员；在孩子玩耍时，引导他与其他孩子一起玩。这样孩子就会逐渐明白礼尚往来的必要性和互相帮助的重要性，此外，对孩子慷慨品格的养成也有着重要的意义。

第四章 心性纯洁善良，永远伴随着女孩的心灵

# 细节4：培养女孩信守承诺

人生就如一个花盆，知识是"沃土"，希望是"种子"，汗水是"耕耘"，"诚信"还是"希望"的主根，是我们未来赖以安身立命、汲取滋养的根。"根系有多大，树冠就有多大"，打破了它，永远开不了花，结不了果！正所谓"言必信，行必果"。

诚信的美德包括两方面：一是诚实，二是守信。诚实就是有一说一，不说谎话；守信就是遵守承诺。这两方面美德，对于女孩的一生影响是很大的。

星期天，田甜的爸爸想带她去公园玩，可田甜却拒绝了。

"你不是早就想让我带你去公园玩的吗？"爸爸感到很奇怪，"好不容易今天我有时间，你怎么又不去了？"

尽管爸爸的语气里已经带着恼怒了，田甜还是坚定地摇了摇头。原来，田甜昨天邀请了幼儿园同班的小朋友，来家里一起玩游戏。

"我约了朋友，"田甜说，"我不能说话不算数。"

听了田甜的解释，爸爸冲田甜竖起了大拇指。

虽然故事中的小女孩的确想和爸爸去公园玩，但她依然信守着自己对朋友的承诺，这就是一种诚信的美德。我们从故事里面，无法知道田甜同班小朋友的感受，但我们不难猜到，信守诺言，不仅让田甜快乐、有尊严，相信也会让那个小朋友对田甜产生敬佩和信赖感。

很显然，诚信这种美德，带给女孩的益处是很多的——

气质方面：诚信是一种美德，它会帮助女孩保有一颗高尚的心。

交际方面：只有我们的小公主做到诚实守信，她才能取得他人的信任、支持与帮助，收获一份好人缘。

培养女孩诚信的好品质，家长还要善于引导。

身教重于言传，想要女孩做一个讲诚信的好孩子，一方面家长要给她做一个好榜样，不轻易向别人许诺，一旦做出承诺，就一定要信守；另一方面，家长要事事都考虑在孩子前面，发现孩子有不诚信的苗头，就要及时熄灭，从而引导孩子朝着诚信的方向发展。

妈妈去学校接晓晴放学回家，正巧碰到了晓晴的老师。她们又都是顺路，于是就一边回家一边闲谈。老师无意中提到上次交空调费的时候，晓晴说自己的钱丢了，就向老师借了50元钱交上了空调费。晓晴说第二天就把钱还给老师，可是到现在都没有还。

妈妈询问晓晴，晓晴说自己过后忘记把钱还给老师了。于是妈妈连忙掏出钱，把钱还给了老师，并向老师表示了歉意。

回到家后，晓晴对妈妈说："妈妈，老师的钱不是我故意不还的。我那50元钱借给同桌小苒了，她没有还我钱。"妈妈严肃地对她说："晓晴，你这种想法是不对的。你不能因为别人借你的钱没有还就不还别人的钱，这是诚信问题，也是个人品质问题。妈妈给你讲的'曾子杀猪'的故事你忘了吗？一诺千金是我们中华民族的传统美德，借了别人的东西就应该及时还给别人，这样才不会失信于人。"

听了妈妈说的话，晓晴低下了头。她对妈妈说："妈妈，我错了。我以后再也不这样了。"从此以后，不管借了谁的东西，晓晴都及时还给别人。

孩子们经常不认真考虑他们所同意的事就做出承诺。随后他们就后悔所做出承诺，或者取消承诺，或者"忘掉"它们。或者他们实现承诺，但是对自己和使他们同意的人充满怨恨。

给孩子做一个榜样，你不想做的事情就不要答应去做。父母总感到他们不得不答应孩子们，答应虽然好，但是如果你满腹怨言，就会产生相反的结果。要想向孩子表明如何避免被迫做出承诺，首先你自己不能强迫他们做出承诺。

当你想让他同意做某事时，不要用内疚感或权力强迫他。如果他不愿意承诺你让他做的事，建议你做一个让步。如果他不能确定他是否想应某人的请求做出承诺，提醒他至少有一点通常不需要做决定，那就是请求多一点时间让他考虑清楚。帮助他明白，那些刻不容缓地想让他承诺做某事的朋友是想控制他。如果他把自己控制在自己手里，他会更快乐。

建议父母的妙招：

诚信是一种具有普遍意义的美德，世界各国均重视国民的诚信教育。美国从幼儿园起就重视对孩子的诚信教育，在儿童的基础教材中就突出了"诚信"的内容。

与此不谋而合，在美国哈佛大学的校徽上只刻了两个字——"诚实"。美国的教育家认为，诚实是一个人的为人之本，就如同一幢大厦的地基。因此，若想让我们的小公主能够成长为一名令人羡慕的杰出女性，父母们一定要从小就注重培养女儿的诚信美德。

1. 注意生活细节对孩子"诚实"的影响

中国有句俗语叫做"龙生龙,凤生凤",这些都说明了家长对孩子言传身教的巨大作用。

一天,蕊蕊的妈妈正在做面膜,外面传来门铃声。妈妈让蕊蕊去开门,并教给她说:"妈妈不在家。"蕊蕊这样做了。但是,她迷惘地问妈妈:"你明明在家,为什么说不在呢?"妈妈笑笑说:"你没看到妈妈忙着吗,我不希望别人打扰我!"一次,两次,后来多次遇到这种情况,蕊蕊便认为妈妈撒谎是一种应付的技巧,其实撒谎也不是什么大错误……

生活中,父母不经意间的一个举动,就有可能给孩子埋下"不诚信"的种子。因此,对于善于观察和善于模仿的女孩来说,父母的良好表率作用更显重要。

2. 满足孩子的合理需要

孩子不诚信的行为大部分是出于某种需要,如果孩子合理的精神需要、物质需要没有得到满足,她必然会寻求满足需要的办法,以某种不诚信的行为来满足自己的需要。

女孩小雪为了得到一个漂亮的书包而对妈妈说:"妈妈,你给我买个漂亮的书包吧,我们班上的同学每个人都有漂亮的书包,就只有我没有了!"而事实上,并不是每一个同学都有漂亮的书包,小雪只是为了满足自己的虚荣心才这样说的。

因此,父母应该认真分析孩子的需要,尽量满足其合理的部分。如果孩子的书包确实比较破旧,就可以给孩子买一个合适的。此外,在满足了孩子的合理要求之后,父母也应指出孩子语言中不诚信的部分,告诉她这样的行为是不正确的。这样,孩子诚信的美德就可以慢慢培养起来了。

# 细节 5:培养女孩谦虚的美德

骄傲自大的人通常是不学无术的,自以为是的人往往又是一知半解的。正如有句话这样说:饱满的谷穗都是低垂着头,高昂着头的往往是那些秕谷。人也一样,有真才实学的人往往虚怀若谷,谦虚谨慎。

我国古代著名的大思想家、教育家孔子,虽然学识渊博,但从不自满。他周游列国时,在去晋国的路上,遇见一个七岁的孩子拦路,要他回答两个问题才让路。其一是:鹅的叫声为什么大。孔子答道:鹅的脖子长,所以叫声大。孩子说:青蛙的脖子很短,为什么叫声也很大呢?孔子无言以对。他惭愧地对学生说,我不如他，他可以做我的老师啊！

然然是一个初露才华的小女孩，但她骄傲自大，不能正确评价自己。然然在初中三年级时就立志要当作家，并发誓要当著名作家。若她能为此努力学习，脚踏实地读书，认真写作，这样的雄心壮志没有什么不好。可是然然并没有这样做，而是天天想入非非，要当在文学史上永远闪耀着光芒的大作家，然然认为自己天生具有大作家的气质，说什么我最大的资本就是年轻，有成年人无法比拟的青春激情，有激情就足够了。

对学习的不屑与对老师的不敬，使然然的成绩一路下滑，然而她把父母的劝告轻蔑地视为絮絮叨叨老一套。一次摸底考试中，然然的数学考了十七分，外语考了二十四分，连语文也只得了六十分。后来她开始，频频投稿，却屡遭退稿，她便骂编辑：不识货、势利眼。我这种少年才俊的作品，竟然也不发表！父母听了她的这些话，只有暗自摇头叹息。

谦虚是成功的基石。即使再有才华的人，也不能忽视这一点。在现代家庭中，由于受到特殊的家庭环境的影响，独生子女更容易产生骄傲自大的情绪。

造成孩子骄傲自大、目中无人的原因主要有以下三个方面：

一是父母对孩子的影响。有些父母由于自身条件比较优越，总是表现出一副洋洋自得、目中无人的姿态，经常会流露出对他人的不屑。如他们经常议论同事的缺点，某某不如自己。孩子听到这些话，也会受到影响，只看到自己的长处，而嘲笑别人的短处。

二是家庭生活条件优越。优越的家庭条件容易滋长孩子虚荣自傲的心理，使孩子养成爱炫耀自己、嘲笑别人的毛病，如孩子经常穿漂亮的衣服，就会看不起那些穿旧衣服的孩子。

三是大人们过多的夸奖。孩子经常得到大人们的夸奖，就会认为别人不如自己，导致孩子看不起别人。如果父母经常在朋友面前炫耀自己的孩子，孩子就会认为别人都不如自己，从而产生自负心理。

取得一点成绩并没有理由骄傲。父母要让孩子认识到，自己还小，知识少，经验少，要有认真学习的态度，有"三人行必有我师"的心态。只有谦虚才能向别人学到东西。骄傲自大，必然影响自己的进步。

父母要让孩子知道，骄傲自大是一个可怕的陷阱，而且，这个陷阱是自己亲手挖掘的，要想离开这口陷阱，就必须戒骄戒躁。

拥有谦虚的品德，对于孩子各项能力的发展都具有正面的帮助。但是想教导出谦虚的好孩子，父母为孩子做出好的榜样以及对孩子的教养方式都有着举足轻重的作用。有这样一副对联：墙上芦苇，头重脚轻根底浅；山间竹笋，嘴尖皮厚

腹中空。父母千万不能让孩子像芦苇那样对自己没有正确的认识。

学习是无止境的，父母应该培养孩子谦虚的美德，这样孩子才能包容万物，才能使自己日益充实和丰富。

通常情况下，女孩最容易受到表扬和赞美。因为亲戚朋友见面，大家准会不约而同地夸奖女孩漂亮、聪明、乖巧可爱……于是，随着被夸奖的次数越来越多。孩子慢慢就变得不能对自己准确定位，变得骄傲自大起来。

婷婷是个很有才华的女孩，刚上小学四年级便能写出一篇篇出色的文章。因此，无论老师还是家长，都经常夸奖她的写作水平如何如何高超。

夸奖听得多了，婷婷就有些飘飘然了，她开始看不上书本上的知识，认为那都是成人、老年人写的，缺乏突破与创新；她也渐渐开始看不上老师了，她经常对父母说："老师都是些庸人，在课堂上只会照本宣科。"就这样，婷婷开始讨厌学习，导致后来她的成绩也一路下滑。

古语道："谦虚使人进步，骄傲使人落后。"意思是说谦虚这种美德，可以不断促使人进步，而骄傲的情绪则会将人一点点拉向失败的深渊。对于生活在独生子女时代的孩子来说，这一点尤为重要。因此，父母在积极对孩子的行为进行鼓励的同时，也不要忘记及时消除孩子的骄傲心理。因为只有孩子拥有了谦虚的美德，才能友好地和他人相处，受到大家的欢迎；才能明晓自己的长处和短处，更加积极进取；才能拥有博大的胸怀，更宽容、更理智、更进步。

建议父母的妙招：

自信与骄傲是不同的，自信是一种积极的人生态度，它能使人乐观上进，而骄傲是对自己的不全面认识，是盲目乐观，常会让人不思进取。

因此，当你的女孩露出骄傲的"苗头"时，家长一定要引起注意。要想尽办法让女孩认识到骄傲的害处，培养孩子养成谦虚的美德。

1. 帮孩子认识骄傲的危害

李树英是个聪明伶俐的孩子，学习认真，成绩优秀，小提琴也拉得不错，很招人喜爱，亲戚朋友都喜欢她，老师也夸奖她。因此她很自负，总是瞧不起别人。小朋友们都不爱和她玩，她也不爱答理人家。爸爸就给李树英讲骄傲的公鸡的故事，让李树英大受启发。从此之后，李树英变得谦虚起来了。

父母应该让孩子认识到骄傲是健康成长的绊脚石，任何成绩的取得都只是暂时的，只能作为一个起点。父母应告诉孩子满招损，谦受益，有意识地给孩子介绍一些成功者的经验，告诉他们古今中外凡是有所作为的人，都是在取得成绩后仍能保持谦虚奋进的人。

2. 让孩子学会客观看待自己

有人问美国著名女作家维奥斯特：你最难忘的事是什么？她说：是我二十一岁时的生日。接着，她叙述了那天的情景：父亲带我到纽约去玩。我穿上盛装，自觉漂亮极了。途中我进了洗手间。我在洗手间里照镜子，得意得不能自已。当我从洗手间出来，姗姗下楼时，人人都在看着我。这时候我只知道自己很漂亮，所以能够如此引人注目。但是，随后我听到身后有响声，回头一看，原来是我的鞋跟上沾着一卷草纸正跟着我下楼。从那天起，每当我觉得不可一世时，我总会回头看看后面有没有一卷草纸。

父母应耐心地教导孩子，让孩子学会正确地评价自己，既认识到自己的优点，又看到自己的不足。父母还要规范孩子的行为，督促他们改变自负情绪，告诉孩子在交友中应该怎样做和不应该怎样做，并加以指导，使其养成良好的行为习惯，这样，他才会受到大家的欢迎。

3. 不要过度表扬孩子

江梅丽是个小学二年级的小姑娘，在上舞蹈课时，她跳得最好，是小朋友中的佼佼者，经常受到老师的表扬。渐渐地，骄傲的情绪在她身上显露无遗。

针对这一点，妈妈请求老师：在以后上课时，适时而慎重地表扬她，同时要求别人会做的动作，她要做得更好、更标准。

表扬过多往往会导致孩子骄傲自满心理的产生。有些父母望子成龙心切，孩子稍微有点进步就欣喜若狂，赞不绝口，久而久之，必然助长孩子的自满情绪。正确的做法是：在表扬孩子时尽量做到浓淡适度。

4. 纠正孩子自负的毛病

程小娟上小学三年级了，她有很强的好胜心，任何事情都不能说别人比她强，否则就会耍小脾气。有一次，程小娟在和爸爸的谈话中表现出自己看不起同学的意思，她还提到了一次与数学老师发生的争执，原因是数学老师批评程小娟做作业不够仔细。

爸爸听了，语重心长地说：有人批评你，并不是看不起你，而是希望你进步。她不怕你的抱怨，而选择了批评你，原因就是她希望你进步。爸爸也是这么希望的。程小娟听后深受触动，后来，她果然慢慢改正了自己自负的毛病。

孩子出现自负情绪往往是过高地估计了自己，认为自己比谁都强，只看到自己的长处，看不到自己的短处，拿自己的长处比他人的短处。因此，他们往往狂妄自大，不会设身处地地替别人着想。

父母在发现孩子出现自负的苗头时，应及时予以教育和引导，告诉孩子自负

的危险结果，教会孩子客观地评价和认识自我。

5. 父母要给女儿做谦虚的好榜样

有些家长由于自身条件比较优越，总是表现出一副洋洋自得、目中无人的神态，经常会流露出对他人的不屑。如有些父母经常会在女儿面前议论同事的缺点、朋友不如自己等，女孩听到这些话，往往就会仿效家长，只看到自己的长处，而嘲笑别人的短处。

榜样的力量是无穷的。家长是孩子的第一任教师，是孩子效仿的最直接的榜样。因此，家长要想让自己的女孩成为谦虚的人，就要首先给她做出好的表率。

6. 正确地表扬你的女孩

众所周知，经常表扬女孩好的行为，有利于她的健康成长。但父母们需要注意的是，表扬也是一门艺术，正确的表扬的确可以起到积极正面的作用；而错误的表扬，却会让孩子滋长骄傲情绪。

在现实生活中，女孩往往由于学习成绩较好或者某方面有特长而经常受到家长和老师的表扬。这种太多的表扬常常会误导女孩，使她们不能正确认识自己，于是就滋长了骄傲情绪。因此，家长在表扬女孩的时候也要掌握一定的火候。如：表扬要具体，有利于增进孩子的自信心；表扬不要脱离实际；在表扬的同时，要给孩子提出努力的方向……

7. 帮女孩正确认识自己

女孩产生骄傲心理往往源于自己的某方面特长和优势，家长应该先帮女孩分析这种骄傲的基础：是学习成绩比较好、有某方面的艺术潜质，还是有其他方面的天赋什么的。然后家长还应让女孩认识到，她身上的这种优势只不过限定在一个很小的范围内，放在一个更大范围就会失去这种优势；正确的态度应该是积极进取，而不是骄傲懈怠。

8. 让女孩明白饮水思源的道理

当女孩取得了一定的成绩，家长在表扬的同时也要告诉她："这确实是你自己努力的结果，但是不要忘记，这也包含着家长的培养、老师的教诲和同学的帮助。"

# 细节6：让女孩学会感恩

古语说得好：百善孝为先。人的一生中，父母的关心和爱护是最真挚、最无私的，父母的养育之恩是永远也诉说不完的：吮着母亲的乳汁离开襁褓；揪着父母的心迈开人生的第一步；在甜甜的儿歌声中入睡，在无微不至的关怀中成长；灾灾病病使父母熬过多少个不眠之夜；读书升学费去父母多少心血；立业成家铺垫着父母多少艰辛。可以说，父母为养育自己的儿女付出了毕生的心血。这种恩情比天高，比地厚，是人世间最伟大的力量。

孝敬父母，尊敬长辈，可以说是做人的本分，是天经地义的美德，也是各种品德形成的前提，因而历来受到人们的称赞。但是，这种美德在一些独生子女身上却鲜有表现。甚至有些女孩父母也深感无奈：为何被爱的女儿不懂爱？

杨玉是个独生女，今年10岁，每天吃过晚饭后，她不是扭头去看电视，就是赶紧去玩耍了，父母在忙碌着收拾碗筷，她看都不看一眼；爷爷平时对孙女照顾得无微不至，可当爷爷生病住院时，孙女却连问都没有问一下，更不用说主动去医院看望了。

其实，不光杨玉如此，大多数独生子女身上都存在着同样的问题。针对被爱的孩子是否更懂爱的问题，《北京青年报》的记者也曾在北京市某中学的一个班中做了这样一个调查：向所有同学询问一个相同的问题——你是否记得父母的生日？

回答是令人失望的："不记得""只记得大概""从来没给父母过生日"……而与此截然相反的是，孩子们对自己的生日都记得清清楚楚，并且都十分在乎父母是否记得。更令人感到吃惊的是，一位女生几乎可以说出班里所有同学的生日，但唯独不记得自己父母的生日。

为什么？为什么享有长辈更多关爱的孩子，却不懂得回馈这种爱呢？乌鸦尚有反哺义，羊羔还有跪乳情，何况我们人呢？其实，这与父母的教育方式是有很大关系的。孩子是否孝顺长辈，与日常生活中的很多细节直接相关：劳累辛苦的时候，你是否要求孩子过来帮忙呢？生日的时候，你是否告诉过孩子"爸爸（妈妈）也需要祝福"呢？平常的日子里，你是否经常带孩子去看望爷爷奶奶、外公外婆呢？显然，很多时候不是孩子不想孝敬长辈，而是父母从来就没有有意识地给予孩子表达孝心和爱心的时间和机会！

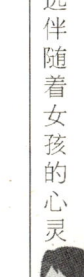

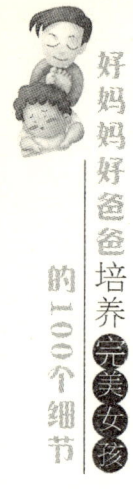

 建议父母的妙招：

每位家长都希望自己的女孩能够孝顺、懂事。那么该怎样引导她养成孝敬长辈的美德呢？

1. 以身作则为女孩树立榜样

女孩小的时候，是十分善于模仿的，她的一言一行都喜欢参照大人。因此，父母平时对老人的尊敬、关爱之举，往往能促使观察力敏锐、情感丰富的小女孩养成孝敬长辈的美德。

2. 让女孩体味到长辈的辛苦

当你拖着疲惫的身体回家时，不知世事的女儿很可能会缠着你陪她玩。此时，你会怎样回答她？

"妈妈（爸爸）很累，自己玩去。"

"妈妈（爸爸）很累，因为妈妈（爸爸）想在六一儿童节为你实现一个心愿。所以，妈妈（爸爸）要辛苦地工作赚钱。你能给妈妈（爸爸）捶捶背吗？"

很显然，前一种回答实在很糟糕，因为你忽略了孩子的心情。她多么想念一天没见面的妈妈（爸爸），多么想在你的身边撒撒娇啊！但是你打碎了孩子的梦想。

后一种回答则一举两得。你不仅告诉了女儿。你为什么这么辛苦、为什么不能陪她玩，而且还告诉了她，妈妈（爸爸）赚钱很辛苦，让孩子体会到你的辛苦。而一个能够深刻体味到父母辛苦的女孩，又怎么可能不孝敬长辈呢？

# 细节7：教女孩遵守社会公德

所谓"公德"就是公共道德，是人们在社会交往和公共生活中应该遵循的道德准则，它主要表现为讲文明、讲礼貌、乐于助人、爱护公物、保护环境、遵纪守法等等。

女孩作为一个具有社会属性的独立个体，自然应该遵守公共道德，她应该知道身处于群体中该做什么，不该做什么，不因自己个人的喜好和习惯而为所欲为。

我们在公共场合常常发现，有些看似文静的女孩却旁若无人地大声喧哗、大肆说笑，有些穿着时尚的女孩闯红灯、挤公交车抢座位，有些女孩随处吐口香糖、吐瓜子皮、乱扔垃圾，还有些女孩在马路上和异性打情骂俏、又搂又抱。看到这些情景，我们会不自觉地想：我的女儿可千万别这样。可我们是否思考过，这些女孩为什么会这样？就是因为她们在家里被宠惯了，凡事都以她们为中心，以她们的意愿为标准，宠到最后，她们根本不去体会别人的感受，走入社会自然也很难有遵守公共道德的意识了。

公交车上，有一位站在过道上的时尚漂亮女孩，时不时地向脚边吐痰。坐在左侧的一位大妈，实在是看不过去了，说了一句话："闺女，你别吐痰啊。"那女孩立即大声反驳道："我没有吐到你鞋上，你嚷什么嚷？"大妈显然是被激怒了，腾地从座位上站起来，冲着那女孩边说："随地吐痰，不文明。"那个女孩没有就此道歉。而是提高了嗓门："我感冒了，不吐痰，你让我怎么办？"坐在右侧的一位老先生说话了："你把痰吐在纸上，下车扔进垃圾筒里。"那个女孩说："谢谢，还是你们文明，给我一张纸吧，我自己没有带。"说话的间歇又向地上吐了一口痰。于是整个车厢沸腾了。

大家七嘴八舌地议论起来："还有没有教养啊？""年纪轻轻的，就这么一副德行。"说什么话的都有。事件发展到了最后，一位老爷子要动手打那个女孩，认为她太丢人了。

的确，社会公德心就是社会的良心，一个合格的公民应该遵守社会公德，家长也应该教育孩子从小树立社会公德形象。

春天到了，阳阳和妈妈一起去公园玩。妈妈看到有一块草坪地非常宽敞，就拿出车上的皮球，和阳阳在这里欢快地踢起了球。阳阳刚3岁，只会笑着跟着妈妈跑。

不一会儿，几位园丁走了过来，他们对阳阳妈说："女士，草坪上的草刚刚发芽，还十分脆弱，请你出来玩吧。"妈妈有些生气地说："公园不就是大家玩的地方吗？不准踩，干脆改名叫博物馆算了。"园丁们很耐心地解释：草芽刚露出来，非常容易折断，夏天就可以玩了。

阳阳看到妈妈在吵架，赶紧使劲地用脚踩地，还对妈妈说："园丁们真坏啊，我就是要踩地。"妈妈也附和着说："对，我女儿就是要这样，可别让他们给欺负了。"园丁们很无奈，只好去找公园管理处，让他们来处理这件事。妈妈见状，赶紧带着阳阳开车走了。

社会公德心是温暖社会的良心，任何人做出有损社会公德的事情，都将引起众怒，受到众人的唾弃。不遵守社会公德的人，个人形象也是非常差的。社会越发展，越应该呼吁大众遵守公德。只有每一个人心中都有了一颗公德心，社会秩序才能更充分地体现。公德行为具有一种传染力，尤其是在群体中，如果每一个

人都守公德,就会形成一种群体压力,使更多的人守公德。我们的社会和舆论正是要培养这种压力。

女孩想树立正面的个人形象,在公众场合获得更多尊重,就不能忽略了公德心的培养。公德更多地体现在公共场合,越是人多,越是要靠公德心来督促众人自觉遵守。人之所以被称为文明的人类,就是因为我们有了公德心。在公共场合,人所表现出的是更多的社会性,而非动物性。

每一片乱扔的垃圾背后,都有一个公德心淡薄的人。在我国目前的社会中,公德意识还很淡薄,公德心教育非常需要。女孩要成为一名合格的社会公民,父母也同样不能忽略了对她公德心的培养,让女孩成长为一个真正受人尊敬的人。

 建议父母的妙招:

家长如何培养孩子从小树立社会公德意识呢?

1. 言传身教,给孩子树立榜样

孩子的公德意识淡薄,多半与父母的影响有关。孩子的许多坏习性,大多是父母教会的,例如上车不排队、乱扔垃圾、随地吐痰、随地大小便等。妈妈要注意自己的言行,给孩子树立一个良好的榜样。

妈妈会发现,孩子刚进入公共场合时,会很紧张,他急切地寻找一个模仿对象,来确定自己的言行方向,此时,带着孩子进入公共场所的父母,就成了他最佳的模仿对象。父母的不良言行细节,都会潜移默化到孩子身上。

2. 明确立场,批判社会上的不良现象

生活中有许多缺乏公德意识的现象,父母要对这些不良现象持批判的态度,让明白,这些行为是不被认可的,是受人批判的。如果父母态度不明确,甚至大加赞赏,会扭曲孩子的是非观的。

陈宁和妈妈一起坐公交车,前面的一位男士在抽烟。陈宁问妈妈:"这样对吗?"妈妈说:"这是别人的事,又没有触犯法律,我们别多管闲事。"陈宁就闭嘴了。从此以后,陈宁见到有人随地吐痰、乱扔垃圾,他都当作没看见。

不良现象,哪怕没有触及私人的利益,也应该受到批判,因为触及了公众利益。好的生存环境需要大家来共同维护,没有公德心,就会导致公共生存环境越来越差。一个社会进步文明的程度,很大程度上由全体公民的公德心来决定。

3. 从生活小事强化孩子的公德意识

公德心也是对社会的责任心,一个责任感强烈的孩子,也会对维护社会公共环境有责任感。生活中,父母要教孩子做事有始有终,不随地吐痰、扔垃圾,要为自己的错误负责。

程勇军的妈妈从小就教育他,走在大街上,垃圾一定要扔进垃圾筒;坐车时,要礼貌排队。妈妈走到哪里,一发现有可以教育他的公德意识,就及时地叮嘱他。程勇听得多了,言行上也很自律,社会责任感日益强烈,成了一个主动维护公德的小"战士"。公德意识体现在一些生活小事中,例如在医院里要保持安静,在公园不攀折花木等。父母多教给孩子这些生活常识,就能让他从小明白,哪些行为是有违公德的。孩子有了明确的公德是非观,才能自觉遵守公德。

总之,孩子的社会公德心是需要培养的,不能忽视的,这对孩子性格的形成至关重要的,家长一定要重视。

建议父母的妙招:

每位家长都希望培养出一个温文尔雅,走到哪里都能顾及个人形象、顾及大众感受、遵守公共道德的女孩,那就必须把公德意识传授给她,让她成为一个名副其实的小淑女,让她无论身何处都能带给大家美好的感受。

1. 别让女孩在家里唯我独尊

公德意识的建立,强调的是重视他人的存在,重视群体的利益,而不是强调个人的需求与感受。而一个在家庭中唯我独尊、为所欲为的女孩,她心里只有自己,在家里想干什么干什么,一旦养成习惯,走到哪里都会我行我素,公德意识自然就很难建立。

楠楠总会趴在家里的沙发上,并扬言这是她的沙发,不让任何人坐。一次,妈妈带楠楠去商场。妈妈试穿鞋子的时候,楠楠就趴在座椅上,搞得其他顾客都没有地方坐着试鞋。

当有人小声说"这孩子一点也不懂公共道德"时,妈妈才觉得问题不小。

楠楠的例子告诉我们,家庭是建立女孩公德意识的基地,女孩只有在家庭中学会为其他家庭成员的利益考虑,才能逐渐建立基本的公德意识。这样,当她外出后,在公共场合就不会因自己的"私欲"而忽视"公德"了。

2. 教导女孩遵纪守法

"遵纪守法"这四个字涵盖的内容很广,就"遵纪"而言是遵守纪律和规章制度。简单地说,女孩上学后作为班级成员,就一定要遵守学校和班级的各种规章制度,比如,学校要求穿校服、戴红领巾,女孩就不能因为校服不好看而不穿,而是要服从规定,不能因自己的行为而影响集体利益。

而女孩出行时,就应该遵守各种交通规则,过马路走斑马线、不闯红灯、排

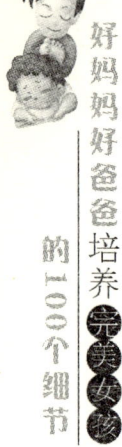

队乘车、懂得让座等等，这不仅能够最大限度地确保自己的生命安全，也因维护公共交通秩序而确保了更多人的安全。

再如，当女孩去银行、商场、图书馆、电影院、公园等公共场合时，也要遵守那里的规定，要懂得排队、不大声喧哗、不乱闯办公场所等，以免影响其他人工作，给别人、给自己添麻烦。

而"守法"就更不用说了，国家制定法律的目的，就是为了保护绝大多数公民的利益，那些触犯法律的人往往是因为不考虑大众的利益，只考虑个人的得失，才会铤而走险。我们要让女孩懂法、守法，触犯法律的事情绝对不干，做一个合格的好公民。

3. 鼓励女孩维护公共环境

妈妈带艳艳去看电影，母女俩一边看电影，一边嗑瓜子，她们直接把瓜子皮扔在地上。等电影结束后，母女俩的座位周围满是垃圾。当清洁工人走过来准备打扫的时候，忍不住说："怎么这么脏啊？怎么不知道维护公共卫生啊？"妈妈顿时觉得很尴尬。

虽然各个公共场所都配有清洁工人，但是，这并不代表我们可以随便制造垃圾，我们身为社会人，应该有维护公共卫生的义务。那么，我们就要让女孩养成不乱扔垃圾的习惯，使用公共洗手间时要及时冲刷，要珍惜清洁工人的劳动成果。

4. 公共场合不大声喧哗

比如，创造良好的环境氛围就不应该在公共场合大声喧哗。所以，我们鼓励女孩不在公共场合制造垃圾的同时，也要让她为打造和谐的公共氛围而努力。

# 细节8：让女孩懂得道歉是优雅行为

人非圣贤，孰能无过。任何一个人都不可能一生不做一件错事，做错了事不要紧，最重要的是如何去面对，是否有勇气去承认，并为自己的过错而努力改过。对女孩而言，学会道歉很重要，不但不会让你失去淑女风范，反而会让你的气质更加高贵。

有人说，道歉不是高贵的象征。是的，道歉不是高贵的，但却是高贵气质的人所必须具备的。因为只有内心高尚而品质高贵的人才会勇于承认错误，才能获得别人的原谅和宽恕。一个不会道歉的人不是一个品格完整的人，一个不会道歉的女孩不会成为一个淑女。

蕊蕊今年5岁了，上幼儿园大班。有一次，她拿着一根棍子和小朋友兴致勃勃地打闹，老师看到了，大概是出于担心，于是严厉地没收了棍子。蕊蕊很委屈地站在那里。老师说："你可以去玩其他玩具。"蕊蕊说："那我骑自行车！"老师说："可以。"

见老师同意，蕊蕊就去骑自行车，可这时自行车当时正被一个小女孩骑着。蕊蕊二话不说上去一把把小女孩推了下来。老师看见了，马上把蕊蕊叫过来，说："你应该向小女孩道歉。"蕊蕊很不情愿地背对着小女孩说："对不起。"老师说："你应该真诚地道歉。"蕊蕊说："我道歉了。"老师说："你是道歉了，但不够真诚。你应该正对着她，看着她的眼睛道歉。"蕊蕊照做了，老师说："你的道歉还是不真诚，你必须真诚地道歉。"蕊蕊顿时委屈地大哭起来。

由此可见，让一个刚懂事的孩子学会道歉并非一件容易的事情，这必须靠老师、父母的坚持努力，让孩子慢慢明白：生活中不能只考虑自己的感受，也要照顾到别人的感受。

教育孩子学会道歉不仅需要父母的爱心，还需要一些技巧，尤其是当孩子犯错误时，父母要在第一时间教育孩子及时认错，让孩子从小就养成良好的行为习惯。

建议父母的妙招：

儿童心理学家提醒：对于一个孩子来说，要他在口头上道歉可能比让他做一件好事还要困难。他们虽然想解决冲突，但是道歉对于他们来说却很难做到。

1. 同情心是诚恳道歉的基础

同情心是需要很多年才能慢慢培养成的。大多数孩子到七八岁的时候，才能够站在别人的角度想问题，理解伤害性行为对他人的影响。

2. 说"对不起"意味着承认自己做了坏事

在很多孩子看来，做坏事就意味着自己是一个坏孩子，因此他们不愿意承认自己的错误。

3. 儿童的骄傲与自尊会比同情心发育得早

这也很难让孩子对自己的行为道歉。即使他们道歉也并不认为自己错了，相反，他们会觉得这是保留自己面子的一种方式。

4. 父母的暴怒会影响到孩子的认错态度

父母的消极做法会让孩子的内心同样愤怒，因此这种强制性道歉的做法只会适得其反。当然，对于孩子的错误行为应当区别对待，让孩子学会为自己的行为

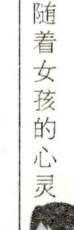

道歉，同时还要学会负责。

（1）如果孩子是无心伤害了其他人或者无意打碎了东西，他的内心也许已经认识到了错误，但是不一定知道如何去面对。这种情况下，家长应该教育孩子如何去道歉，让他明白下次再出现类似的事情应该如何处理。

（2）如果孩子是故意地做出一些错事，儿童心理学家认为仅仅道歉是不够的。此时，家长不仅要让孩子学会道歉，更应该让他对自己的行为负责。比如，女儿因为别人动了她的玩具而大发脾气，家长可以拿走她的玩具，取消她玩耍的资格，让她从现场的气氛中感觉到自己做的不对，然后再要求她道歉。

（3）不要强迫孩子去道歉。孩子大多会对父母提出的道歉抗拒或是拒绝。如果你的女儿固执倔强地不愿意道歉，你绝对不要勉强她。因为强迫她表达自己并不真实的情感，不仅没有意义而且很有可能导致相反的结果——撒谎。但是这并不表示要对孩子妥协、退让。你可以向她解释："你伤害了别人应该道歉。"慢慢地，这种道理就会被孩子理解。

## 第五章
### 气质超凡脱俗,培养与众不同的女孩

气质是一个人内在涵养或修养的外在体现,是内在的不自觉的外露。对于一个成长中的女孩来说,气质是由内而外散发出来的芳香。所以,要想让女孩与众不同,就要女孩超凡脱俗的气质。

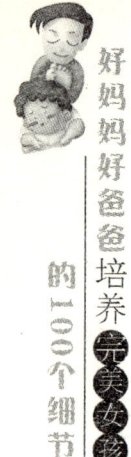

# 细节1:培养女孩正确的审美观

审美是指人通过对客观现象的观察、感受、联想等形象思维来认识美的形式。审美观是人们对美丑的基本观点,它是世界观的重要组成部分,对人们的一切审美活动具有直接的指导作用。只有树立了正确的审美观,人们才可能确立科学的审美标准,养成健康的审美情趣,具有崇高的审美观念,自觉地按照美的规律去改造主观世界和客观世界;否则,就会美丑不分,甚至以丑为美。因此,女孩正确的审美观是一个人审美素质教育的首要任务。

女孩从出生的那天起,就是父母心中开出的一朵会说会笑的花。父母按照自己心目中最美的标准打扮女孩,让女孩或是娇媚可爱,或是典雅大方,或是活泼俏丽,或是充满书卷香气……总之,女孩永远都是人见人爱的公主。可是,随着年龄的增长,女孩突然对美产生了很多的想法。有的女孩喜欢颜色鲜艳的衣服,有的女孩喜欢穿裙子,有的女孩喜欢给自己的辫子上扎上美丽的蝴蝶结……这些,正意味着你的小公主有了对美丽的主动追求,她已经开始了女孩一生的事——对美丽的探索。

作为女孩的父母,这个时候应该感到欣慰,并加以正确引导。在孩子的审美观形成初期,如果父母能对她进行正确的指导、引导、鼓励,那么女孩就极有可能成长为一位审美能力极高的魅力女孩,反之,如果父母经常粗暴地干涉、阻止、限制,女孩的审美发展就会停滞,并遭到破坏,造成无法挽回的损失。

因此,当你的小公主表现出强烈的爱美倾向时,父母必须以客观的态度,细心观察女孩的内在需求和个别特质,从而培养出女孩正确的审美观。女孩的审美能力,能有助于她形成高尚情操,愉悦精神,美化心灵和启迪智慧。将会使她的生活,她的人生,获得更多的幸福,达到更高的境界。女孩们将通过审美的新角度、新视野,去发现自己,开垦自己,超越自己,同时去发现生活,开垦生活,创造生活。

 建议父母的妙招:

审美素养包括认识美、评价美、感觉美、鉴赏美、享受美、表达美、创造美等意识和能力。这些都可以在孩子的日常生活中加以培养。一般可以通过以下五

个阶段：

1. 输入各种美的信息

家长可以简单传授一些审美的知识、理论和自己审美、欣赏美的经验等等，在这些知识的指导下，引导孩子接触自然美、社会美、艺术美，初步培养认识美的能力，使他能对各种美的信息引起关注。

2. 进入审美状态

孩子在审美过程中欣赏大自然的美好，听一首乐曲，接触一个美的行为。一方面体验着审美的愉快感，培养了感受美的能力；另一方面和自己的想象、情感和理解十分和谐地融合，成为一种审美享受，同时培养着鉴赏美的能力。

3. 升华为审美意识

经常以审美的角度去看、去听、去想，审美状态反复出现，长期耳濡目染，潜移默化，在自己的审美经验中留下深深的印痕，不断提高评价美的能力，接着就会向高层次升华，追求更为丰富、高雅的审美对象和产生更为高层次的审美要求。

4. 完善审美心理结构

完善审美心理结构，也就是指审美素养的全面提高，表现为审美能力和创造美的能力全面增强这两方面。审美感受能力包括审美的感知、想象、情感、理解等多种心理因素。其中，审美鉴赏能力形成的前提，是树立高尚的审美理想，把握正确的审美标准，具有高度的审美修养。创造美的能力是指"按照美的规律"创造美的物质产品和精神产品的能力。

# 细节2：培养女孩不腼腆、不害羞

女孩都有腼腆、害羞的通病，她们常常见了生人先脸红，后低头，说话不敢大声。容易害羞的女孩在与人交往中，特别是在与陌生人或异性接触时，常不由自主地产生紧张、拘束甚至尴尬的感觉，这种感觉往往给自己造成很大的心理压力，大大影响了社交的成功率。

羞怯心理较强的女孩，一般具有强烈的自我意识，她们在社交活动中或过分注意自己的言行，生怕出现什么失误而遭人非议；或认为自己相貌平常，缺乏魅力而自惭形秽；或由于能力不足、性格软弱、胆小怕事而无从进取；或因其他原因，常常使自己处于失败或落后的心境中，自尊心长期不能得到满足，反而失去

起码的信心；或者因青春期的生理变化而感到窘迫，从而产生羞怯感、自卑感。所以，害羞在多数情况下是一种异常的心态，它使人不能正确地认识自己，妨碍了自己潜力的发挥，易使学习、工作成绩平平。

害羞使女孩不能结交朋友，于是感到孤独；害羞妨碍女孩在各种不同场合对事物坦率地发表个人的意见和评论，不能有效地与他人交换意见。因此，她们在学习和工作中常不引人注意，不受器重，即使有所成绩，也由于沉默寡言而易被人忽视，得不到应有的待遇。久而久之，她们就会感到自卑，在学习和工作中不是考虑取得成功，而更多的是考虑不要失败，怕担风险，因而常常在生活中失去进取的良机。所以，害羞完全是一种消极的心理状态，必须加以克服。

 建议父母的妙招：

腼腆、害羞是很多女孩都需要面对的一个问题。对此，父母们千万不要着急。只要面对孩子的害羞行为，我们不犯"贴标签""不体贴反指责"的错误，采取循循善诱、增加锻炼机会等教育方法，我们的小公主自然会成长为一位大方不忸怩的优秀女性。

1. 做客是锻炼孩子"大方气质"的最好途径

要想让女孩告别害羞、告别腼腆，父母就必须给予她更多与人接触的锻炼机会。这其中，做客就是最直接、最有效的一种方式。

（1）带女孩多做客

做客前父母应先向女儿介绍一下造访的对象，让孩子有必要的心理准备；其次还要帮助女儿树立一定的信心。比如，可以这样鼓励孩子："王阿姨特别想见你，她们家还有一个小哥哥，他有很多玩具，一直都想跟你玩。"诸如此类的话，可以帮助孩子消除陌生感，树立信心。

（2）把客人请进来

父母也可经常请亲戚朋友到家中做客．给女儿创造当小主人的机会。这时，对那些在生人面前易胆怯的孩子，父母不必急于求成，可按以下步骤循序渐进地教导她们：

向客人问好；为客人送递茶水；帮助大人招待来客；鼓励孩子与客人交谈或为客人表演节目。

父母应在孩子做好前一步的前提下再提高要求，不要强迫孩子做她不能胜任的事。等孩子习惯了前一种做法，可自然过渡到下一步。

此外，在做客之后，父母还要抓住时机对孩子的表现进行表扬。哪怕孩子的表现还没有达到你的要求,也要力求表扬到位。父母的表扬、父母的礼物,不仅是对孩子的认可和鼓励,更可促使孩子向着更好的方向发展。

2. 提高孩子的自我评价

腼腆的孩子往往自我感觉差,在社会活动中会有一种"被抛弃"感。因此,父母要帮助他们发现自己的长处。

每个孩子都有闪光的一面,父母的教育就是要将孩子闪光的这一面继续发扬光大。当孩子对自己的能力充满信心时,大方不忸怩的个性自然会水到渠成地形成。

# 细节3:培养真正的优雅小淑女

在生活中,做一个优雅的女人应该是女人一生中的崇高境界。

举止优雅的女孩,待人接物彬彬有礼、不卑不亢;举止优雅的女孩,餐桌上行为得体;举止优雅的女孩,不和父母顶嘴,不打断别人说话;举止优雅的女孩,随时随地体贴照顾他人,尊敬和关心他人;举止优雅的女孩,把"请"和"谢谢"挂在嘴边。

举止优雅带给女孩的好处实在是太多了,它不仅赋予了女孩柔性、大气、得体之美,更为女孩成长为小淑女奠定了最强有力的基础。

身为成人的父母更加明白,举止优雅将会为长大后的女孩带来无穷的魅力。但在现实生活中,很多性格外向的女孩,却给父母带来了众多关于"举止优雅"教育的挑战。

性格外向的女孩往往像男孩一样好动、淘气,处处尽显如男孩一般的阳刚之气。这的确是让父母感到头疼的一件事情。如果父母顺其自然,那孩子势必会变得日益失去女孩的风范,毫无优雅可言,如果父母严加管束,又极有可能会扼杀孩子的天性。

那么,身为父母,我们就应当通过潜移默化的方式去约束女孩不当的言行、一点一滴地培养起女孩的淑女气质。

建议父母的妙招:

女孩和女孩也是不同的,有的女孩天性好静,有的则天性好动。因此,要想

将自己的小公主培养成真正的小淑女，父母最少要准备两套方案。一套方案，用于那些精力过剩、个性外向的女孩；另一套方案，用于所有女孩，在生活的每一个细节中，培养她们的淑女气质。

1. 妈妈要做优雅的好榜样

女孩是妈妈的一面镜子，所以，培养淑女，更需要妈妈言传身教。无数事实证明，母亲的一言一行对女儿的影响是巨大的。如果母亲说话大嗓门，那女儿讲话也必然不会细声细语；母亲行为无所顾忌，女儿自然也会大大咧咧……所以要想培养出真正的小淑女，妈妈必须先做优雅女人。相信用不了多久，你就会在自己女儿的言行之间，看到自己优雅言行的影子。

2. 正确引导精力过剩的女孩

虽然由于女性荷尔蒙的作用，很多女孩都会表现得很安静，但随着时代的变迁、教养方式的变化，像男孩一样精力过剩的女孩，开始变得越来越多了。

对于这些精力旺盛的女孩，父母们正确的教育方式应当是这样的：

（1）教孩子做一些安静的事情

随着女孩年龄的增长，父母可以逐步引导孩子做一些安静的事情，例如折纸、下棋、画画、钓鱼、照相、集邮等，这些活动有利于女孩养成安静专注的性格。

（2）将孩子的精力导向正确的方面

对于精力旺盛的小女孩，父母可多为孩子提供一些体育用品，如小皮球、儿童剑、小自行车、溜冰鞋等，这些都是好动孩子十分青睐的物品。当孩子满腔热情地投入体育活动中，不仅可以增添一些有益的兴趣爱好，还可达到以动制动的目的。

3. 告诉孩子举止优雅的标准

优雅举止是有一定标准的。在日常生活中，父母们不妨参照以下标准，对女孩提出合理正确的要求。

（1）仪容仪表

仪容仪表的整洁对女孩来说非常重要，父母应对女儿做出如下几点要求：要把脸、脖子、手都洗得干干净净；勤剪指甲勤洗头；早晚刷牙，饭后漱口，注意口腔卫生；经常洗澡；衣着要干净、整洁、合体。

（2）行为举止

父母应对女孩的站、坐、行以及神态、动作等方面提出一些明确的要求。例如，优美的站立姿势要求身体直立、挺胸收腹、脚尖稍向外呈 V 字形，要避免无精打采、耸肩、塌腰，千万不能半躺半坐，等等。

（3）表情神态

父母要教育女儿，与人交往要表现出对他人的尊重、理解和善意，要面带微笑。千万不要出现剔牙、掏耳、挖鼻、搔痒等不良习惯动作。

（4）言谈措辞

父母要让女儿养成使用文明礼貌用语的好习惯，如经常在适当的时候说"您好、谢谢、请、对不起、没关系"等。

需要注意的是，父母向孩子讲解优雅举止的标准时，不要用教训、命令的口吻，而是要循循善诱、谆谆教导。当优雅举止成为女孩一种习惯时，孩子卓尔不凡的气质也就形成了。

4. 父母要多提示和表扬女孩

女孩的一些错误行为往往由于考虑少，而不是有意冒犯。因此，想让女孩变得举止优雅，最好的方式就是——提示和表扬。

一般来说，当父母对女孩有所提示时，女孩往往会牢记并努力做到父母期望的标准。而父母适时的表扬，则可以让孩子的这种好习惯得到延续。经常这样提示和表扬，用不了多久你就会发现，你已经不再需要提示，只需适时表扬就可以了。

此外，父母还可以制定一些家庭内部的基本原则，来引导女孩举止文雅。比如，如果你想说："你这个没教养的孩子，把胳膊肘从桌子上拿开！"可以换成这样说："我们家的规矩是，吃饭时胳膊不放在桌子上。"这样孩子比较容易接受，因为你是在说一种制度、一种行为，而不是在批评她。

# 细节4：培养女孩的知性美

知性美是一种聪明的美、智慧的美。感性、知性与理性，这中间是有很大区别的。感性偏向热情，理性偏向冷静，而知性应该是介于两者中间，偏向智慧。

"知"就是有知识、有涵养，能够熟知自己，了解他人，理解父母，认识世界，不断提升自身价值，在人生的道路上进退有度；而"性"则是指女性的灵性、悟性、个性以及性感和性格。

知性美的人拥有比较丰厚的知识底蕴，对其思想、观念、性格、爱好等方面产生了深厚的影响，因此形成了某种具有文化气息的气质和风格，并在言行举止中表现出来，使接触到她的人都能感受到其深厚的文化背景，从而透出源源不断的魅力。

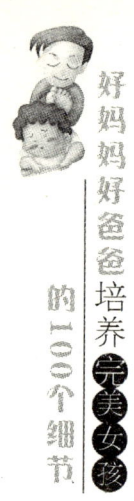

知性美是一种健康的审美观念，它能够从思想和心理两个方面来影响女孩，帮助女孩成长，让她们拥有优雅、独立、睿智的魅力，可以自在、从容地面对真实的生活。因此，家长一定要注重对女孩知性美的培养。

在女孩知性美方面，父母可以从以下几个方面入手。

1. 要善于挖掘女孩的潜力

在女儿小的时候，虽有强大的潜在能力，但她尚不成熟，难以疏导，于是，问题控制了她，而她不能控制它们。很多时候，父母们把这些潜在的天赋当作一种教育的苦恼，而不能发挥孩子内在的聪明才智。

据医学证明，有时候，女孩的缺陷甚至也可能是一种潜在的天赋。比如：一个对什么事情都发牢骚、抱怨的女孩，可能将来会成为眼科大夫，因为她具有敏感和精细的品质；喜欢组织一群朋友活动，并且表现专横的女孩可能成为公司的行政人员，她会通过把任务和权力委托给她的员工来建立威信；在每一件小事情上都喜欢与人争论的女孩可能会成为律师，替那些不懂得为自己争辩的人辩护。

也就是说，任何女孩，都是一个潜在的知性美女，都有着固有的内涵，作为父母，要善于挖掘，顺应孩子的天赋，而不是强迫她按照我们规定的方向去发展。

培养知性美就是要挖掘女孩的潜力，让父母顺从于女孩的天性，在内外因素的综合作用下，使女孩成为知性的"小公主"，而不是刁蛮、任性的"野蛮公主"。

2. 教育要顺其自然，因势利导

"顺其自然、因势利导"是一个早已得到众多家长认可的教育方法之一。为了让女儿更有质感，我们首先要做的就是发现孩子的独特天赋。比如，我们寻找女儿小时候的行为后面隐藏的真实意图，给予成长的空间，提供充足的阳光，在需要时加以修剪，女孩就会自然而然地向着她的生活目标成长。

因势利导地让女儿爱上学习，并认识到自己的天赋，找到自己的人生目标。当然这要根据女孩的特性，比如，"擅长有时限的任务""对问题的把握很感性"等特征，诱导孩子的学习兴趣，从而让孩子爱上学习。不到二十五六岁，女孩是不会认识到自己的独特天赋并发现自己的真正目标的。

压抑她的天赋，遏制她的愿望，或是不让她表达心声，她很可能一生都找不到自己的目标，当我们的目的和女儿显现的天赋相冲突时，就会阻碍她长大成为一个健康的、具有女性本质和内在才能的女人。只有顺其自然,她的真正本性才会努力冲出来,通过外在的行为来表现她的存在价值。如此,"知性"才不会虚浮。

# 细节5:培养女孩灵动的气质

虽然现代女性早已走出了"女子无才便是德"的封建藩篱,但女孩的父母们却不得不承认,让我们的小公主从小就掌握一些乐器、爱好音乐,这对孩子的身心发育、智力发育,都是有好处的。

而且,随着时代的变迁、观念的变化,很多女孩的父母也都树立了一种正确的音乐教育观念:

"现在,我给女儿报了芭蕾舞和钢琴班,有空还会带她去听听音乐会,倒不是希望她将来成名成家,就是觉得一定的艺术修养对女孩的成长很有好处。"

"我让女儿学乐器,并不是要求她一定要掌握什么技能,只是想培养她的气质和艺术修养。"

……

女孩父母们能有这样的教育意识,无疑是科学的、合理的。

音乐作为一种表达心灵感受的语言,不仅可以提高孩子对情感的感受和体验能力、陶冶情操,还可以提高孩子的文化修养。很多女孩子,也正是因为从小就接受到了良好的音乐教育,才拥有了一种与众不同的灵动气质。

但随着音乐教育的普及,家长们也产生了无数的烦恼:

"想让女儿近早接触乐器,可又担心孩子不感兴趣,没有天分。"

"乐器的种类太多了,真不知道哪一种最适合我的女儿。"

"花了血本买钢琴,初学钢琴时孩子很好奇,有很大的兴趣去学。可是枯燥的学习使孩子很快产生了抵触情绪。"

……

一般来说,音乐智能较强的儿童具有如下表现特征:

喜欢进行音乐活动,喜欢听音乐、唱歌;

能准确地定音;

容易记住曲调,还能顺利并正确唱出或演奏出这个曲调;

能很快地学会识谱；

能自己创作简单的曲调，善于发现生活中简单的乐器。

虽然天赋对于孩子学习音乐的成效影响巨大，但这并不代表，没有天赋的孩子就应当放弃学习音乐。父母应当知道，学习音乐不是一件严肃的事情，更重要的是要让孩子享受到音乐所带来的快乐，并提高孩子的艺术修养。

此外，如果父母能够在孩子1～6岁之间，注重对孩子音乐天赋的引导，也可对孩子日后的音乐学习奠定良好的基础。

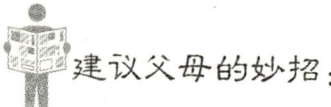建议父母的妙招：

父母们如何才能培养出有灵动性的女孩呢？下面一些科学的建议，能为父母提供有益的借鉴。

1. 为女儿创设良好的音乐环境

在日常生活中，常让音乐伴随着女儿的活动。如起床时，会给女儿播放一些活泼、有力的乐曲；吃饭时，再播放一些优美、舒缓的乐曲；临睡前，播放一些轻松、安静的乐曲；即便是给女儿讲故事，最好也选择一些和谐的乐曲做伴奏，增强情感的渲染。而且要时常鼓励女儿跟随音乐的节拍有节奏地做动作，如打拍子、踏步、跳舞等。当孩子生活在一个充满美妙音乐的环境中，她的节奏感和对音乐的感受能力一定会得到很大程度的提升。

2. 正确引导，选择适合女儿的乐器

小孩子学东西，最容易3分钟热度，要让孩子有信心学下去，选择乐器就很关键。在帮助女儿选择乐器时，父母要尊重她的兴趣，因为孩子的学习动机主要来源于兴趣，父母不能违背这一规律，把自己的意志强加给孩子，不问女儿是否愿意，强迫她进行学习。这样做，只会适得其反，不仅不利于学习，甚至还会让孩子对学习乐器感到厌倦。

3. 延迟满足，让女儿珍视学习的机会

很多家长都会抱怨说："刚给女儿买了小提琴，她拉了几天嫌太累就放弃了。后来，她又对钢琴产生了兴趣，我也很快给她买了，可她刚学两天又要放弃。孩子怎么这么没长性啊！"

其实，父母们的烦恼都源于这样一个原因——让孩子的心愿实现得太容易。

女儿看到别的小朋友有钢琴，她也想要，于是整天缠着妈妈说这件事。聪明的妈妈没有立刻满足她，她不想让女儿成为呼风得风、要雨得雨的"小公主"。

在她确认了女儿对学习钢琴的确有兴趣后,她认真地告诉女儿:"钢琴很贵,要用掉好多好多的钱,妈妈要认真地工作一段时间,把钱攒够后才能给你买,你得等一等。"

一段时间过去了,女儿一直记着妈妈的话,当她再次向妈妈提到这件事时,妈妈故意面露难色,十分抱歉地对她说:"对不起,钢琴实在是太贵了,你能不能再等一等呢?"女儿虽然有点儿失望,但还是答应了妈妈的请求。

到了向女儿履行诺言的时候,妈妈拿出三万元钱,故意将它们换成每张10元面额的,然后将一大堆钱带回家摆在女儿面前告诉她要花这么多钱才能买到一架钢琴。孩子看到面前的这么多钱,惊讶得张大了嘴。

就这样,女儿通过妈妈的苦心,理解了一架钢琴的价值,她不仅很自觉地爱护这架钢琴,还非常认真地学习钢琴。

科学证明,越是让孩子轻易就能实现的心愿,孩子往往就越不会珍惜。因此,希望培养女儿音乐才能的父母,一定要学会延迟满足孩子对乐器的购买要求。

## 细节6:女孩感悟美的能力

有些父母总认为,只有有绘画天赋的孩子才能去学绘画。其实这是一种错误的理念。因为绘画并不仅仅是让孩子学会画画,它更重视通过画画来培养孩子的观察力、记忆力、表现力、想象力和创造力。同时,绘画还能让孩子敞开心灵,使他在绘画中舒展自己内在的想象和情感,通过绘画把自己对周围事物的认识表达出来,从而培养孩子的审美情趣和修养,尤其是在培养良好的心理素质如毅力、耐力方面,更是功不可没。

很多从小培养孩子绘画能力的父母,更是对此深有感触:

"在女儿学习绘画的同时,她也渐渐开始养成了细致观察的好习惯。无论花开了、燕子飞来了,她都会第一个发现。"

"女儿不到4岁开始学习画画。现在,小小的她就有很好的审美能力,不仅自己很会搭配服装,还经常指导我的着装问题:'妈妈,你应该穿短裙,长裙把你的美都掩盖住了'。"

不难看出,在绘画的过程中,女孩卓越的观察能力、审美能力,都可以得到很大程度的提高。为了在自己的画纸上创作出美丽的图景,她们学会了观察美、

体悟美、展现美……

我们甚至可以对绘画的作用这样进行概括：绘画，赋予了女孩更多感悟美的能力！

建议父母的妙招：

孩子的绘画兴趣，既缘于天性，也和父母的正确培养有关。在此，仅针对如何培养孩子的绘画兴趣，给父母们提出若干的建议，希望能为女孩父母们所参考、借鉴。

1. 引导孩子多观察、多感悟

为使我们的小公主学会观察、感悟的本领，首先，父母应多带她到大自然的广阔天地里去寻找和观察一切美丽的东西。名胜古迹、园林美景、潺潺溪流、烂漫山花、唧喳小鸟等；其次，要常带她去动物园采风，和她一起坐在草地上，告诉女儿闭上双眼，静静倾听大自然的声音、感悟大自然的美；另外，还要给女儿安排一些明确的观察任务。例如，带女儿观察老虎时。父亲会对女儿提出这样的观察要求：老虎的皮毛颜色、条纹，眼睛的形状，尾巴的长度以及老虎发怒时能露出几颗牙齿……

对于一个孩子，特别是一个女孩儿来说，她身边的事物是五彩缤纷的，只有让她在大千世界和生活中学会感悟、学会观察，才能让孩子真正地爱上绘画，才能有效地提高孩子的绘画技术。

2. 对孩子的"杰作"，多给予鼓励

一般来说，孩子到了三四岁，大都会十分喜欢"到处乱涂乱画"，而且女孩的"涂鸦"意愿往往会比男孩表现得更强烈一些。其实，这也正是孩子学习绘画的启蒙阶段。

而父母在孩子绘画的启蒙阶段，态度如何、采取的方法如何，将直接关系到孩子日后对绘画是否会产生浓厚的兴趣。

# 细节7：让女孩拥有仪表美

苗苗今年四岁，但是她的自理能力非常强。永远都是干干净净的衣服，整整齐齐地坐在那里。在幼儿园里，她总是把自己的物品摆放得整整齐齐。就是每次午睡之前，她都会把脱下来的袜子放回到鞋里去，又非常认真地把自己的床单铺得平平整整，然后才放心地躺下睡觉，为此她的老师对她赞扬不已。

艳艳今年10岁了，长得很漂亮，学习也很好，但就是不爱干净。妈妈吃饭前让她去洗手，她就冲两下，有时连手背都没湿；让她刷牙，她也懒得刷。因为不讲卫生，她常闹肚子，还长了蛀牙。为此艳艳妈妈非常苦恼。对于女儿不讲卫生的习惯，妈妈尝试使用很多方法：讲道理、批评、责打……但艳艳却依然无动于衷，仍然是你觉得我的衣服该换了，我就去换；你觉得我该洗澡了，在你的三催四推下，我就去冲两下……

女孩家长们都会有这样的感受，不管女孩的相貌如何，如果她干净整洁地出现在大家面前，很快就会博得他人的喜爱，父母也会感到很骄傲；但如果小女孩很邋遢，头不梳、脸不洗地出现在众人面前，即使其他人没说什么，父母也肯定会感觉特别没面子。也曾想尽办法去改善，但最后多是百般无奈之下只好放弃，任凭女儿邋遢下去。

干净整洁的仪表不仅能够体现一个人的精神面貌，还会让人对自己充满自信。因此父母们应首先明确这样一个道理：女孩不讲究卫生、不讲究仪表美，可不是一件小事情。为了让女孩养成良好的卫生习惯，父母就一定要严格执行卫生规则，一定要坚持下去。

建议父母的妙招：

事实证明，那些从小就能把衣服叠得整整齐齐的女孩，往往会成为一个卫生习惯良好、个人仪表良好的人。因此，父母一定要在女孩还小的时候，就让她自己负责叠衣服，并做适当的指导。

1. 让女孩学会物品归位

父母从小就应培养女孩把脱下来的衣服、玩过的玩具放回原处等物品归位的

能力。这对女孩将来爱整洁、做事情井井有条都很有帮助。例如，每次女孩乱放衣服或玩具等物品时，妈妈都要提醒女孩："这些东西应该放在哪里的?"

2. 让女孩学会叠衣服

父母可让女孩先从小衣服叠起，比如短衣、内衣、女孩自己的衣服等。熟练后再教女孩叠一些大衣服和厚衣服，如女孩的棉毛衫、妈妈的上衣、长裤等。在这个过程中，父母要教给女孩一些技巧，例如如何才能把裤子叠得不出褶、如何才能把衬衫叠得更平整等。

3. 对女孩提出整洁标准的要求

为了让女孩拥有整洁之美，在日常生活中，父母们可以参照以下标准，对女孩提出合理正确的要求。

从仪容仪表来进行要求。仪容仪表的整洁对女孩来说非常重要，父母应对女儿作出如下几点要求：要把脸、脖子、手都洗得干干净净；勤剪指甲勤洗头；早晚刷牙，饭后漱口，注意口腔卫生；经常洗澡，保证身体没有异味；衣着要干净、整洁、合体。

从行为举止来进行要求。父母应对女孩的站、坐、行以及神态、动作等方面提出一些明确的要求。例如，优美的站立姿势要求身体直立、挺胸收腹、脚尖稍向外呈 V 字形；要避免无精打采、耸肩、塌腰，千万不能半躺半坐；走路要昂首挺胸，肩膀自然摆动，步速适中，等等。

从表情神态进行要求。父母要教育女儿，与人交往要表现出对他人的尊重、理解和善意，要面带自然微笑，千万不要出现随便剔牙、掏耳、挖鼻、搔痒、抠脚等不良习惯动作。

与男孩相比，整洁对于女孩是更加重要的。因为性别特征决定了女孩必须干干净净，清清爽爽，只有干净清爽的女孩，才会人人喜爱。女孩的家长不可放松对女孩整洁的要求，并且自己为女孩做出好的榜样，潜移默化来影响女孩，这样女孩的仪表之美才能得以充分体现。

# 细节8：让女孩拥有礼貌教育的气质

对女孩进行礼貌方面的教育，家长们往往会感到轻松很多。很多家长也都对自己教育女儿懂礼貌的方法、成果颇有自信：

"女儿收到他人礼物忘记说谢谢，我一个眼神过去，她就会心领神会地连声道谢。"

"女儿做客时乱翻人家的桌子抽屉，还随便跟人家要东西吃。回家后，我严厉地批评了她，从此以后她再也不敢犯相同的错误了。"

"一次女儿出去玩没有准时回家，我就罚她不准吃晚饭。从这以后，女儿再也没有不准时回家过。"

……

女孩父母们可以想一想，你是否也曾这样教育过自己的小公主要懂礼貌呢？我想，这会是很多中国父母在教育女孩时的一种常态。

小女孩更注重父母以及他人对自己的评价，更注重自己与他人之间的"关系问题"。所以，当父母对女孩进行严格的约束和管制时，往往能收到很好的效果。

也正因为如此，父母在教育女孩子的时候，往往会采取最偷懒的一种方法——直接告诉女孩，这不可以、这样不对！

例如，当小女孩打断了大人们的谈话时，作为父母的你会怎样教孩子要懂礼貌呢？我们给出这样两个答案：

1. 生气地说："不要无礼，打断别人的谈话是很不礼貌的。"
2. 平和地说："我希望能把话讲完。"

生活中，想必很多父母都会采取答案1中的方式。可父母在制止孩子插话的同时，恰恰忘记了打断插话的人同样也是不礼貌的。

而答案2则是不同的，父母在制止了孩子插话的同时，还告诉孩子这样一个信息："每个人在说话时都不喜欢被别人打断，请你站在对方的角度考虑一下。你这样的行为是大家所不喜欢的。"

当父母粗暴阻止孩子的不礼貌行为，更易顺从的女孩子，大多不会向父母询问"为什么要这样做"，她们会直接选择遵从父母的意愿。

于是，表面看来，在父母的严格约束和管束下，女孩的确渐渐学会了礼貌。

可实际上,在她的内心深处,她并不明白自己为什么要懂礼貌、礼貌待人究竟有什么好处。

无数事实也证明,那些小时候在父母粗鲁、强迫的教育下学会礼貌的女孩,往往在长大成人后会产生叛逆心理,故意说脏话、不讲礼貌。在她们看来,讲礼貌更多是父母对自己的一种要求和需要,而并非一定要去遵守的做人准则。

女孩父母可以想想看,女孩小时候,100%都是乖巧可爱,讲文明、讲礼貌的。可当这些小女孩子长大成人后,为什么有的女孩子继续了自己礼貌文雅的好习惯,而有的女孩身上却一点不留小时候懂礼貌的痕迹了呢?

这其中,很重要的一点原因就是——父母在小时候的礼貌教育,是否深入女孩子的内心。

总之,父母们应牢记这样一个教育真理:让礼貌教育进入女孩子的内心,才会形成一种持久的气质!

 建议父母的妙招:

身为成人的我们都知道,礼节和礼貌,这是女孩最起码的教养。所以,很多父母也都十分注重培养女孩子的礼貌习惯。

可是,父母应当注意,任何强制女孩学会礼貌的行为,都终将是毫无成效的。所谓的礼貌教育,应当是如春风化雨一般,深入女孩子的内心世界,让她学会体味他人的情感、懂得感恩,这才是正确而有效的气质教育。

正如一位哲人所说的:"生活中美好的细节不可能靠大锤来灌输。"

1. 在家中提高使用"敬语"的频率

女孩子的父母,带着自己的小公主在外交际时,常常会十分注意提醒和鼓励孩子使用敬语,如"请""谢谢""对不起"等最常见的礼貌用语。而回家之后,很多父母却都放松了对孩子的要求,认为在家里使用不使用敬语是无所谓的事情。

其实,这样做是非常不恰当的。女孩子良好气质的形成,并不在于她在他人面前表现如何,而在于这种良好的表现是否是她的一种习惯。所以,父母教育女儿讲礼貌、懂礼仪首先要做到的就是,让女儿在外、在家的表现保持一致。

孩子小的时候,往往分不清什么话当讲什么话不当讲,她会将最亲近的、接触最频繁的父母作为模仿的对象。所以,在家中为孩子树立一个良好的榜样、让"运用礼貌用语"成为孩子的一种习惯,是对为人父母者的第一要求。

2. 引导孩子去感悟礼貌,而非强制地执行礼貌有时候，女孩子就像是一棵小花苗、小树苗一样，她们的成长也同样需要正确的引导和培养。当我们强制地让她们执行礼貌行为，就好比是一种揠苗助长的行为，表面上看是成功了，实际上却是失败了。

所以，教育女孩子学会礼貌，最好的方法就是——引导她去体味他人的心情，带领她去感悟礼貌所能带来的更加美好的东西。

3. 让孩子学会互换角色

在教育孩子对待客人要有礼貌时，如果用道理不能说明的话，我们不妨让孩子真正体会一下做客人的感受。

当孩子学会站在他人的角度思考问题，礼貌问题自然也就不再是什么教育难题了。

# 细节9：让女孩关注时尚信息

如果有个长得又高又胖的女孩发现大街上的很多女性都烫了爆炸头，于是她也去烫了一个，还在发型师的怂恿下将头发染成黄色。结果可想而知。盲从风尚，反而让自己变得不美。

如果一个女孩儿从来不考虑装扮问题，出席一次聚会的时候，你就会发现自己穿着完全不合时宜的衣服，显得尤其怪异与木讷。别人也会开始觉得你的"朴素"并不是一件那么完美的事情。

在学校，所有的女孩儿都穿着朴素的校服，可以说没有什么品位高低之分，可是，学校只是我们生命中的一个站点，我们终究会脱离校园，女孩也终究会脱下朴素的校服，以独立的姿态与面貌面对这个变化纷繁的社会，那时品位生活才真正开始，每个人的品位才真正得以体现。

作为女孩的家长，谁不想让自己的公主活得精彩过得漂亮呢？谁不希望自己的公主是一个有品位的女孩呢？

但是让自己的女孩有品位，并不是一朝一夕就能完成的事情，需要父母对女孩有意地培养。让自己的女孩关注时尚信息，可以使女孩品位得以提升。因为时尚是一种态度、是一种生活方式、是一种消费模式。

不少女孩的家长，总觉得时尚与金钱紧密相连，认为要有品位就必须大量金钱的投入。其实，完全不是这么回事。的确，有钱人更容易接近高标准的物质和

精神生活，但是品位跟金钱却没有绝对的关系。一个人的品位并不是由他的财富决定的，而取决于他对时尚的理解。就像一个人的穿着，并不在于有多么华丽，而在于搭配的恰当和得体。有的人虽然全身名牌，珠光宝气，但给人以庸俗的感觉；有的人仅仅是简单的牛仔加T恤，却也能穿出自身的气质。

有些女孩喜欢买些廉价、做工粗糙的伪名牌，其实，她们不仅没有占到"名牌"的便宜，反而降低了自己的品位。这些女孩要么是太虚荣，要么是误解了"品位"二字。精致而优雅的生活，并不是随着品牌和金钱来的，它来源于你骨子里的对时尚的理解，只有理解到位，才能阐释得当。

### 建议父母的妙招：

女孩的家长，可以从以下几个方法入手，让自己的女孩多了解时尚信息，从而提高自己的品位。

1. 告诉女孩，什么是真正的时尚

时尚，即"为时尚早；长时崇尚"，也就是在一定"时间"里或长期的"时间"里"崇尚"某些事物。时尚不完全等于流行，它是一种创新，是一种追逐，体现了国际上最先进的理念，对文化元素最新鲜的阐释。了解时尚信息，事实上是在了解接受新事物、新风格，是在体验不同国家间的文化交流与碰撞频率。时尚的不一定就是坏的，时尚的也不一定就是好的，时尚一般情况下也不会是长久的，但它却很有可能成为经典。所以，女孩要提高自己的品位，就不能一直把自己局限在固有的模式中，整日满眼的"青蓝灰白"，而是要"走出去"了解更多的前卫知识，看更多的"花红柳绿"。

2. 告诉女孩，女性需要有品位的生活

女性是美丽的象征，而打扮是女人将自己作为艺术品而进行的最基本的创作。当我们并不认识某女士时，品位的印象便直接来自她用在自己身上的匠心。女孩对自己的装扮体现了她的文化和修养。关注时尚提高自己对服饰艺术的审美和驾驭能力，不仅穿出了品位，也是一种生活态度，在一些场合也是一种对别人的尊重。关注时尚，让自己的生活更加精彩。

3. 告诉女孩，不能为了将来而过廉价的生活

我们提倡节省，节省也确实是一件很有必要的事情。但是如果为了节省而使现在的生活过得潦草而廉价，那就有点过了，其实这是对生活没有信心的表现。因为没有自信的人是可悲的。女孩的家长尤其要注意防止女孩跳入这个节省的极

端。因为这种人留给人的印象就是吝啬、迂腐,当然没有品位可言。

女孩的家长,记住你要培育的女孩是一个真正的女性,她需要生活得精彩而美好。你不是在为这个世界上的某一个男人培养家庭主妇,也不是在为时尚潮流培育一个盲从者。为了让女孩拥有高尚的品位,家长一定要注意从小培养。

让女孩关注时尚信息,告诉她当今时代对美的认识,有利于提高她在生活艺术方面的智慧。拥有这种智慧的女性,才能传达给周围的人一种积极向上的力量,带给周围的人美的享受。而她自己,正是最大的受益者。

# 细节 10:培养女孩优美的气质

形体的优美、肢体的灵活与柔韧、较强的审美能力……恰恰是女孩子形成优美气质所必须的。因此要想让女孩子成长为一个更为多才多艺、更具个人魅力的女性,父母应从小就注重培养女孩子的舞蹈气质。即使不送女儿进入专业的舞蹈学校进行学习,也要让女儿积极地加入班级或集体组织的舞蹈学习中。

穿上薄薄的纱裙,戴上美丽的装饰,在荧光灯闪烁的舞台上自由舞蹈……很多女孩子小时候都曾经做过这样的"舞蹈梦"!

现在,很多父母想把女孩子送去学舞蹈,并不是想让孩子成为优秀的舞蹈演员,只是想让孩子练练形体和气质、培养培养兴趣。可是,各种可靠或者不可靠的消息却让父母们有点犹豫:

体形好的孩子才能去跳舞;

学跳舞会让孩子变"八字脚",还会长不高;

学舞蹈对孩子的骨骼发育不好……

其实,父母们这样的担心都是不必要的。看看我们身边那些能歌善舞的女孩子吧!舞蹈不仅塑造了她们的美丽,更在增添魅力、锻炼体力、磨炼毅力、丰富想象力等多方面,发挥出了举足轻重的作用。

感受到了这么多舞蹈所赋予女孩子的优美气质,身为女孩父母的您还有什么好担心的呢?

具体来说,舞蹈带给女孩子的好处是很多的,其特有的作用主要有如下几个重要方面:

1. 形体优美:正处于快速生长发育时期的女孩子,经过舞蹈训练(如挺胸、

抬头、收腹）能使她们站得直，形体优美，且能纠正驼背、端肩等形体问题。

2. 动作协调：舞蹈需要全身各部位的配合，可锻炼孩子的动作协调性，使孩子更有节奏感。

3. 增强肢体灵活性、柔韧性：经过舞蹈训练，孩子的力量控制、稳定性、耐力等方面的身体素质都会得到提高。

4. 培养审美情感：舞蹈通过音乐、动作、表情、姿态表现内心世界，可使孩子潜移默化地接受到艺术表演的熏陶，使孩子们热爱生活，并能欣赏美、体验美。

5. 培养自信心：舞蹈演出能培养孩子表演的能力，使孩子们不怯场、表现力强，拥有更好的心理素质。

形体的优美、肢体的灵活与柔韧、较强的审美能力……恰恰是女孩子形成优美气质所必须的。因此要想让女孩子成长为一个更为多才多艺、更具个人魅力的女性，父母应从小就注重培养女孩子的舞蹈气质。即使不送女儿进入专业的舞蹈学校进行学习，也要让女儿积极地加入班级或集体组织的舞蹈学习中。

舞蹈带给女孩子的益处，将令她一生受益不尽！

建议父母的妙招：

每个女孩子，都是天生的舞者，她们在很小的时候就会用手舞足蹈、蹦蹦跳跳来表达自己内心的情感；就会梦想着有朝一日，自己能成为美丽舞台的中心。那么，身为父母的我们，应该怎样去引导孩子学习舞蹈，进而让孩子拥有优美的气质呢？

1. 发现并培养孩子的舞蹈天赋

如果孩子没有表现出天生的舞蹈天赋，父母还可以在日常生活中加强培养孩子对舞蹈的兴趣。例如，经常让孩子通过电视观看少儿文艺节目、歌舞表演等，让孩子用感官直接感受舞蹈的美，引起孩子对舞蹈的注意和兴趣。这时，如果父母发现自己的小公主喜欢"手舞足蹈"时，更要积极地加以引导。

此外，父母还应鼓励自己年龄较小的孩子学习一些儿童舞。儿童舞动作简单且富有韵律，孩子十分容易掌握。当孩子对自己的舞蹈充满自信时，自然会对舞蹈产生浓厚的兴趣。

需要提醒的是，父母如果希望自己的女孩子进行专业的舞蹈训练，第一要看孩子的兴趣，第二要看孩子的身体条件。而且进行专业舞蹈学习时，孩子的年龄也不宜太小。运动专家建议：5～12岁是少儿身体发展的一个重要时期。这时候进行舞蹈学习，将会对孩子的健康发育大有裨益。

2. 延迟满足女孩子学习舞蹈的心愿

延迟满足,在家庭教育中有很多的应用。学习舞蹈是很苦的,很多孩子都会在学习的过程中因为怕疼、怕累最终半途而废。因此,当你的女孩子向你提出学习舞蹈的请求时,父母一定要记得延迟满足她的心愿。只有让她知道自己的学习机会来之不易,她才能鼓起勇气继续坚持、继续努力,最终学有所成。

3. 父母即要及时鼓励,也要有所坚持

由于小女孩的定力和吃苦能力都不是很强,她们学习舞蹈一段时间后,常常会产生退缩心理。这时,父母一定不要轻易改变自己的决定。父母可先对孩子的舞蹈学习进行一定的帮助,进而对孩子的成绩给予及时肯定。当小女孩对学习舞蹈有了一定的自信以后,她自然会坚持下去。

要想让怕苦、怕疼的小女孩们学会一种技能,父母既要尊重孩子的选择,也要在孩子退缩的时候态度坚决。这不仅是为了孩子在长大后能拥有一份特殊的才能,更是对孩子意志力的一种强有力的锻炼。只有经历过一定磨炼的女孩子,长大之后才能真正做到有所坚持、有所成就。

# 细节11:培养女孩感悟美的能力

女孩子学习绘画,对培养她的卓越气质究竟有哪些作用呢?

其实,绘画并不仅仅是让孩子学会画画,它更重视通过画画来培养孩子的观察力、记忆力、表现力、想象力和创造力。

同时,绘画还能让我们的小公主敞开心灵,使她在绘画中舒展自己内在的想象和情感,通过绘画把自己对周围事物的认识表达出来。从而培养孩子的审美情趣和修养,尤其是在培养良好的心理素质如毅力、耐力方面,更是功不可没。

很多从小培养孩子绘画能力的父母,更是对此深有感触:

"在女儿学习绘画的同时,她也渐渐开始养成了细致观察的好习惯。无论花开了、燕子飞来了,她都会第一个发现。"

"女儿不到4岁开始学习画画。现在,小小的她就有很好的审美能力,不仅自己很会搭配服装,还经常指导我的着装问题:'妈妈,你应该穿短裙,长裙把你的美都掩盖住了'。"

……

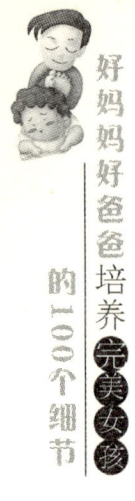

不难看出，在绘画的过程中，女孩子卓越的个性能力、审美能力，都可以得到很大程度的提高。为了在自己的画纸上创作出美丽的图景，她们学会了观察美、体悟美、展现美……

我们甚至可以对绘画的作用这样进行概括：绘画，赋予了女孩子更多感悟美的能力！

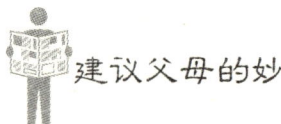建议父母的妙招：

孩子的绘画兴趣，既缘于天性，也和父母的正确培养有关。在此，我们仅针对如何培养孩子绘画兴趣，给父母们提出了若干建议。希望能为女孩父母们所参考、借鉴。

1. 不管孩子画得如何，都请多鼓励

一般来说，孩子到了三四岁，大都会十分喜欢"到处乱涂乱画"，而且女孩子的"涂鸦"意愿往往会比男孩子表现得更强烈一些。其实，这也正是孩子学习绘画的启蒙阶段。

而父母在孩子绘画的启蒙阶段，态度如何、采取的方法如何，将直接关系着孩子日后对绘画是否会产生浓厚的兴趣。

有一次，老师正在教孩子们学画水彩画，菲菲的妈妈来接女儿了。菲菲马上把自己刚画好的画递给妈妈，妈妈拿着画，掉过来转过去地研究，还是没有看出女儿画了什么。"这是什么呀？"妈妈小声问菲菲。"是猫呀。"菲菲话音还未落，妈妈就连着夸奖："是猫，是猫，画得真像！我们菲菲好棒，猫画得真好！"说着眉开眼笑地领着菲菲回家了。

过了一段时间后，菲菲的这幅画获得了某比赛的一等奖。评委们说孩子的线条大胆、有创意。

当我们的女儿对某些活动有兴趣时，父母如果能像菲菲的妈妈那样，理解孩子，并不停地表现出由衷的赞赏，这就给予了孩子极大的鼓励，可促进她能力的逐步提高。

2. 因势利导地诱导女孩画出形象更全面、更逼真的画

孩子在刚开始对绘画感兴趣，往往会停留在形象片面、单调的层面上。这时，家长应因势利导地诱导孩子画出更丰富的画作来。这对提升孩子的想象力、增强孩子的绘画兴趣，都是十分重要的。

# 细节12：培养女孩腹有诗书气自华

莎士比亚说过："生活里没有书籍，就好像没有阳光，智慧里没有书籍，就好像鸟儿没有翅膀。"英国19世纪的著名思想家和教育家弗朗西斯·培根曾经说过"知识就是力量"，而知识的重要载体是书籍，所以人们又说"书是人类进步的阶梯"。而中国也有""万般皆下品，唯有读书高"的说法。诗书是知识最重要的载体，是不可替代的。读书不但能增长见识，更能提高智慧。

随着时代的变迁，当今社会已经进入了知识经济时代，社会环境和背景发生了深刻的变化，创造力成为人们更加青睐的追求，但是知识的重要性仍然没有改变，因为知识不但是创造的源泉，还是女孩气质培养的基础。无数事实也同时证明，一个从小喜爱阅读的女孩，在人生观、世界观、知识面、感知力、求知欲、思考能力、表达能力的形成及处理问题的方式等方面，都会显示出明显的优势。而且，在博览群书的过程中，女孩还可以体验更为丰富的情感，积累更为丰富的知识。这些无疑都会为女孩平添一种知识的魅力。

父母要想让女孩成长为一个有内涵、有书香之气的优秀女性，就如果从小就引导女孩爱上阅读，正所谓"腹有诗书气自华"。

一位父亲，他的两个女儿正在读小学，懂事、乖巧、优秀、思维活跃、兴趣广泛，无论和谁聊天，这两个孩子的话题都丰富得惊人。

"现在物价上涨得厉害，国家应该采取措施了。"

"杨澜阿姨是我的偶像，她不仅口才好，还很敬业。"

"余秋雨的文笔就是好！"

当别人问这位父亲是如何让女儿如此博学时，这位父亲笑着说："其实很简单，那就是让她多读书，多看报，多写文章。俗话说'书中自有黄金屋'嘛，见识多了，人的整体素质自然也就提高了。"而且，在他的家里，所有称得上是房间的地方．都堆满了杂志和各种类型的书籍。

故事中的父亲是智慧的。他不仅为孩子营造了一个良好的读书环境，还把家里布置出书香之气，让孩子随手可以拿到书。我们可以想象，成长在这样一个家庭环境中的小女孩，又怎会不成长为一位知识丰厚、内涵丰富的知性女子？

如果你的女孩爱上了阅读，你对她的教育往往会省力很多。到那时，也许不再用

你教，这些小公主们已经从书中读懂了什么是真正的优秀女性，女孩为什么要自信、坚强，举止优雅对她一生有什么样的影响，她们的身上背负着什么样的责任……

建议父母的妙招：

进入社会之后，我们也会惊奇地发现，身边的那些成功人士，大多都有热爱阅读的习惯。翻阅大量的资料，我们也会发现，古今中外的名人，大多都会对读书"情有独钟"。因此，父母要想自己的女儿更加优秀、卓越，那就从培养她热爱阅读的习惯开始吧！

1. 父母要做热爱读书的表率

女孩是特别喜欢模仿的。作为和女孩朝夕相处的人，如果爸爸妈妈很喜欢阅读，那孩子势必会对书本产生兴趣；如果父母认为读书是一种享受，那孩子一定也会认为读书是件快乐的事。

2. 为女孩儿创造良好的读书环境

为了提高孩子的阅读兴趣。父母还可以为女儿在家里建立一个她自己的"小图书馆"——为她提供一个单独的书架；妈妈还可以挤出时间，经常带她出入书店、图书馆，这样做有利于培养孩子对书籍的兴趣。

3. 挖掘女孩儿的求知欲望

每个女孩都喜欢听故事，特别是童话故事，因此家长可以利用故事来引起孩子的阅读兴趣。对这些喜欢想象的女孩来说，故事无论讲多长，永远没有完结。她希望家长永远讲下去。她们会经常问家长："后来怎样了？"……

这时，家长可以针对女孩的这种心理，先将故事讲一半，在孩子急欲知道故事结局时，再借此时机把书给她看。这样，女孩自然会对阅读产生极大的兴趣。

# 细节13：培养女孩温柔的特质

温柔，通常用来形容人性情温顺体贴。那是一种能力，自私冷酷的人无论如何也学不会的；那是一种素质，它总是自然地流露，与人性同在，藏不住也装不出；温柔是一种感觉，所有美丽的言辞也替代不了的感觉。温柔更是上天赋予女孩最美好的特质之一，缺失了温柔的特质，女孩就缺失了身为一名女性应有的美丽。温柔使女孩如水般从容谦和，也是女孩征服世界、走向成功的最有力武器。

女人天生就应该是温柔的，但是这也离不开后天的培养。

叶莺，柯达全球副总裁，一位美丽、性感、智慧的女性，世界500强中的首位华人女总裁。她之所以有如此之大的成功，依靠的不仅仅是聪明能干，更多的是因为她聪明地掌握了女性特有的温柔。

在谈到自己如何屡次获得事业上的成功时，叶莺是这样说的："我的交际之所以成功，首先是女人的柔情，没有人用'柔情似水'这四个字来形容男人。女人是水做的，再硬的钻头也钻不出河床里的鹅卵石，可是水可以做到，所以柔情似水不是指徐志摩诗歌中写的那种温柔地一低头，像水莲花无限的娇羞，而是有一种滴水穿石的力量。我每次做事前，不会只考虑到自己的利益而把别人当傻瓜。要将自己放在别人的位置想问题，由于环境、文化、价值观、地域的不同，可能我做不到100%，但至少能做到50%。这总比做10%好，更比不做好。"

从叶莺身上，可以看到女性温柔的强大力量。它不仅让女性看起来更美丽，同时，也让女性更强大。

卢梭说过："女人最重要的品质是温柔。"马克思也认为："女人最重要的美德是温柔。"总之，温柔之美是女性美的最基本特征。日常生活中，常常听到这样对女人的赞美："这个不怎么漂亮的女人，却有一种说不出来的特别气质和魅力！"其实，大家看到的是女性身上的温柔之力，温柔的女性像绵绵细雨，润物于无声，总是给人以温馨柔美之感，令人心荡神驰、回味绵长。那就是温柔。它是一个女人最有吸引力的的特质之一，无论在什么情况下，女人的温柔都显得极具人情味，能够化解别人的种种无奈和痛苦，使对方充满喧嚣的心灵变得宁静、自信，从而获得对方的好感。

建议父母的妙招：

父母在培养孩子温柔的同时要告诉孩子决不能软弱，而是要自信自立，自尊自爱，具体可以从如下几个方面去做：

1. 告诉孩子要通情达理

女性的温柔，须从学养而来。女性要在自己的日常生活中，注意加强性格上的涵养，培养女性柔情。温柔的女人，对人一般都很宽容、善解人意，此外，女性应该多学习、多读书，博览群书的女人，秉性必柔，心多聪慧，做事也必通达。

2. 让孩子学会把握自己

温柔不是柔弱、柔软，试想丧失了自己独立的人格和独立的个性"温柔"绝非女性之美德。女性的温柔，应该是柔中有刚，柔韧有度，只有这样，它才能真正成为一种令人折服的神奇力量。一些父母对孩子百依百顺，不让她做任何事情。这等于剥夺了孩子自我锻炼的机会，久而久之，会使孩子形成软弱的性格。

3. 让孩子正确认识自己

父母要让孩子懂得人人都有所长，人人都有所短；不能因为自己不如人而产生自卑感，并因此自暴自弃，变得软弱起来。比如，要告诉孩子，幼儿园老师找小朋友表演节目，没有挑选你，这并不能说明你是个笨孩子，回到家里你可以表演给父母看。同时，父母要对孩子少一些偏袒、溺爱，多一些客观的评价，使孩子建立真正意义上的自尊，而不是唯我独尊。

4. 尊重孩子，不当众揭孩子的短

性格软弱的孩子一般都比较内向，感情比较脆弱，父母尤其要注意保护孩子的自尊心。如果当众揭孩子的短，会损伤孩子的自尊心，无意的不良刺激也会造成孩子的软弱心理。

温柔是一种美德，软弱则是一种缺点，因此，父母一定要努力把自己的孩子培养成温柔但不软弱的孩子。

# 第六章
## 个性"亭亭玉立",培养女孩更加上进

女孩如水,女孩超凡的个性如花之魂、水之韵,是比外貌更吸引人的地方。一个乐观、活泼、理性、有主见,而又不懦弱、不娇纵的进取型女孩,怎不就像沙砾中耀眼的明珠,怎不深受人们的青睐?

完美 ——→ 女孩

# 细节1：培养女孩积极进取

　　女孩与男孩不同，她们少了男孩些许好胜、争强的竞争心理。女孩每进入一个新的集体，她首先关注的是"关系"，谁对自己好、自己可以和谁成为朋友，这往往是她思考的重点。所以，正如我们所看到的，大多数的女孩对自己是否能够"当头"是没有什么兴趣的，她们更青睐于博得更多人的喜爱、更容易满足于周围良好关系为自己带来的快乐。

　　正因为女孩天性就是不喜欢竞争的，所以父母更应在培养孩子"积极进取"方面多下点工夫。父母应当明白，积极进取之心，不仅是一种成功所必须的竞争力，更代表着一种独立思维的能力、创新的能力；如果孩子自小习惯于人云亦云、随波逐流，长大成人的她又如何能攀登自己人生的最高峰呢？

　　莹莹今年5岁，人很聪明伶俐，却唯独习惯于做集体中的"小尾巴"。比如儿童节，老师要求布置教室，小朋友们忙着贴壁画、挂花帘，莹莹却无所事事。还"振振有词"地说："老师没安排我"；手工课上，老师让小朋友随意剪彩纸，有的孩子三两下就剪出一个小图案来，莹莹却只会模仿别人。

　　我们都知道，每一个孩子出生时，其智力和能力都是差别不大的。那么，为什么有的孩子能积极创新、思维活跃，而有的孩子却懒于创新、自甘落后呢？

　　这虽然与女孩的某些天性有关，但更为重要的原因，却在于父母的后天培养。

　　女孩往往更容易屈从父母的意愿，在现实生活中，女孩的积极进取之心如果得不到有效的引导，就极有可能毁于一旦。

　　一位小学五年级的女孩帮妈妈做卫生，不但没得到表扬，妈妈还皱着眉给她泼冷水："你怎么擦的？这么脏还不如不擦。"接下来，凡是她帮忙的扫除，妈妈都视而不见地重新去打扫一遍。

　　一个小女孩想参加学校课外书法小组，父亲却以语文未考100分为理由而一口回绝了，并且斥责道："你把学习搞好就行了，练什么书法？学习这么紧，哪有闲工夫去学什么字？"

　　在第一个例子中，孩子想帮着扫除，说明她渴望锻炼、愿意分担家长的辛劳，是好事，但家长直白的言行却打击了孩子的积极性。我们可以想象，当小女孩受到妈妈的打击后，她势必会对自己的能力产生怀疑，不仅不会再帮妈妈打扫卫生，也失去了积极主动做事的信心。

在第二个例子中，想学习书法是女孩的兴趣所在，而爸爸却"以成绩论成败"，不仅严厉地拒绝了她的请求，更说出了一些伤害孩子自尊的话。当自尊心受到伤害、兴趣爱好受到打击时，孩子的积极进取之心又如何能培养起来呢？

综合两个事例我们可以看出，父母的指责、父母的不认同，往往对女孩的个性形成有着不可估量的巨大作用。所以，要想让自己的小公主拥有上进之心，父母们一定要放弃指责，多一些鼓励、多一些赞赏；放弃不认同，多一些支持、多一些帮助！

建议父母的妙招：

女孩是否拥有上进心，比智力或学业成绩更能准确地预测她们未来的成就。因此，家长们在日常生活中，应有意识地鼓励、激发孩子的积极进取之心。

1. 给女孩一个积极的肯定

女孩往往更重视父母对自己的评价。当她得到的是赞扬而非指责、是肯定而非否定，她就会对自己的能力充满信心，进而在学习和生活中更积极地表现自己。

比如，孩子某次成绩没有考好，做家长的不要只是批评孩子，而是应恰当地鼓励孩子："这次考的总成绩虽然不好，但是语文考得很棒。以后多在数学上下工夫，我相信你，下次一定能前进两名。"也许，正是由于你的鼓励，孩子下次考试时便真的会前进好几名。长期如此，这些小公主就会因为每次一点点的进步，越来越有自信和成就感，从而变得更加积极进取。

2. 先让孩子往下比，再让孩子往上比

很多孩子，取得了一点成绩就洋洋得意，不想再进步了，也并不觉得自己这样做是不对的。面对孩子如此缺乏上进心，父母们很是忧心忡忡。

这里，我们为大家介绍这样一种方法——先让孩子往下比，再让孩子往上比。鼓励孩子往下比，她才能真正地体验成功、找到信心。而当孩子拥有了一种成功者的心态后，再巧妙地运用"激将法"，引导孩子往上比，就会激发和增强孩子向上的动力。

# 细节2：培养女孩自控的能力

我们知道，在生活中女孩一旦遇到不顺意的事情时，就迷茫了起来，也不知道到底该如何处置？受了委屈，是和同学吵翻天？还是忍气吞声？老子曾说过："夫唯不争，故天下莫能与之争。"这句话的意思是，正因为不与人相争，所以天下没人能与他相争。所以，在孩子遇到不顺心的事情时，父母一定要教会孩子以退为进的智慧。

小荷从小就是个善于演讲的人，她的口才很好，经常获得各种演讲比赛的第一名。

曾有一个自视清高，对小荷的才能毫不服气的男生欲与小荷一决高下。他设定了比赛的内容，两人以辩论的形式展开激烈的较量，结果这位男生在众目睽睽之下，被小荷辩驳得哑口无言，不得不心甘情愿地认输。

遗憾的是，这么优秀的一个人却身材矮小，相貌平庸。越是出色的人就越会引起别人的关注和评论。小荷出色的演讲才能无疑是同龄人中的佼佼者，但与此同时，她矮小的身材也变成了一些嫉妒者嘲笑的话题："上帝对每个人都是公平的，看她那么神气、风光，就把她变得又矮又丑！"而每次参加公众活动，小荷更是会成为那些人的讥讽对象。

有一次，各个学校联合组织演讲比赛，各路高手都准备充分，纷纷向人展示他们优秀的才能，比赛异常激烈。复试时她是最后一个上台的。当她精神焕发地走上主席台时，却发现，前面的桌子几乎比自己的头顶还高。原来，组委会有位同学原本和她一同参加了初选，却被口才出众的她淘汰了下来，这位同学因此妒恨在心，故意准备了一张高桌子，想让她难堪。

台下见状，哄笑声一片，显然，小荷还没开始演说，便输了别人一头。谁知，就在哄笑声中，只见小荷神态自若，默默转身走向主席台的一角，扛了一把梯子过来，然后踏着梯子爬上了桌子。

台下顿时鸦雀无声，老师和同学们都瞪大了眼睛。小荷站在桌子上，口若悬河地讲起来。她卓然傲立的姿态和精彩的演说震撼了所有的人，台下发出雷鸣般的掌声。

众目睽睽之下遭受这样的侮辱，小荷并没有怒发冲冠，反而退了一步，自己解决了难题。这种智慧的做法为她赢得了众人的赞赏与钦佩。而那位恶作剧的同学呢？在小荷的光芒下，他简直渺小得不值一提。小荷取得了完美的胜利，却不是靠吵架得来的。

然而，在当今的社会中，由于父母的过分宠爱，像小荷这么优秀自信的女孩并不多，更多的女孩是任性，看看下面的例子。

婧婧刚转到新班级一个月，就几乎和全班的同学吵了个遍，大家给她起了个外号叫"野蛮女"。名字不雅，倒也名副其实。刚转来的第一天，一位女同学不小心把她桌上的书碰掉在地上，虽然已经跟她说了对不起，但她还是把那个女同学桌上的书全拨弄到地上。转来后的第二个周一，因为向班长要作业抄，班长坚持不给，她就对班长破口大骂，甚至想动手。上个星期二放学后，因为看到低年级小同学手里的落叶很漂亮，婧婧和他要，小同学不给，她竟去抢夺，以致把同学的手扭伤了。

像婧婧这样的女孩，生活中也有。细心观察她们的点点滴滴，我们不难发现，爱吵架是因为她们的情绪反应十分简单，对很小的事都沉不住气，而且一发火就骂人、摔东西，甚至打人。她们非常容易被激怒，一旦愤怒的情绪被调动，便迅速行动，来不及考虑行动的后果，而后果又多是伤害他人，并且让自己后悔不已的。

建议父母的妙招：

为了避免这种后果，家长要注意采用如下方法教育孩子：

1. 让女孩转移注意力，增强自控能力

女孩脾气暴躁，情绪反应简单。针对女孩的这一特点，家长可以给她安排一些活动，让她有地方可以发泄。在日常的学习生活中，家长可以给她安排一些"磨性子"的活动：如每天擦黑板、练字等活动，在劳动中培养耐心和毅力，增强她的自控能力。

2. 受之以渔，教女孩学会自我调控

教育女孩学会自我调控情绪，这是一个连续不断的长期过程。家长需要注意创设并利用各种机会，教女孩学习如何控制自己的情绪，并告诉她可以运用心理暗示控制自己的情绪方法。如果生气时心里可以念叨："冷静，冷静，不要发火；"从而到达控制情绪的目的。另外，家长还可以给她制造照顾他人的机会，让她在和别人的这种交往中获得别人的尊重，同时也培养了她尊重别人的良好品质。

3. 受到委屈时，教女孩以退为进的策略

若人们都能学会以平常心观不平常事，则事事平常。平常心不是"看破红

尘",也不是消极遁世。平常心应该是一种境界,平常心是积极人生。在日常交际中,女孩对人对事也要善于制怒控愠。容与忍往往是统一的。这不是懦弱,而是以退为进,在容忍中寻找解决问题的最佳方案。

以退为进,这是一种大智慧。就像对洪水,硬碰硬的阻塞效果就不如以退为进的疏导。忍一时风平浪静,退一步海阔天空。女孩在这方面如果运用得好,就能受益匪浅。

# 细节3:培养活泼可爱的女孩

充满朝气、积极向上是活泼开朗孩子的外在表现。对于女孩来说,开朗活泼中自有一种别样的风采,而快乐活泼的家庭气氛是培养孩子活泼开朗性格的关键。

凝玉出生于一个知识分子家庭,爸爸是某研究所的副所长,妈妈是一位知名作家,良好的家庭背景和父母活泼开朗的性格使小凝玉在无忧无虑、快乐活泼的气氛中度过了欢乐的童年。

夫妇俩十分留心在欢愉的气氛中对女儿进行启蒙教育。小凝玉出生之后,他们在精心抚养的同时,就开始有计划、有步骤地启发凝玉的智力。凝玉出生的第二天,爸爸就从商店里买来各种彩色气球、小摇铃、一捏能发出声响的梅花鹿和大公鸡等,并把气球挂在蚊帐上,把小摇铃、梅花鹿、大公鸡等放在凝玉的枕头边。几天后,他们就有意识地让凝玉观察彩色气球,训练她的视力;不时地摇动小摇铃,捏梅花鹿、大公鸡,训练她的听力。由于凝玉出生时身体十分结实,小眼睛特别灵活,不到20天她就能把脸转向发出声音的地方,还能直盯着蚊帐顶上的彩色气球看个不停;当把她轻轻抱起来时,她竟能有意识地用小手去指气球了。

在风和日丽、阳光明媚的日子里,他们夫妇经常把满月后的凝玉抱出室外。这时,凝玉已能注意风吹树叶发出的"哗哗"声、小鸟的"喳喳"叫声,甚至能被红花绿草吸引住。阳光一照,她就眨巴小眼睛,好像是在欣赏大自然的美。

凝玉两岁时,每当妈妈下班回来,她就缠着妈妈讲故事。妈妈总是强打精神,放下家务活给她讲上一段。她总是问:"后来呢?后来呢?"抓住这一有利时机,妈妈趁机引导她:"要能认识字该有多好呀,这样就能自己看书,节省爸爸、妈妈的时间了。"就这样,凝玉在妈妈的引导下,不到两岁她就迷上了识字。3岁就能认识800多个字,能看一些不带图画的纯文字的幼儿读物。

当时他们夫妇俩工资收入很低,生活比较清苦,但给孩子买书却毫不吝啬,宁肯吃咸菜过上十几天，也要花几十元甚至上百元给她买成套的《世界著名童话故事》《世界著名神话故事》《世界著名寓言故事》等书籍，还订了许多画刊。正是由于凝玉早期对于文学作品的大量阅读才使她能在知识的海洋里畅游，取得了令同龄孩子羡慕的成绩——考入了哈佛大学。

凝玉虽然进入了哈佛大学，但她并非是人们想象的那样埋头苦读的书呆子，实际上她是非常爱玩的，至今仍然如此。集邮、下棋、画画、欣赏音乐等，她的爱好非常广泛，有时甚至达到着迷的程度。对她的这些爱好妈妈从来不限制，只是在必要时给予适当调控。

凝玉的活泼天性，使她具备了敏锐的观察力、想象力和思考力，而这些都是成才的关键。真正能够挖掘出孩子潜力的时刻，是在她玩得非常开心的时候。

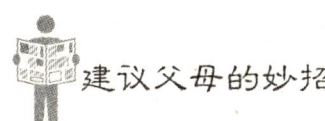建议父母的妙招：

性格活泼开朗的孩子，一般对自己的能力充满信心，容易和周围的人友好相处，对新鲜的事物有着强烈的探索欲望。培养孩子活泼开朗的性格，父母可以做好如下几点：

1. 鼓励孩子和同伴交往

父母要为孩子创造和同龄伙伴交往的机会，比如带孩子去朋友家里做客，让孩子多参加一些她所感兴趣的社区活动，可以让孩子在外出游玩、参加同伴的游戏中获得很多乐趣。这些对于改变孩子孤僻的性格，培养孩子活泼开朗的性格有很大的帮助。

2. 要多和孩子交流

父母要多注意留心孩子的情绪变化，当孩子闷闷不乐时，一定要抽出时间和孩子交流，鼓励孩子说出她的忧虑。但父母也不能强迫孩子说出心中的秘密，可以努力让孩子明白，她不高兴，父母也会难过，父母永远都是愿意帮助孩子的。当孩子自愿说出不快乐的原因时，父母应该耐心地倾听孩子的讲述，然后尽量帮助孩子一起解决问题。有些忧虑一旦讲出来后，就会舒畅很多，而且有些忧虑会随之消失。

3. 允许孩子自由地表现悲伤

孩子个性不同，表达悲伤情感的方式也不尽相同，父母应该允许她们自由表现悲伤。孩子在哭泣的时候，父母不能粗暴地要求孩子忍回去，可以不去劝阻。等孩子尽情哭过以后，感情自然就会恢复平衡。当孩子砸玩具时，父母不要去指责，而应该设法通过言语或行动引起孩子的情感共鸣。孩子得到父母的暗示，自

然会停止"耍赖"。如果这时孩子不愿意和父母交流,父母尽量不要在一旁唠唠叨叨,而应该留出自由的空间让孩子单独思考。

## 细节4:培养有主见的女孩

中国传统的教女理念说女孩子要乖顺、听话,但这并不妨碍女孩子有自主意识。现实生活中,假如一个女孩子缺乏主见,那么她不仅不能很好地安排自己的学习和生活,还会慢慢地失去自己的判断力和思考力,当她们长大之后,遇到的问题更是层出不穷,比如:上什么大学、学习什么专业、找一个什么样的男友、毕业后做什么工作等,就像自己站在一个又一个十字路口,她们根本不知道自己应该选择哪一个方向,统统需要父母帮她作选择。

小君今年上五年级了,虽然她的学习成绩很好,但是她对任何事情都没有自己的看法。她凡事要妈妈帮她选择,比如:穿什么上衣、选择什么颜色的裤子等,在学校,她总是让老师帮她选择自己要不要参加活动。有时候,她看见同学穿什么衣服,也不管自己适不适合,就一定要妈妈买。

女孩子如果只会做一个人云亦云的"小鹦鹉",那么她将来走入社会,不是被动地等待别人帮自己做决定,就是被他人轻视,失去与他人竞争的能力,所以,父母要从小培养自己女儿的自主意识,让她变成一个有主见、有魅力的女孩子。

 建议父母的妙招:

女孩子乖巧可爱和有主见并不相违背,反而会显现出另一种独特的美感,因为有主见的女孩子会保持清醒的头脑,不会人云亦云,有着自己的思考和判断力,而这会在她成长的过程中为其省去很多烦恼。

1. 不要让孩子在"比较"中迷失主见

生活中,父母有时产生问题或者矛盾的时候,总愿意让孩子成为自己这一方的"盟友",也有些父母总爱问孩子更爱谁,其实这时候,孩子会不知所措,因为他不想因为自己的抉择伤害任何一方,于是很多时候,即便他的心中更偏向妈妈一点,他也会违心地保持中立。长此以往下去,这种爱的比较在孩子心中的影响就会延伸到生活中的方方面面,孩子为了能够得到更多人的喜爱,而不得不像个人云亦云的"小鹦鹉"那样,违心地表达着想法。

女孩子凡事都比男孩子想的要多，所以她们在面对父母让其作出一个选择时，总会犹豫不决，拿不定主意，最后，在现实的逼迫下强行选择一个答案，而这种情况只会让女孩子变得越来越没有主见，失去对事物最真实的判断力，到最后她们的生活只能有意无意地被别人影响或者操纵着，为了避免这种情况的发生，父母要适时选择正确的方式加以引导和化解。

2. 给女儿自己做主的机会

父母要想培养女儿的主见性，就应该给她提供更多自己做主的机会。

首先，要让女孩衣食自主。现在很多父母常常主观决定让女孩吃什么不吃什么，而从不过问孩子的意见。其实在不影响女孩饮食均衡的前提下，父母可以让自己的女儿选择吃什么。女孩或许在穿衣打扮的审美观上没有成人的那种鉴赏力，但是父母千万不要把自己认为很好看的衣服强行给女儿穿上，除非她也和你一样喜欢那件衣服。其实，父母还是最好把穿衣的选择权交还到自己的女儿手上，让她自己决定穿什么衣服。

其次，女孩的玩乐也要让她自己做主。如果你想让自己的女儿成为一个有主见的人，就不要替她决定买什么玩具或者游戏该怎么做，而是放开手让她自己去做决定，最大限度地满足她的自主意识。

3. 让女儿有参与的机会并尊重她

女孩子做事缺乏主见，很大程度上是因为父母和她缺乏沟通，做事武断，不注意尊重她的要求。所以，父母应该给予女儿充分表达自己愿望的机会，给她独立思考和参与的机会。

# 细节5：培养女孩坚强的性格

莎士比亚曾在《哈姆雷特》中说道："女人啊，你的名字叫脆弱。"其实，女孩相较于男孩而言，因为体内女性荷尔蒙的原因，往往会表现出天性的敏感、娇弱、抗挫能力差等个性特征。她们就像一瓶清新洁净的水，清澈得不见一丝杂质，流淌起来柔若无骨，但却缺乏坚强和韧性，一旦面对困难和挫折，就会表现得特别软弱，甚至不堪一击。

今年上小学三年级的小小，是名副其实的"小公主"，再加上她长得可爱，人也聪明，所以很受大家的欢迎，父母更是以她为傲，常常在朋友面前夸奖她聪明伶俐。但是，一次期中考试的成绩，让她的生活彻底改变了。自从上学后，各方

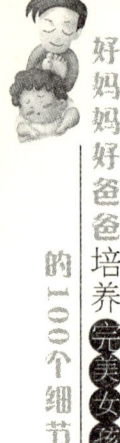

面都表现得很优秀,学习成绩更是名列前茅,期中考试的时候,可能是发挥不正常或是其他一些原因,她的成绩下降了一大截,数学成绩更是从90多分下降到70多分,一拿到成绩单,她就在教室里大哭了起来。老师也没有批评她,而是让她以后多多努力,但一向只受老师表扬和同学羡慕的小小,觉得很丢人,第二天无论父母怎么好言相劝,她都躲在自己的屋里不去上学。后来,虽然在家人和老师的鼓励下重新上学,但开始变得躲避人群,不爱说话,笑容也越来越少了。

女孩子的成长过程中会遇到各种各样的烦恼,而只不过是遇到一次成绩下降,就表现得如此软弱,甚至变得不愿意去面对人群,更无法坚强地迎难而上,到最后她只能躲进自己的世界里,变得越来越低沉,抗压能力更差,而生活中的那些阳光、微笑、快乐等都被她推在了自己的心门外。

所以女孩只有学会坚强,才能在逆境中依然高昂着头颅,在暴风雨中找准自己成功的方向。而坚强的女孩也必将有一颗坚韧的心,这颗心让她学会在痛苦面前微笑,在挫折面前挺腰,在困难面前屹立不倒。这颗坚强的心是父母能够给予自己女儿的,也是为了让女儿能有一个更加美好的生活所必须给予的。

 建议父母的妙招:

一个家庭中,通常是爸爸表现得坚强,而妈妈表现得柔弱,这很容易让女儿认为女孩子就是"弱"的代名词,一遇到事情她们就用撒娇、眼泪来反抗,根本无法坚强地面对生活中的挫折和困难,所以父母都应该做好孩子坚强力量的来源,让孩子从模仿自己的坚强开始学起。

1. 父母做女儿坚强的好榜样

孩子是父母共同缔造的结晶,他的身体里有着父亲和母亲最优秀的基因,从孩子出生的那一刻,父母的言行就成了孩子模仿的对象,所以你想要拥有一个坚强的女儿,那么就做一个坚强的爸爸或者坚强的妈妈。

有一天,妈妈带着女儿梦梦去医院拔牙,梦梦一进医院就非常紧张,死死抓住妈妈的衣角,而妈妈也不停地安慰她说:"梦梦乖,别怕,妈妈会一直守在你身边的。"谁知,刚一进入诊疗室,梦梦就紧紧抱住妈妈的大腿,眼泪一直在眼眶里打转,最后"哇"的一声哭出来,就是不肯跟医生合作。女儿的哭声让妈妈眼中也泛起了一层水雾,正当她也不知所措的时候,有一位恰巧经过的老医生走了进来,对梦梦妈妈说:"对不起,请您现在就出去,马上离开您的孩子!"

妈妈忐忑不安地在诊疗室外面等待着。一段时间后,梦梦平静地走了出来。妈妈急忙抱着她问:"梦梦,疼吗?你哭了吗?"梦梦笑了一下,挺着自己的小胸脯骄傲地说:"妈妈,有点疼,但我一声儿也没哭!"

后来,那位老大夫解答了梦梦妈妈的疑问:"我当时让你离开你的女儿,是因为守在她身边的你,会因为心中的心疼和柔弱而感染到你的孩子,让她更加撒娇、任性、哭泣,而学不会坚强。只有你不在她身边,才能促使她自己去直面磨难和痛苦,或者你变得更加坚强,然后鼓励和感染你的女儿,让她拥有足够的信心去面对到来的痛苦和难关。"

2. 为女儿设置必要的障碍

明智的父母总会在女孩小的时候就让她感知到困难,这会让她在日后的生活中变得更加坚强,所以很多父母会选择给自己的女儿主动设置一些障碍,让她学着凭借自己的能力一步步渡过"坚强关"。

父母为女儿设置障碍,一定要有针对性。首先就要培养她的自制力,因为自制力是巩固孩子坚强意志的最主要基石。俄国著名文学家高尔基曾说过:"哪怕对自己一点小的克制,都会使人变得强而有力。"父母可以通过一些小游戏,比如"三三三,山上有个木头人,不会讲话不会动,动动就是小黄蜂",这个游戏不但很有趣味性,而且大人孩子可以一起玩,并在反复游戏的过程中,一步步锻炼孩子的自制力。

其次,父母要学着给女儿一些挫折教育,提高她的抗压能力。比如父母故意给女儿说,把她心爱的东西落在储物间了,让她自己去找,其实东西根本不在。接着再说另一个地方,然后孩子很快就找到了,这时父母再加以鼓励。

最后,父母要让女儿磨炼吃苦耐劳的精神。因为太过安逸的生活,很容易让孩子变得"衣来伸手,饭来张口",喜欢什么事情都依靠别人,一旦遇到突发事件,脆弱的女孩子心理承受力极差,根本经受不住生活的打击。

3. 教导女儿凡事"再坚持一下"

8岁的女孩晴晴在阿姨家见到一架钢琴后,就非要学习钢琴,而且为了练习钢琴,她还特意剪掉了自己漂亮的指甲。但没多久,练琴的枯燥和辛苦就让晴晴打起了退堂鼓,所以在一天早上,她摸着自己肿起来的手指头,就是不肯再碰钢琴。此时,她的妈妈并没有责备她,而是给她讲了这样一个故事:在一次拳击比赛中,有一位拳击手被对手打得头破血流,但他依然没有放弃,每一次被打倒,他都坚持爬起来,甚至场下的观众都让他别打了,他还是一次又一次地顽强站立起来,直到耗尽所有的力气昏迷过去,这场比赛才算结束。

后来,他的对手走到后台问醒过来的他:"比赛时,你已经没有力气,而且胜负已定,你为什么还要站起来呢?"这位拳击手说:"你说的没错,胜负已定,或许倒下才是一种解脱,但是,假如我当时真的倒下,那以后我便再也站不起来了。

于是，每一次倒下，我都在心中对自己说：坚持，你一定行，只要再坚持一下就可以了！因为只有我爬起来，才有胜利的希望。"

晴晴听完妈妈的话，羞愧地说："妈妈，我也要坚持。我是真的很喜欢弹钢琴，现在这点困难是难不倒我的，呵呵！"妈妈看着女儿脸上又扬起自信的笑容，欣慰地说："晴晴真是一个好孩子，你要记住凡事再坚持一下，你就会越来越坚强，世界上就没有什么事情是你做不到的。"

其实，父母希望女儿拥有坚强的性格，并愿意不遗余力地锻炼她，这本身就是一个需要耐性的过程。而这个过程就像教会女儿建造一座房子一样，你要让她拥有耐性和韧性，就要让她学会一砖一瓦坚持地累积下去，这样她才会成功，才会更加坚强。

# 细节6：培养女孩乐观的态度

父母最想给予自己女儿的除了一个健康的身体，还有就是一生的快乐。他们最想看到的是女儿脸上能够常常挂满笑容，而这一切，除了家庭和社会为女儿创造一个轻松愉悦的氛围之外，最主要的还是靠女孩自己的乐观，因为只有乐观的女孩才能找到快乐的钥匙，而一个乐观的女孩也更容易获得大家的好感和亲近感，更能展示自己的魅力和抓紧身边的幸福。

月月是一个自尊心很强的女孩子，但是每次面对自己的父母，她都有些抬不起头来。她的父母都是名牌大学毕业生，对她的学习要求一直很高，而且每次她考试成绩不好的时候，父母总是唉声叹气地说她，慢慢地她总觉得有一种悲观的情绪缠绕着自己，认为自己无论怎样努力学习，父母的脸上都不会展露笑容。

女孩的父母们一定要注意在日常生活中不要让自己不好的情绪影响到孩子，而是用乐观的生活态度来感染和影响自己的女儿。

 建议父母的妙招：

乐观是一种积极的生活态度，更是一种宝贵的性格品质。有关调查表明，生活中开朗乐观的人不仅身体更为健康，而且婚后生活也较为幸福，事业上也更容易取得成功。为了让我们的宝贝公主在以后幸福，做父母的必须要对女儿进行积极的引导。

1. 及时让不良情绪远离女儿的身边

生活中，孩子遭遇困境是在所难免的，即便是天性乐观的孩子，情绪也会受到影响，会感受到挫折和艰难，甚至时常有悲观的想法。所以每当女儿遇到困境时，父母就应该多留心她的情绪变化。假如你的女儿脸上出现了闷闷不乐的表情，那么无论你有多忙，都要抽出时间和她交谈，及时指导孩子排除心理障碍，使不良情绪和悲观情绪及时得到化解。

有一天，小楠放学回到家之后，连招呼都没有跟妈妈打一个，就闷闷不乐地走进了自己的房间，而且狠狠地把门关上。妈妈看小楠难看的脸色和大力的关门声，就知道她一定发生了什么事情，于是便在吃晚饭的时候问："小楠，今天学校有什么不高兴的事啊？"

此时，小楠有些伤心地说道："今天班主任让同学们选一个人当班长，只有几个人选了我，其他大部分的人都选了班上另一个同学。"

妈妈笑了一下，说："同学们选另外一个同学当班长，一定是那位同学身上的优点大家都知道，而且都喜欢，所以你应该继续努力，让更多的人认识到你的优点和闪光点，这样说不定下半学期同学们就会选你当班长了。"经过妈妈的一番开导，小楠的脸上又显出了笑容。

孩子心中的大事，或许在父母看来是不值一提的小事，但父母绝对不能忽视这件"小事"对孩子情绪的影响，尤其是感情易挫的女孩子，要随时注意不良情绪对她们的影响，并且及时有效地和自己的女儿进行沟通。孩子在倾吐烦恼的过程中，父母要正确地把不良情绪从她身上剥离掉，还原女儿一个自信、乐观的生活态度。

2. 选用"乐观方式"批评你的小公主

女孩子天性娇弱，所以有很多父母对自己的小公主是"含在嘴里怕化了，捧在手心怕摔了"，一点都舍不得批评，当然也有父母觉得女孩子绝对不能娇惯，该打该骂决不能嘴软心软，这两种都不是最正确、最科学的对待孩子的方式。教育专家们已经指出：批评孩子的方法正确与否，会显著影响着他们日后的乐观与悲观。

那如何批评才不会带给孩子悲观的情绪呢？现在，就让我们从下面这位妈妈的教育故事中说明这个问题。

小薰今年7岁，是一个性格有些外向的女孩子，而且时常把自己的房间搞得一团糟。妈妈说了她很多次，她都把妈妈的话当成耳旁风，在房间里依然是该怎么玩就怎么玩，玩具、衣服、鞋子、袜子被她扔得到处都是。终于有一天，妈妈再三叮嘱她打扫完房间之后再出去玩没有取得效果后发怒了，并立即把她带到卧

室，告诉女儿自己为什么生气。

接下来，小薰的妈妈可能采取两种批评女儿的方式，一种是乐观的方式，比如可以向女儿说出她犯了哪种错误，并且通过暗示：只要你付出努力，错误是可以改变的，还可以为她制订一个改正错误的计划和时间，这样的批评方式不但对女儿起到良好的教育效果，而且又不会让女儿受到伤害；另外一种是悲观的方式，这种批评方式很容易挫伤女孩子的自尊心，比如激动地冲女儿大吼，责骂她不收拾房间是懒女孩的行为，这一定会给孩子造成很大的心理压力和创伤，给孩子幼小的心灵造成伤害。所以，如果你的女儿做错事，你不得不批评她，那请用不会让孩子受伤的乐观方式。

3. 减去女儿额外的压力

现代家庭中，独生子女越来越多，也正是因为这样，父母们把所有的希望和寄托都放在唯一的孩子身上，结果从很小的时候就让孩子学习外语、绘画、钢琴等，也不管孩子是不是喜欢、能不能承受得住，每天都只管为孩子安排紧凑的生活。

其实，童年应该是轻松自在和十分美好的，孩子可以选择是不是一定要上午练钢琴、下午学书法或者晚上学英语，她可以选择做自己喜欢的事情。父母不要从小给女儿太多压力，而是告诉她："宝贝，如果你对这个没兴趣，可以选择你喜欢的。"这样，女孩才能生活在快乐之中，才会对明天充满美好的期许。

# 细节7：让女孩远离胆小懦弱

现实中女孩儿多没有男孩子胆大、也不如男孩子坚强，而很多父母总认为女孩就应该是这样。女孩怕黑，不敢单独在自己的房间里睡觉；害怕地上爬来爬去的毛毛虫；不敢争取自己的正当利益……正因为如此，人们都觉得女孩生来就是胆小、懦弱的，于是小女孩受到小男孩的欺负便成了常事。

然而，这里要告诉女孩儿的父母，胆小、懦弱并非女孩的专利，更不是天生的，她们之所以会胆小、懦弱大都与后天的培养有关。而要让自己的女孩不再胆小、懦弱，就需要家长从心里认同女孩的能力，鼓励女孩勇敢地迈出第一步。

晶晶是一个4岁的小女孩，在别人眼中她是个非常胆小的女生。有一次，妈妈带着晶晶去社区的小广场玩耍，突然从旁边跑来一个2岁大的小男孩。男孩的眼睛一直盯着晶晶手里的小皮球，而且还一脸好奇的样子。晶晶看到对方的神情，不自觉地把球放身后藏了起来,然后壮着胆子喊道:"你不许抢我的小皮球!"

这招似乎被小男孩看破了,他好像知道晶晶的胆小,于是冲上来就要抢晶晶的小皮球,晶晶立刻吓得大哭起来。妈妈连忙阻止了小男孩的行为,并对他说:"你怎么可以抢人家的东西呢?"然后,妈妈又对晶晶说:"小弟弟比你还小呢,你为什么要怕他?来和小弟弟握个手,大家做个好朋友。"

小男孩冲着晶晶做了一个鬼脸就跑掉了。从那以后,他只要看到晶晶经过,就会跑过来打她一下,或者把晶晶手里的东西抢走。而晶晶每次看到这个小男孩也会不自觉地躲得远远的。有一次晶晶和爸爸在车库里玩,她看到那个小男孩朝这边走来,马上对爸爸说:"爸爸,快把车库的门关上,那个小'哥哥'要打我。"

晶晶竟然把这个小男孩升级为"哥哥"的角色,这是许多女孩家长都感到头痛的事。由于女孩胆小,常常会受那些"坏男生"的欺负,家长又不好插手小孩子之间的事情,但是又不知道如何让胆小的女儿保护好自己。对于这个问题,晶晶的爸爸解决得非常好。

回到家里,爸爸询问了晶晶为何如此惧怕他的原因,晶晶委屈地说:"因为他总抢我东西,还老打我……""如果你照爸爸的话做,小弟弟就不会再欺负你了。下次小弟弟再抢你的东西时,你就大声地对他说'不许欺负我',然后把东西抢回来。"爸爸对晶晶说。

第二天,爸爸陪着晶晶出门,远远地看到了这个小男孩走了过来。爸爸对晶晶使了个眼色,然后躲了起来。小男孩看到晶晶手里的玩具熊,就冲上来抢。晶晶按照爸爸的说法,鼓足了勇气大声说:"你不许抢我的东西!"然后用力把玩具熊夺了回来。小男孩因为没有站稳便摔倒在地上,看到晶晶变得如此"勇敢",他居然坐在地上哭了起来。原来他只是一个"纸老虎",晶晶从此再也不怕这个小男孩了。

很多困难都是这样的,只要孩子能拿出勇气面对时,就会发现对手并没有想象中的那么强大,而女孩儿总是低估自己的能力,所以才总是逃避问题、逃避困难,渐渐地养成了胆小懦弱的性格。当女孩缺乏自信时,即使面对比自己弱小的对手也不敢挑战,而把自己放在失败者的位置,这样当然不会成功。但是,女孩并不是胆小懦弱的代名词,女孩同样可以做得很出色。女孩也许表面是柔弱的,但是内心却蕴藏着钢铁般的意志。

 建议父母的妙招：

如何打造一个性格健康、活泼开朗的女孩呢？父母首先应当认识到，女孩并不是天生胆小的。父母可以通过下面的方法教育孩子勇敢面对困难，不惧怕困难。

1. 多鼓励

谦让是一种美德，但是争取却是一种能力。面对自己无法预测的结果要积极地争取，消极地回避是不能得到自己想要的东西的。在女孩希望得到某种机会或者某样东西时，在女孩的权利受到侵犯时，在女孩面对各种压力时……争取并不一定能够获得，但是放弃却意味着失去。因此，家长一定要教会女孩积极努力地去争取，大胆地说出内心的想法。

另外，家长还应该鼓励女孩：勇敢起来，躲避不能解决任何问题，要用正确的方法面对那些"侵略者"，只有这样才能永远不受别人的欺负。

2. 少吓唬

女孩的胆小懦弱，很大一部分原因都是在家庭教育中形成的。当女孩表现不乖巧时，父母多会这样吓唬女孩："你再不乖，狼外婆就来了。"年幼的女孩并没有掌握太多的科学知识，所以很容易就被家长的戏言吓倒，并且产生深深的恐惧。因此，女孩的胆小懦弱和家长不正确的教育方式有很大关系。对生活充满恐惧的女孩，很难有勇气去面对"侵略者"。在受到欺负时，恐惧就像一个巨大的阴影吞噬着女孩幼小的心灵。

3. 不溺爱

家长的溺爱也容易让女孩形成胆小懦弱的性格。"不要动，小心烫着你！""想吃苹果？妈妈给你削，刀子会伤到手！"在父母过分的保护下，这种消极的信息会暗示女孩：外界的事物是不安全的。在父母的溺爱中，女孩一方面会变得娇纵，不可一世，另一方面则因为很多事情没有体验过，所以会有恐惧心理。这样的女孩在面对"侵略"、面对困难时首先想到的就是躲避。

# 细节8：培养优越感的女孩不娇纵

随着科学的发展，社会的进步，人们的生活条件得到很大的提高。然而，与此同生的是：父母对孩子百般的溺爱，孩子在家庭中的地位越来越高，致使许多孩子变得越来越娇纵、越来越难管了。

毛毛今年8岁，上小学三年级，学习成绩优良。可是因为是家里的独生女，非常的任性、要强、自私，还有很强的嫉妒心理，动不动就发脾气。菜不好吃，责怪大人；父母吃了她爱吃的点心，就大嚷大叫；每天起床，几乎总要找点事情，发一顿脾气。

父母给了孩子最好的呵护，但可悲的是父母越是以孩子为中心，孩子就越以自己为中心。因为家人的过度宠爱，她就认为理所当然所有的人都要满足她的要求，一旦要求不能满足，她就会随意胡闹。

前苏联儿童文学家盖达尔有一次带着5岁的小女儿珍妮给孩子们讲故事。孩子们聚精会神地听盖达尔讲故事。此时，小珍妮却旁若无人地在礼堂里走来走去，有时还故意使劲跺跺脚，发出惹人讨厌的声响，跺完脚后还露出得意的神情，她的举动仿佛在告诉小朋友："你们看，我是盖达尔的女儿！你们一个个都在听我爸爸讲故事，这些故事我每天都能听到！"

盖达尔看到女儿的行为，立即停止了讲故事，他突然提高嗓门儿，大声地对大家说："那个猖狂的小家伙是谁？请你们把那个不守秩序的小家伙撵出去！她妨碍了大家安静地听故事。"

小珍妮一下子愣住了，她万万没有想到自己亲爱的爸爸竟然会这样说她，虽然她连哭带喊地赖着不走，想让爸爸心软，但是盖达尔不为所动，坚决要求工作人员把珍妮拉出会场。

盖达尔对女儿的教育是及时而有效的，相信小珍妮从此以后再也不会因优越感而滋生娇纵的情绪。

相反，如果您的女儿在日常生活中也常有娇纵的问题出现，那您可一定要改变教育方式了。正如前苏联教育学家苏姆林斯基所说的："娇纵的爱是最可悲的。"对于女孩来说，一旦养成娇纵的个性，其后果更是不堪设想的：

娇纵的女孩，往往会失去节制欲望的能力；

娇纵的女孩，往往无法忍受愿望不能实现的痛苦；

娇纵的女孩，往往会怠惰，并缺乏思考力和创造力；

娇纵的女孩，在日后的事业、职业生涯中，因为不想、不愿付出努力，期望与失望之间的落差往往会很大。

建议父母的妙招：

相比男孩来说，在教育女孩的同时，父母的确应给予更多的宠爱。但这种宠爱，更多的应是一种鼓励、一种支持、一种信任，而非物质的绝对满足、无条件的绝对纵容。

1. 适当控制女儿的优越感

我们常因自己聪明可爱的女儿而感到骄傲。同样的，女儿也会因我们而产生特殊的优越感。这种优越感一旦过了头，就会让孩子变得骄纵和蛮横，成为一个没有礼貌、令人生厌的人。因此，当你的女儿"优越感"过头时，父母一定要及时告诉孩子：自豪感和自信心应来源于她们自己，而不是父母或者他人。

2. 不迁就女孩不理智的行为

任何一个女孩小的时候，都曾用哭闹的行为来"胁迫"父母。如果父母对此无奈妥协，那么就很容易助长女孩娇纵个性的形成。因此，对于小女孩的一些不理智行为，父母务必做到严格要求、态度始终如一。这样的方法虽然看起来太过严厉，但对于制止女孩的娇纵行为来说，却是最有效的。这样不仅能让女孩认识到了自己的错误，更学会了自我控制、不以自我为中心。

# 细节9：让女孩完美地展现自己

一个善于表现自己的人，他的成功机会就会比别人多得多。空有才华而不懂得表现是人世间最可怕、最悲哀的，因为这会使你白白丧失许多成功的机会！

那些埋怨机会不平等的人，总觉得自己没有碰上表现自己的好机会。其实，成功不是没有机会，而是你没有识别机会、抓住机会、利用机会而已。

机会对每个人都是平等的。要想在人生的道路上取得成功，就要抓住每一个展现自己的机会。

菲律宾总统阿罗约是举世公认的伟大的女性。她从小身材矮小，相貌一般，同龄人都不愿意和她一起玩，有的还暗地里叫她"侏儒"。

她唯一的一位朋友怕她承受不住打击,曾劝她退学:"你家境很好,可以在家里请个老师,这样就不用来学校受他们的欺负了"。但她丝毫不把同学们的嘲笑放在眼里,拒绝了朋友的好意:"长得矮有什么关系,这并不影响我学习,也不会妨碍我进行正常的社会活动,他们爱笑就让他们笑好了,我不会在乎的"。果然,不管学校有什么活动阿罗约都会积极参加,同学之间有什么聚会即便是不邀请,她也会主动前去庆贺。

虽然她在体检上不达标,但因为每一次募捐演讲她总是第一个勇敢地走上讲台,用自己卓然傲立的姿态和精彩的演说震撼了在场的所有人,学校破例把去国外著名大学深造的机会留给了她。

毕业后,获得了经济博士学位的她,当上了政府部门的高级职员。每逢部门开会,因为怕得罪人,同事们往往很少发言,可她却每次都第一个站起来对部门的一些弊病进行严厉的批评。散会后,不少同僚都劝她:"以你的条件,能在这样好的部门工作已经是奇迹了,少惹一些是非才对呀!"她却并不放在心上,仍然坚持自己的原则和一贯的为人处世作风。

后来,这位身高仅1.5米的姑娘,凭借着自己果敢的勇气和冒险精神,因在国家非常时期对政治经济大胆提出一揽子切实有效的改革建议,成为菲律宾人拥护的新经济模式的带头人。

曾有一个民意调查,询问民众为什么选阿罗约当总统。民众公认的答案是阿罗约具有勇气、有胆量,面对波折有不怕牺牲、不妥协后退、不怕艰险的冒险精神,这是总统人选必备的气质。菲律宾人民相信,在阿罗约的带领下,菲律宾会变得更强大。

我们所知道的张欣,往往是作为大名鼎鼎的潘石屹的妻子。其实张欣自己本身就是中国的联席总裁。

14岁时,张欣随母亲移居香港。那时候,她只是香港工厂的流水线女工,除了很快就能讲一口流利的粤语外,还能讲一口流利的粗话。因为她发现,作为一个外来妹,如果你很乖,人们就会认为你好欺负,为了不让自己挨欺负,她总是故作一副强势的样子,后来张欣意识到如果自己没有文化知识,就只能当一辈子女工,于是张欣只身赴英国留学。

她获得剑桥大学发展经济学硕士学位后,紧接着成为美国华尔街投资银行高盛公司的投资顾问,充分证实了自己的能力。

张欣非常热爱艺术,痴迷于一切能够展现创造力的活动,尤其是对建筑艺术,更是充满了激情。作为中国最前卫建筑的资助者和具有创新精神的企业家,她多次赢得具有国际声望的大奖。而SOHO中国所开发项目的创意也均来自张欣。她

的作品"长城脚下的公社"于2002年应邀在威尼斯双年展第八届国际建筑展上展出。"因其大胆的创新精神,积极推动12名亚洲建筑师设计建造出极富当代精神的私人住宅"而一举荣获威尼斯双年展"建筑艺术推动大奖",这是中国人首次在世界建筑舞台获奖。

每个女孩的父母都相信自己的女儿具备独一无二的能力,但是女孩却不一定能把这独一无二的能力发挥出来。的确,很多女孩都很有才华,但是发挥才华,还需要父母的帮助。

建议父母的妙招:

1. 教育女孩,美不仅在表面

对于一个人来说,外表固然重要,但不是最重要的。对于女性而言,美更应该是由内而外散发出的光彩,外表的光鲜只是瞬间的浮华罢了,只有拥有坚强的意志、率真的性格,在某些方面有所成就,才能成为永恒闪亮的明星。

2. 让女孩将自己的能力完美地证明给别人看

很多女孩子都会害羞,由于不敢表达自己而错失了很多机会。告诉女孩,如果你想成功,就大胆秀出自己,把你的特长和想法大胆表达出来。你不说,别人怎么知道呢?

# 细节10:培养女孩的忍耐性

做妈妈的可能都有这样的体会,孩子还在襁褓中时,她一嘤嘤作声,做父母的便迫不及待地前去抱她,以后你会发现孩子哭闹的次数会越来越多,越来越频繁。这就是婴儿的狡黠,如果婴儿的行为可以引来一些愉快的经验,她就会再三重复这样的行为。每一个健康的小女婴都会借着娇嫩的哭泣声操纵自己的父母亲,使没有经验的父母亲在房间里忙得团团转,从而得到满足。

因此在给予婴孩适当的爱和使她变成一个小暴君之间,务必找到一个中庸之道,当孩子的需求不是很紧迫的时候,对她的哭声要学会安之若素。你完全不用担心,因为哭是对肺部有益的运动,当然,你必须要特别留心分辨她的哭声,到底是一般性不舒服的信号或是极端挫折之下的尖叫,作为母亲,分辨这个是不难的。

现在的女孩子吃的绝对都是营养的，玩的也都是健康的，为什么却比过去的女孩缺乏忍耐力了呢？其实，绝大多数都是父母的教育不当引起的。由于经济条件越来越好，父母通常都会无条件地满足家中唯一宝贝女儿的愿望。

现在的人们崇尚"女孩要富着养，男孩要穷着养"，男孩子穷着养有利于孩子从小磨炼意志和品格，这样长大了就有所担当，能打出一片自己的天地；而女孩子富着养呢，就是让女孩子有大家风范，有傲气和单纯的性格。

我们暂且不说这种理论是否正确，但是对女孩过度娇惯，为了让她所谓的"格局"扩大，就不惜资本，满足孩子的一切要求，她的幸福感是有了，但是对物质的欲望却更强烈了，同时女孩特有的忍耐力也慢慢消失了。

因此，不管穷着养，还是富着养，都不要无条件地满足孩子的一切要求。因为面对父母的有求必应、百依百顺，孩子的头脑中会逐渐形成这样一种思维"定式"：我要什么马上就能有什么。孩子欲望的沟壑变得越来越深、越来越宽，父母的爱和关注使孩子变得越来越贪婪，而且无法容忍自己不能得到想要的东西。这样，父母的爱心反而成了"毒药"。

明智的父母都会用"延迟满足"来培养孩子忍耐的好性格。表面看来，让孩子晚一天吃到她想要的蛋糕、想喝的果汁；迟一个星期得到她渴望的玩具熊或电动小火车是些微不足道的小事，但这却让你拥有了一个可爱的具有超强忍耐力的女儿，何乐不为呢？

一些父母在培养孩子忍耐力时，提倡"拖延从一分钟开始"。出生不久的宝宝哭泣时，让她学会等待一分钟。

父母，尤其是母亲，在听到宝宝哭时一定要自己先沉住气，你可以和她说说话，告诉孩子你正在做什么，等一分钟妈妈就会过去陪她，让孩子从妈妈熟悉的声音中得到安慰，消除内心的恐惧、焦虑；如果这时孩子仍旧哭，索性就让她哭上一两分钟，这有助于打磨她的耐心。

开始，可能宝宝会对"延迟"的态度十分"愤怒"，但如此操练一段时间后，宝宝的心态就变得平和了。到孩子 10 个月左右能稍稍听懂一点话时，她有一些要求，比如想要一件玩具或是什么吃的，父母可以迟一会儿给她，或对她说那样东西烫，等凉了再吃。

教育专家认为：这是小宝宝和父母进行心理较量的必经阶段，她巴不得用哭声将你吸引到自己跟前；如果你能扛得住，孩子终将也能扛得住，并接受等待。

第六章 个性：亭亭玉立，培养女孩更加上进

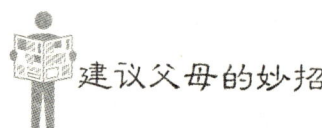 建议父母的妙招：

培养孩子忍耐力，可以从生活中的点点滴滴做起，女孩儿的妈妈不妨这样做：

1. 将孩子置身压力情境

孩子有玩的天性，想得到自己喜爱的玩具也是正常的心理，可是如今的玩具花样百出，价格昂贵。当孩子要买一个价格不菲的玩具，而你的支出计划中没有这笔消费时，你就应跟她商量：可以买一个便宜的你喜欢的小玩具，如果你能帮妈妈节省生活费，妈妈会很感谢你。如此，孩子心中有了矛盾，开始主动调节自己的需求达不到满足时的情绪，达到心态平和。这就是常说的——给孩子设立一个压力情境，而这也是锻炼孩子忍耐力的好方法之一。

2. 实现目标得到奖赏

我们知道，一个人有了自己的目标，做事便会有毅力。孩子也一样，当孩子渴望得到某样东西时，妈妈可以要求她们先达到某一个目标，达到后作为奖赏给她。孩子越大，要求也要相应的高一些，最重要的是所订下的目标，必须清楚、明确、合理。此外，不妨采用"奖励卡"或"奖励贴纸"这些小道具，让孩子容易掌握自己的努力成果。

3. 多项历练接受考验

要培养一个人的耐性，关键就在于建立延迟满足欲望的能力。而在这一过程中，如果时间和精力容易消磨，情绪也不容易波动，耐性自然而然地就建立起来了。因此，妈妈不妨安排孩子多参与不同类型的兴趣活动。

生活小事铸就孩子的高素质，父母从生活细节入手，日久天长，孩子的坚持力就会不断增强。

# 细节 11：培养女孩理性思考

人们常说男孩比女孩聪明，其实除了特殊情况，每个孩子刚刚出生时，智商基本不会有太大区别。所不同的是，女孩的思维方式与男孩不同，她们更加感性，更加相信自己的直觉。也正因为如此，面对问题，女孩往往会轻信自己一时的感觉，而不去做过多的逻辑推理。

事实上，理性思维能力对于女孩的一生来说，是至关重要的。一个习惯于理性思维的女孩，不仅学业方面会更优异、成长中少走很多弯路，而且她对人生的众多选择也会更具甄别能力。我们甚至可以这样说，一个具有理性思考能力的女孩，将更易收获一个成功的人生！

一位行为学专家曾说过："思考能够拯救一个人的命运。"事实正是如此，有思考力的人才会有创造力，才能掌握自己的命运。而对于生来就力量弱小的女孩来说，更是如此。

那么，在女孩的成长过程中。她的理性思维能力将从何而来呢？

其实，孩子的思维能力，是在生活中一点点累积起来的。例如，女孩都爱听故事，尤其是童话故事。

在给女儿讲述世界著名童话《灰姑娘》时，有位妈妈是这样做的：

她讲完故事后，问道："女儿，你想想，这个童话中，有没有不合理的地方？"女孩想了想："王子是拿着灰姑娘掉下的水晶鞋才找到她的，那深夜12点钟马车等均变回去了，那么水晶鞋为什么没有变回去？"

妈妈听了女儿富有思考力的回答后，兴高采烈地表扬了她一番，并鼓励她重新改写这篇名著。

很多父母在讲故事的时候，都是故事讲完就算了事。这样的讲述方式，不仅不会引发孩子继续思考，而且还容易让孩子养成凡事全盘接受、不去进行深入思考的习惯。

上面这位妈妈的做法不仅培养了孩子的阅读写作能力，更重要的是，她锻炼了孩子的逻辑思考能力，让孩子自小便敢于向权威挑战。因此，在日常生活中，父母在给自己的女儿讲故事时，不妨启发孩子多思考，引导孩子看到故事背后的故事。

同样，在日常生活中，父母与女孩交谈时，如不将理由解释清楚，只是简单命令式地强迫孩子服从，也容易延迟孩子逻辑思维能力的发展。

比如女儿要求妈妈买雪糕给她吃，妈妈只对她说"不准吃雪糕"或"乖乖，听妈妈的话，不要吃"。在回答孩子时，母亲没有解释为什么不准孩子吃雪糕，只是一再重复不成理由的命令式话语，这样就很容易使孩子混淆理由与结论间的区别。

相反，如果这位母亲能够耐心地解释："现在不能吃雪糕，是因为你的咳嗽没有好彻底，不能吃生冷的食物，否则会刺激喉咙，咳得更厉害。"这时，孩子就会明白妈妈的用意，了解到这样的理由导出这样的结论，如此也才能培养孩子的逻辑思维能力。

在教育女孩的过程中，家长们最容易走入的一个误区就是，认为女孩听话、

好管理，所以常常以命令代替解释。当命令越来越多、解释越来越少时，女孩自然也就丧失了主动思考、主动探询的动力。如此，理性思考的能力又从何而来呢？

建议父母的妙招：

让女孩从小就学会理性思考应该是父母的责任。那么，如何才能让孩子学会理性思考呢？

1. 引导女儿从不同的角度想问题

父母应该注意引导女孩从不同的角度想问题，以培养其思维的多角度性。对任何一种解决方案，父母都应有意识地引导女孩考虑其利弊两面。并且，对于同一个问题，父母不仅要引导女孩学会正向思维、逆向思维，还要引导她进行横向思考。

2. 经常与孩子展开争辩

争辩不仅可以引发孩子进行认真细致的思考，而且能培养其思维的敏捷性。因此，在生活中，父母可多与女儿就现实问题进行探讨，如争辩看电视、打游戏机时间长了好不好的问题；观看某一电视后，与孩子争论对某一人物或问题的看法等。这样，不仅锻炼了孩子的思维能力，还提高了她对许多问题的认识水平。

3. 多向女孩提出需要推理的问题

父母在日常生活中，应依据各种各样的生活情景，有意识地、积极地引导女儿去主动思考。父母应经常向她提出一些需要做简单的推理判断才能回答的问题。比如，对孩子进行因果关系的训练（即训练孩子思考某个行为带来的可预测的后果）等。长此以往，孩子的推理能力、思考能力，都将得到很大程度的提升。

# 细节12：让女孩做一个自信的人

美国文学家爱默生曾说："自信是成功的第一秘诀。"而拥有自信的女孩不但能够获得成功，同时还能让自己在自信的映照下散发出一种夺人心魄的美丽。所以父母能给予女儿的除了珍贵的生命，还有创造精彩人生必不可少的信心。

默默今年上小学二年级，是一个很没有自信心的女孩子。有一次，班里选班干部，她的票数是全班最多的，但是她说什么都不愿意当。她的妈妈知道这件事情之后，就问她不当的原因，默默扭捏着说："我怕我当不好，到时候大家都不会喜欢我了。"于是默默妈妈一边鼓励默默尝试，一边给她分析怎样做一个班干部才能让大家喜欢，同时在学校里老师和同学们也都不断鼓励默默，希望她能当班干部。

后来，默默在众人的支持和鼓励下担任了班里的文艺委员。默默妈妈在女儿当上班干部之后，每天都会询问她班里工作的情况，然后从旁给她一些鼓励和支持，后来默默不但变得越来越开朗，越来越自信，自主性也越来越强，还组织同学们在校庆日上表演了节目，获得了老师们的一致称赞。

默默的转变是令人欣慰的，她从一个缺乏自信心的女孩子变成一个自信独立的女孩子，这中间的转变和她妈妈的鼓励是分不开的。其实，父母是女儿自信心的助推器，而自信心是女儿展示自己魅力，冲破艰难困苦走向成功的力量来源。所以，我们要让女儿做一个充满自信的人，信心满满地去面对人生的机遇和竞争。

建议父母的妙招：

父母都希望自己的女儿是一位充满自信魅力的女孩子，但因为各种各样的原因以及女孩子的天性，自卑就像一颗毒芽一样深藏在她们心中，所以父母要及时加以拔出和引导，然后把自信的种子放进女儿的心中，等到有一天，便会猛然发现，女儿因为自信的陪伴已经开出了这世上最美最灿烂的花朵。

1. 多对女儿讲"你能行""你可以"

世界上任何一个孩子都希望被认同、被肯定，而且这种被肯定的心理需求比成人更强烈。心理学家通过研究也发现，孩子对自己的评价很多是源于周围人对自己的评价，而且这种评价会深深影响他们的心理和生活。

假如身边的人对他的评价是积极的、肯定的，他便会觉得自己一定行，这时自信心就像一股股小溪流一样注入他的身体，让他在生活中逐渐变得自信坚强起来；假如身边的人给他的评价是消极的、否定的，那么他便会觉得自己一无是处，做什么都不会成功，自信心会很快在心中断流，而自卑和懊悔则会像侵蚀身体的毒液一样注入他的四肢百骸，严重者会让他产生自暴自弃的想法。所以，我们要多对自己的女儿说"你能行""你可以"，让她在不断被肯定的氛围中健康快乐地成长。

2. 让女儿从不断成功中获得自信

不断地获得成功是培养孩子自信心最重要的一种方法，因为过多的失败会一再打击到孩子的自信心，让他们开始怀疑自己的能力，进而产生自卑感。如果你的女儿做一件事情是在不断自我否定的情况下进行的，那么成功只会离她越来越

远,所以父母要让女儿品尝到成就感,在一次又一次的成功中获得自信心。

燕燕是一个很早熟的小女孩,虽然看起来只有7岁,但是妈妈从她的眼睛里发现她对周围的人产生了一种戒备感,好像害怕别人走进她的世界一样。平时家里来客人了,也不爱和别人打招呼,总是一个人怯怯地躲进自己的房间。妈妈担心她心理上有什么问题,于是带她去了医院,但是医生说这个孩子只是极度缺乏自信,小小年纪自卑感就很强了。

为了让女儿拥有更多的自信,妈妈通过观察发现燕燕很喜欢玩模型,于是就买了几个特别简单,能够自己组装的玩具模型,让燕燕自己来组装,每当燕燕装对一个零件,她就大声地表扬。一段时间后,燕燕脸上的笑容越来越多,人也越来越自信,还主动交了几个好朋友。

3. 多鼓励,少对她说"不"

妈妈正在厨房做早饭,八岁的媛媛凑到妈妈的面前说:"妈妈,做饭我也会,让我帮你吧!"妈妈赶紧把女儿推出了厨房,脸色不悦地说:"你什么都不会,别跟着添乱,快出去玩去,别耽误我做饭。"媛媛马上嘴巴一撇,难过地回到了客厅。

中午的时候,媛媛又看见妈妈在洗衣服,于是自告奋勇地说:"妈妈,让我帮你洗衣服吧。"说完就要凑过来,妈妈赶紧阻止她说:"这不是你能干的活,待会要是把你弄湿了,我还要照顾你,乖一点,玩去吧,别跟着妈妈添乱。"

媛媛看着妈妈一脸的"不可以",只好低着头委屈地走进自己的小房间。

显然,媛媛妈妈的这种做法没能体会女儿的心情。她的这种行为会让女儿消极、悲观地认为自己做什么都做不好,只会给妈妈添乱,于是慢慢地女儿会越来越怀疑自己的能力,面对事情时会产生自我否定,进而对自己失去信心。

假如父母遇到上面这种情况时,一定要真诚地鼓励女儿,常对她说:"孩子,你真棒!你这么小就能帮助妈妈做事,简直太了不起了!"接下来,再教女儿如何做,怎样做到最好,而且父母要在孩子帮助你的过程中,不断地鼓励、赞扬她,渐渐地女儿在这种鼓励的氛围中,不仅会养成爱劳动的好习惯,更会培养起自己的自信心,同时父母也加深了与女儿之间的亲子之情。

# 细节13：培养女孩强烈的责任感

责任心，是指个人对自己和他人、对家庭和集体、对国家和社会所负责任的认识、情感和信念，以及与之相应的遵守规范和履行义务的自觉态度，更是一个人日后能够立足于社会、获得事业成功与家庭幸福至关重要的人格品质。

没有责任心的女孩子，她的人格就不可能健全，她的发展之路就会受到阻碍，因此，父母一定要能在培养孩子的责任心上下工夫，让女孩子承担起社会所赋予自己的责任来。首先父母要成为孩子的一个榜样，在潜移默化中让孩子学会负责，另外就要教导孩子，为自己的行为负起责任。

那么，我们先来看看到底是什么使孩子缺乏责任心？

1. 过于保护孩子

大多数的父母经常对孩子这样讲："现在生活好了，我们不需要你为家操一点心，只要你做个好学生，将来有所作为，我们再苦再累也心甘情愿。"特别是对女孩子，他们本着女孩子就要富着养的心态，更不愿意让她们接触一丝一毫的烦恼，其实，父母们不让孩子为家操一点心，实际上就是剥夺孩子的责任心。

2. 破坏性的批评

当一个孩子一件事没做好，家长对其进行破坏性的批评。因为做错一件事，导致对人的否定，会使孩子觉得太痛苦了。

例如：叫你不要做，你还要做，真是不可救药！这些词语是一些家长经常用的话。这样不但不能把孩子教好，反而会把事情弄僵，更会把孩子的不良行为放大，让她们对自己不愿意负责任，更不愿意为别人负责任，这样，就真的导致孩子走向不可救药。

3. 对孩子不信任

为了培养孩子的责任心，父母必须信任她们，让她们逐渐相信自己，这容易建立她们的责任感。

宝宝摔倒了，是被一把椅子绊倒的，虽然不怎么疼，但是她还是在地上委屈得哭了起来。听到宝宝的哭声，妈妈迅速赶了过来，"宝宝不要哭，看妈妈打这个不乖的坏椅子，害得我们宝宝摔倒。"年轻的妈妈一边抱起孩子心疼地哄着，一边拍椅子以示责打，原本正哭闹的孩子也被逗得破涕为笑。

孩子已经开始学习认识世界，如果用这样的方式来教导孩子应对挫折，就会让孩子产生一种"归因心理"：无论发生什么事情，都不是我的错，都是其他人、

其他事物的过错。长此以往，孩子会养成习惯性思维方式，成长后易形成怨天尤人、推卸责任等品性。

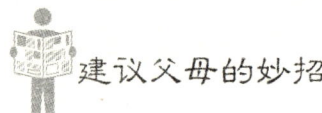 建议父母的妙招：

作为父母，我们应该怎样培养孩子的责任心呢？

1. 要让孩子拥有一颗爱心

要求孩子主动关心老人、病人和比自己小的孩子。父母生病的时候，让孩子学会照顾父母。让孩子知道父母的生日，鼓励孩子给父母送上一份生日礼物。

2. 父母还要做孩子的好榜样

孩子是否负责任，父母的影响是最重要的。父母的言谈举止直接影响着孩子，为了教育孩子，父母该特别注意自己的行为，不能把错误的、不良的习惯在不知不觉中传染给孩子。

为了让你的女儿能在将来迅速融入社会，为了你的女儿更受人欢迎，父母一定要从自身做起，让孩子学会为自己负责，为别人负责。

3. 要善于抓住生活中的点滴小事

无论事情的结果好坏，只要是孩子的独立行为结果，就要鼓励孩子敢做敢当，不要逃避责任，应该勇于承担后果，家长不应替她承担一切，以免淡漠孩子的责任感。

著名教育家茨格拉夫人说："必须教育孩子懂得他们不同的一举一动能产生不同的后果，那么随着时间的推移，孩子们一定会变得很有责任感的。"

4. 让孩子学会为自己的错误负责

"负起责任"的另一方面，是当孩子犯错误时，要勇于承认。父母要告诉孩子，只要犯错的人知道怎样改过，他也就不会怕面对新事物，不会怕与陌生人见面了。

例如，孩子跟着父母去朋友家做客，不小心损坏了物品。这时应该让孩子知道，是由于自己的过错，才造成了这种后果，应当给予赔偿。之后一定要带孩子一起买东西去朋友家道歉。

5. 让孩子承担一定数量的家庭责任

作为家庭中的一名成员，孩子既应该享受权利，也应承担一定的家庭责任，包括建立家庭中的岗位，承担一定数量的家务劳动。父母可通过鼓励、期望、奖惩等方式，督促孩子履行职责，培养责任心。如果一个女孩子在家庭层次的责任心难以确立，将来走上社会也难以向社会层次的责任过渡，而她在自己建立家庭后，也难以负起责任。

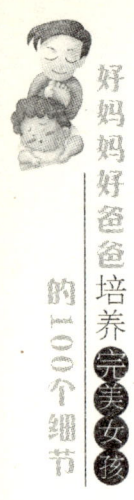

# 第七章
## 教女高效有方，让女孩的学习更上一层楼

良好的学习环境，对知识的好奇心，高效率的学习方法，这些对女孩学习水平的高低有着相当重要的影响。父母应该充分挖掘女孩学习的潜力，让女孩的好奇心成为学习的原动力，让孩子感受到学习的乐趣，进而去主动地汲取

# 细节1：让女孩感受学习的乐趣

兴趣，是孩子学习知识的原动力。只有激发起孩子的学习兴趣，才能够让孩子自觉地去学习。

婷婷是个天真可爱的小女孩，可就是爱玩，学习成绩非常差。虽然父母管得很严，但成绩就是一直上不去。每当爸爸对婷婷说："爸爸教你算题好不好啊？"婷婷就会对着积极的爸爸看上一眼，然后转身离开去玩她的玩具。婷婷的父母气极了，就逼她学习，结果逼也不行，照样玩儿。后来就开始打她，谁知道打也不行，婷婷还挺倔，一边号叫，一边一个劲儿地喊："我就不爱学！我就不爱学！打死我也不学！"

婷婷的这种情况是现在很多孩子的真实写照。面对学习，有的孩子在听课中常常走神，有的孩子一看到书就想睡觉，像婷婷这样干脆直接就说很讨厌学习。造成这些问题的原因是多方面的，但其中很重要的一点就是她们对学习的兴趣不足。大家都知道兴趣是学习最好的老师，但如何培养孩子的学习兴趣也是个难题。

建议父母的妙招：

让孩子学出成绩的首要条件就是使孩子对学习产生兴趣，这样孩子才能积极地去学习。那么作为父母，应该怎样激发孩子的学习兴趣呢？

1. 让孩子在学习中不断感受到乐趣

要想让孩子在学习中感受到乐趣，就要不断激发其对未知的探索、对新知识的渴求，从而充满着获得知识的愉悦感。这就好比我们旅游爬山一样，登得越高就看得越多越远。当孩子从学习中感到了快乐后，即使对孩子的学习管得严格些，孩子也容易接受了。

2. 让孩子在游戏中学习

游戏是孩子最感兴趣的事情。如果能够让孩子在游戏中学习，那么孩子就会慢慢地对学习产生兴趣，从而把对游戏的兴趣转移到学习上去。当然了，父母也不能让孩子玩"疯"了，可以让孩子在游戏的同时学习，做到游戏和学习相结合，这样也会让孩子对学习产生兴趣的。

3. 让孩子在努力中不断体验成功

相比成人而言，孩子内心的承受能力较低，多次失败，就会使孩子失去对学习的兴趣和信心。因此，对孩子的点滴进步和成功，父母都应给予适当的表扬和鼓励，哪怕是一句"今天很不错"的话。孩子体验到的成功越多，兴趣就会越浓厚，周而复始，孩子自然就能天天向上了。

4. 教孩子学以致用

父母要鼓励孩子将所学知识运用于实际生活中，解决实际问题。孩子运用所学知识解决问题的过程，不仅是加深记忆的过程，也是体验知识价值的过程。父母还可以让孩子多参加丰富多彩的课外活动。如孩子对数学没有兴趣，就鼓励孩子参加数学兴趣小组，多做数学趣味题，就会激发孩子学习数学的兴趣。

# 细节2：让女孩知道为什么学习

在现实生活中，很多父母已经发现了，自己的女孩经常会抱怨学习辛苦，进而逃避学习，如此一来，成绩自然不够理想。有的女孩虽然成绩尚可，但是却经常感到迷茫，她们不知道自己为什么要学习，学习这种行为对她们来讲，只是在听从老师和家长的命令。这是非常危险的，因为这样的女孩非常容易受到一些负面因素的引诱，进而放弃学习。

面对这样的现实，家长们应该积极想出对策，让女孩挖掘自己的潜力，努力学习，有所成就。这个方法就是让女孩设置目标，让她知道自己的方向在哪里，为什么而学习。

有这样一句谚语："一个确定的目标是成功的一半。"一个人只有确定了目标，才有一个奋斗的方向，才不会在执行中迷失自己。善于自我激励的人必然有自己的目标，她会朝着自己的目标不断前进。

建议父母的妙招：

女孩的父母应该如何指导女孩通过设置学习目标来激励自己呢？

1. 具有明确性，以数量、质量或时间来表明目标

在孩子正确认识自我的基础上，父母要鼓励孩子树立自己的目标。如果孩子经常谈论他的梦想或者目标，聪明的父母不要嘲笑孩子的梦想，而是应该鼓励孩子说出来，同时引导孩子向着自己的目标去做。当女孩说出自己的目标是什么的时候，父母要引导孩子把这个目标写下来，并把它当成行动的计划，去做一些能够实现目标的事情，这样才能把目标变成现实。比如，父母要教育孩子好好学习

科学知识,可以让孩子在一年内学习两册科学知识读本。当然,并不一定是要树立当科学家、政治家之类的远大目标才有意义,实际上,目标没有高低贵贱之分,不管孩子的目标是什么,只要父母善于引导都是好目标。

2. 目标具有系统性,合理安排大小目标

孩子的目标往往会定得不切实际,过于遥远或者不太容易实现,这时,父母要教孩子把目标分割成小目标,鼓励孩子分阶段去实现小目标,直到实现大目标。

事实上,在孩子制定目标的时候,不妨叫孩子把要求定得低一点,以增强取胜的信心,然后教孩子努力实现每一个小目标。例如,如果孩子的学习成绩不好,可以教孩子从不及格向及格再向更高分迈进,千万不要一下子就把高分定为目标。

3. 目标高低要因人而异

目标不仅有长远之分,还有着高低之别。帮助孩子制定目标不能一概而论,要根据孩子自身的条件来制定。对于学习基础好,又有较强的学习能力、成绩比较稳定的女孩,较高水准的学习目标对她们是合适的,能够激发起她们进一步学习的动机。可是对于学习基础差,学习能力较低的女孩,盲目地确立过高的学习目标,不但对学习没有帮助,反而会有害处。因为过高的学习目标对她们来讲,常常是难以实现的,可望而不可即的,一旦确立这样的高目标,结果往往是失败的打击,使她们心灰意懒,对学习成功不再抱有信心。因此,每个家长都应全面分析女孩的学习基础和学习能力,进而帮助女孩为自己选择一个高低适当的学习目标。一般来说,所谓适当的目标应该要略高于自己原有的学习基础和水平。

制定学习目标是一件很重要的事情。心理学研究证明:学习目标可以激发孩子的学习动机。如果学习目标不明确,那么对学习的态度也是暧昧的;学习目标有错误,学习的结果自然也会出错。将学习目标完全变成自己的东西,并不断地努力,在努力的过程中还要不断地修正自己,这样就会向着正确的方向前进。

# 细节3:培养女孩在循序渐进中进步

循序渐进的规律,就是指求知要由易到难,由近及远,由此及彼,由表及里,由低级到高级,由简单到复杂,由具体到抽象,从而"渐渐向里寻到那精英处",即到达理想的胜境。

宋代大教育家朱熹说过:"读书之法,在循序而渐进,熟读而深思。"学习是一个循序渐进的过程,知识的逐步积累很重要。即使是再聪明的孩子,若想一下子达到目标,那也是不大可能的。

著名数学家华罗庚，他在自学高中课程时，时常犯急躁病，一个劲地加速，结果所学的知识成了"夹生饭"。这个教训使他领悟到：片面求快不符合读书的辩证法，必须循序渐进。后来，他宁肯在学校里学得慢些，练习做得多些，用五六年时间才学完了高中课程。看起来高中课程学得慢了一些，但因为学得扎实，所以给他后来学习大学课程带来了方便。到清华大学没多久，他就听起了研究生的课。

华罗庚的故事告诉我们，学习、读书要扎扎实实，由浅入深，循序渐进，有时还要回顾，以暂时的退步求得扎实的学问。学习如上台阶和吃饭一样，一步跨十个台阶和一口吃成胖子都是做不到的。

一位音乐老师是这样教育她的学生学习音乐的：

老师在音乐课上曾经问过一个学生，假如想在24小时内得到一桶自来水，你会一滴滴地滴满一桶水吗？她说肯定不会，她肯定会迅速打开龙头到最大，放满一桶水，仅须几分钟时间，放满水后的23个多小时的时间会干其他事情。这是大多数小孩的想法。

老师对孩子们说，生活中，当你发现龙头一滴一滴往水桶滴水，一天一夜的时间竟然也能盛满一桶水的时候，你就会领悟什么叫循序渐进，什么叫坚持！

这位老师正是遵循了循序渐进的道理来帮助同学不断进步，她在课上的要求并不高，但是却训练扎实，一步一个脚印。她告诉学生们："不要和基础高的同学相比较而去追求相对意义上的进步，我们只求绝对意义的进步，只要自己今天上的音乐课进步了，自己有收获了，自己开心了，仅此足矣。"

其实，孩子将来无论做什么事也跟学音乐一样，都并非是一帆风顺的，像这样的起伏还会有许多次，只要每天都在努力，就进了一大步，这就是渐进。由此一来，孩子便会在循序渐进中不断进步。

由此可见，学习切不可急于求成，耍小聪明，我们只有根据知识的内在逻辑程序，由浅入深、循序渐进地学习，才能真正学到知识。

建议父母的妙招：

那么，父母具体应该怎样培养孩子循序渐进的学习习惯呢？

1. 打好基础最重要

古人云："九层之台，起于垒土；千里之行，始于足下。"父母要告诉孩子基础的重要性，无论做什么事情，打好扎实的基础是不能忽视的，教导孩子切忌好高骛远。

2. 注意孩子的学习阶段性

俗话说：贪多嚼不烂。学习时，要考虑孩子的接受能力，不宜求之过急，而

要注意学习的阶段性。在一定时候学一定内容，不能错过学习良机，又不能勉强"超前"，脱离智力发展的可能性。这样，才能摆脱"欲速则不达"的弊病，逐渐而牢固地将一点一滴积累成知识的长河。

3. 让孩子设定一个"次目标"

告诉孩子为了要达到"主目标"可以先设定一个"次目标"，这样会比较容易完成"主目标"。否则，孩子很有可能因为目标过于远大，或理想太过崇高而丧失信心，这是很可惜的。设定了一个"次目标"，便可以较为轻松地获得令人满意的成绩，减轻了心理上的压力，"主目标"总有一天也能达到。

循序渐进看起来进步不显著、成果不明显，可是，由于这种进步是一步一个脚印的进步，最终必然是高效、省时的。

# 细节4：培养女孩学习的恒心

日常生活中，有些孩子对学习没有恒心，不是虎头蛇尾，就是半途而废。还有，很多孩子喜欢在每一个新学期开始时，为自己制订一个学习计划。最初几天还能完全按照计划学习，到后来，却渐渐松懈下来，最后甚至完全抛开了原定的学习计划。

学习是一个漫长的过程，不可能一蹴而就，其中必然要经历诸多挫折，遭遇诸多困难。许多孩子就在这很多阻挠面前停了下来，最后半途而废放弃了学业。

调查显示：大多数学龄孩子在学习上都有这种半途而废的不良习性。课堂听讲，前20分钟比较认真，后20分钟就坚持不下去了；做作业一遇到疑难问题就打退堂鼓；作文前几段文字书写工整，到后面就渐渐变得凌乱潦草；原打算坚持每天早读1小时英语单词，刚开始有新鲜感还能坚持，过一段时间就放弃了。

可以这样说，伟人之所以是伟人，就是能不屈不挠地实现自己的预定目标，即使遇到最大的困难也不放弃。孟子说过："故天将降大任于斯人也，必先苦其心志，劳其筋骨，饿其体肤，空乏其身，行拂乱其所为，所以动心忍性，增益其所不能。"

我们在家里烧开水，烧到99摄氏度水也不开，但若继续烧，只要再烧1摄氏度，水就会冒气冲盖，沸腾起来。可是你若在每次烧水时，中途停顿下来，让它冷却，那么就是重烧100次、1000次，这水也永远不会成为开水，不过是在燃料和时间上造成极大的浪费而已。

由此我们得到这样一条学习规律：学习任何知识都应像烧开水那样，要持续不断加热,力争一次烧开。不然,即使你学若干次,也难以产生从未知到已知的质变,而时间将会无情地惩罚你,使你由一个少年变成皱纹满脸的老人。

有的孩子说,他之所以不能在学习的时候做到持之以恒,是因为他天生对学习不感兴趣。其实,世上不存在天生爱学习和天生不爱学习的人。我们可以把学习比喻成一个吃核桃的过程,核桃的肉是香的,但如果不把坚硬的外壳打开是尝不到的。有的人经过刻苦的学习,在学习上始终保持着一股拼劲儿,靠自己的意志和努力终于打开了核桃壳,尝到了核桃的美味,体验到了成功的乐趣,学习兴趣也就建立起来了。因此,对学习的兴趣是苦尽甘来、要经过刻苦的付出才能换来的。而那些对学习不感兴趣的孩子,往往还徘徊在"核桃壳"外面,由于在学习过程中缺乏持之以恒的毅力,没有付出足够的劳动,也就没有品尝到"核桃肉"的美味,自然也就体验不到学习成功的乐趣了。久而久之,失败的次数多了,学习自然成了令人头疼的事。

半途而废对孩子的学习效果的影响极为恶劣,同时,更不利于孩子健康、规范、严谨的学习作风的形成,它所造成的后果不仅严重,而且遗患无穷。因此,父母对孩子的这一不良习惯不能掉以轻心、视而不见或迁就放任,而要给予足够的重视。

建议父母的妙招:

为了帮助孩子克服不能持之以恒的习惯,父母可从以下几点抓起:

1. 强化孩子的学习意识

即要求孩子在学习过程中进一步明确学习的任务、学习的内容、学习的目标和要求,让学习活动始终指向既定的目标。

2. 监督、引导孩子学习

孩子都有惰性,在学习的过程中免不了偷懒而停下来,或者在学习中遇到解决不了的问题而沮丧颓废,以致放弃。因此,父母应对孩子的学习过程进行监督、鼓动,并适时给予指导,帮助他们克服惰性、克服软弱、增强信心,保持学习的连续性。

3. 鼓励孩子坚持下去

当孩子遇到难题准备放弃时,父母要给他打气,鼓励他想办法坚持下去,遇到任何困难都不能轻言放弃,要耐着性子坚持到底。孩子有了较强的意志力,有了不甘落后的决心,那么学习就有了强大的动力,学习起来就会坚持不懈,一气呵成。

4. 给孩子制订详细的学习计划

即在孩子学习之前父母通过制订学习计划帮助孩子明确学习的内容是什么、想达到什么目标、打算安排多少时间、怎样完成学习任务等。

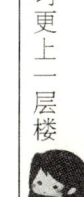

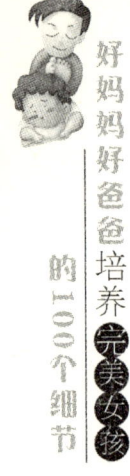

# 细节5：引导女孩学会课前预习

预习是一种非常好的学习方法，如果孩子能够在课前做好预习工作，就能对将要学习的内容做到心中有数，提高学习效率和听课效率。

大家都知道，到了青春期之后，大多数女孩的学习成绩都会走下坡路。面对女孩学习的这一发展规律，家长们总是想找到解决问题的最好方法，但更为明智的家长会立刻采取措施，帮助女孩向这一规律挑战。其中课前预习就是一个很好的措施。

9岁的孟佳上课总是不看课本，只听老师讲课，考试成绩却比认真做课堂笔记的同学要好得多。老师和同学们都觉得非常奇怪。

有一次，老师到孟佳家里去家访，这才发现了其中的秘密。原来，在孟佳上幼儿园的时候，孟佳的父母就一直对她强调预习的重要性，并指导她正确预习，到现在孟佳已经养成了课前预习的好习惯。

因为每次课前都预习，上课时，孟佳不像其他同学那样一边看课本一边听老师讲课，还得把老师讲课的内容都记下来，而是抬着头认真地听老师讲课，同时，她的脑海中浮现出自己已经学过的内容。这样一堂课听下来，老师讲的内容她就基本掌握了。回家再看一下课本，就完全掌握了。所以她每次考试成绩都很好。

预习的重要性每位家长都知道，但为什么让女孩学会预习更重要呢？用孟佳爸爸的话来说就是："大多数女孩长大以后学习能力都会落后于男孩，但如果从小让她养成一个良好的学习习惯，不仅可以弥补她与男孩学习能力之间的差距，而且这些好习惯还会促使她的成绩比男孩要优秀得多。"

的确，预习是一个人学会独立学习的关键，只有会预习的人，才能渐渐培养起自我学习的能力，才能够进行自我教育。

预习虽然是按照书本上的内容进行，但主要是通过自学来掌握关键内容、思考难点，尝试解决遇到的问题，这是对思维的一种有效锻炼。

有效的预习能够使孩子带着问题听课，对自己不懂的内容会特别注意，如果发现老师讲的和自己想的不一致，就会认真听老师讲解，直到弄懂为止。

建议父母的妙招：

与男孩比起来，女孩一般都比较安静而且比较听话，因此，让女孩养成课前

预习的习惯并不难。但是家长也不应盲目地强制她们去预习，要知道，一种好的学习习惯往往是在父母的巧妙引导下慢慢形成的。

1. 让孩子明白预习的目的

当孩子准备预习时，父母要告诉孩子，预习的主要目的是掌握基础性的知识，熟悉教材，在听课时能够有目的性和针对性。对于一时看不明白的问题，可以做个记号，留到课堂上认真听老师讲解，不需要将所有的问题都在预习中弄懂，那样浪费的时间太多，也达不到很好的效果。

2. 教孩子正确解决预习中不懂的问题

在孩子预习的过程中，肯定会碰到一些不懂的问题，这时，父母一定要告诉她，不懂是很正常的，带着问题去听课，收获才会更多。

当然，父母还要建议孩子制作一套预习符号，比如"?"表示疑问，"——"表示不太清楚，"『』"表示不懂的词语等。制作好预习符号后，父母要教孩子一些科学的预习方法。比如，先通读全文，边读边画出生字和新词语，看看字形，想想意思，遇到不懂的就在课文旁边打上问号；然后，对于自己不太明白的内容重点学习，还不明白的，就用着重号或自己设定的符号表示出来，在老师讲解的时候认真听，直到弄懂为止。

3. 坚持对孩子的预习作定时检查

家长最好在每天或每次孩子完成作业后，提醒孩子作新课预习。并且对孩子预习的结果进行检查。这就需要家长自己首先得付出一点时间，真正了解孩子的课程，知道他们现在该做什么，明天该学什么，让督促和检查能有的放矢，这也是对孩子的一种帮助。

# 细节6：培养女孩学会复习

复习是学习过程中的重要一环，它不仅使所学知识系统化，而且加强了对知识的理解、巩固与提高，也可弥补知识的缺陷，使基本技能进一步熟练。因此父母一定要让孩子养成及时复习的习惯，今天的功课今天复习完，这样才能提高学习的质量和效率。

桥梁学家茅以升的记忆力超群，很多人曾经询问他的记忆秘诀，他回答说："说起来也很简单，就是重复！再重复！"这就是在告诉我们：学过的东西，只有反复去复习，才能够牢固地记忆住，并能运用自如。有这样两个大学生，A的外语水平比B高一筹。毕业后，两个人在同一所学校里工作。后来A成了学工处长，

而B担任外语教师。三年过去了，由于B天天接触外语，英语水平不断提高，口语能力也很强，并开始翻译一部外国小说。而A呢？自从毕业后，就极少再复习运用英语，他甚至已经想不起几个英语单词了。这就是复习与不复习的巨大差别。

生活中，我们会发现有些同学特别聪明，对于老师在课上讲的内容一听就明白，理解得也比别人快。按理说，这么聪明的学生，学习应该很优秀，但是，事与愿违，他们的成绩很一般。

为什么呢？他们自己也很纳闷儿："上课的时候，我明明都听懂了，也掌握了所学的知识，怎么还是得不到好成绩呢？"

如果再仔细观察的话，就会发现，原来这些学生自以为已经掌握了所有的知识，而且自己的记忆力也很好，所以下了课后也不去复习，久而久之，那些学过的东西就渐渐淡忘了。

心理学研究表明，刚学过的东西如果不马上复习巩固的话，就会遗忘。虽然上课听懂了，但如果省略了复习环节，这样致使所学知识的系统性、完整性受到破坏。时间一长，所学的知识就会模糊、不系统，这样的知识当然容易忘记了。

建议父母的妙招：

那么，父母应该如何帮助孩子进行有效的复习呢？

1. 课后回忆法

课后回忆法很简单，即在听课的基础上把所学内容回忆一遍，它可以检验孩子的听课效果。

回忆是一种积极主动的活动，需要高度集中注意力，把学过的知识在头脑中"重播"一遍，从而巩固所学的知识。

可以让孩子一个人单独回忆，也可以几个小伙伴在一起互相启发、补充回忆。课后回忆可以按教师的板书提纲进行，也可按教材的纲目结构进行，从课题到重点内容，再到例题和每部分的细节。

2. 整理课堂笔记

课堂听课时间是有限的，而且老师讲课的速度较快，难免会漏记一些内容，这时就需要提醒孩子课后及时整理笔记加以补充。特别是提纲式笔记，它只记录了课堂内容的纲要，因此，必须整理笔记、充实内容。

此外，在课后复习中，可能会有新的发现、新的体会，也需要补充到笔记中去。整理好的笔记，应该线索清楚、重点突出、内容简要，应该是一份经过自己的加工、适合自己使用的复习资料。

3. 培养孩子今日事今日毕的良好习惯

无论采用何种方法复习，都一定要做到今日事今日毕。有的孩子放学回家，先复习一些功课，饭后再看电视，剩下的功课就想留到明天再复习了。其实，这样也是会影响记忆效果的。如果能当天晚上把功课复习完，就都记住了；如果等到第二天晚上再复习，就会遗忘一些东西。一个人想记住当天学到的知识，第一天晚上用30分钟复习可能完全记得住；如果放到第二天晚上再复习，就可能用40分钟才能把要记的东西记住。这些看来都是小事情，但是，不要放任和迁就自己，以免养成不良的学习习惯。

要力争做到今日事今日毕，安排今天复习的课程绝不能放到明天再去完成。只有这样才能强化自己复习功课的意识，养成及时复习的良好习惯。学会同遗忘作斗争，掌握提高记忆效果的方法。

# 细节7：培养女孩独立学习

新时代需要有能力的女性，但这些女性的能力从何而来呢？这与她从小接受的家庭教育有很大的关系。如果在女孩小的时候，父母就告诉她："学习是你自己的事情，你必须自己对自己负责。"那女孩就会想到，如果我对待学习马马虎虎，那就会受到老师的惩罚。为了避免惩罚，小女孩就会认真地对待学习。当认真成为一种习惯时，这样女孩也就不会再依赖别人而变得独立自主了。

小芳的作业每次都得"优"，但在最近一次考试中，她竟然考了个不及格。看着满是红叉的试卷，老师找小芳来谈话。

在老师的引导下，小芳说出了心里话："每天晚上做作业时我都想快点做完，因为只有做完了作业才可以上网、看故事书、看动画片。"

"那你不怕作业出错吗？"老师问。

"不怕，因为妈妈每天都要检查我的作业，有一点点小错误，妈妈都会发现。"小芳自豪地说。

"那你要是遇到很难做的题怎么办？"

"我想都不用想，就告诉妈妈我不会做，妈妈就给我讲。"

"妈妈给你讲了，你以后遇到类似的题目会做吗？"

"妈妈给我讲得很明白，遇到类似的题目，在妈妈的提醒下，我很容易就能做出来。但没有妈妈在身边我就惨了，这次考试就是这样，看着这些题目都很熟悉，就是想不起用什么方法来解答。"

读完这个故事，家长们知道你的女儿为什么那么乐意让你检查她的作业了吗？

每一位家长都是从"为孩子好"的角度出发,但没想到结果却害得孩子成绩下降。

其实,陪女孩做作业、为女孩检查作业的害处还不仅限于这些。我们知道孩子都是爱玩的,为了尽快做完作业,很多坏毛病便会从她们的作业中体现出来,如粗心马虎、不认真思考问题、考虑问题不全面……但即使出现这些问题,女孩也不担心,正如她们所想的"反正一会儿爸爸妈妈还会为我检查作业呢,大不了做错了再做呗!"孩子的这些问题,现在看仅仅是一个对待作业、对待学习的态度问题,但长久如此,女孩就会养成做事不认真、不负责任的坏毛病。并且这些坏毛病将伴随女孩的一生。

更为可怕的是,家长陪女孩做作业、给她检查作业,将使本来依赖性就很强的女孩对父母的依赖更为强烈,最后甚至失去自己思考的能力,变成一个没有主见的人。

所以,不想女儿变得没有思考能力、没有主见的父母,应从孩子的学习入手,不要再陪伴她写作业了,也不要再为她检查作业了!

建议父母的妙招:

孩子的自主学习能力不是与生俱来的,而是通过学习逐渐形成的。父母是孩子不可替代的启蒙者,是孩子的第一任老师。父母的一言一行,一举一动,都会对孩子产生重大影响,孩子自主学习能力的提高也同样离不开父母的培养。

1. 既要做好启蒙,又要敢于为其导航

随着孩子的一天天长大,一到初中,孩子学习的课目增多了,作业数量也增加了,孩子往往会为应付一天的作业而忙碌,并以完成作业为任务。尽管父母还能解答孩子提出的书本上的问题,但父母往往只会更多地关心孩子完成作业的情况,而忽视对其自主学习的培养。尤其是孩子进入高中阶段后,父母确实已感到孩子的学科知识难度已很大,孩子弄不懂的知识点,父母自己也是一知半解,很难应对孩子提出的问题了。而且,孩子在学校的人际关系开始复杂了,校内、校外生活也丰富了,开始变得不太听话了。这一时期,父母已经只会用"认真读书""好好读书""不懂问老师"来关心孩子,对孩子的学习已显得无计可施了。

事实上,这个时期我们的孩子才开始懂得学习父母的思维方式,直至开始形成自己的人生观、价值观,这个时期才是培养孩子形成和提高自主学习能力的关键时期。父母对孩子的"导航"在这个时期显得比任何时候都重要,父母除了要对孩子在小学和初中阶段遗留下来的学习习惯和自主学习方法不足,必须进行"亡羊补牢"外,还必须精心设计科学培养孩子自主学习能力的路径,并加以

"导航"。这样，才能使孩子逐步养成自主学习的习惯，形成自主学习的能力。

2. 既要做好模范，又要创设自主学习的环境

根据心理学家的追踪研究，孩子的个性发展与父母的教育态度与教育方法密切相关，孩子的心理素质是在外界环境影响下建立起来的。父母要想使孩子具有自主学习的习惯和能力，一方面要以身作则，自己要加强学习，多看书、多读报、多思考问题，时时处处做孩子的表率。另一方面，父母还要为孩子创造自主学习的家庭环境。和谐的家庭环境对孩子的学习来说，是很重要的。

3. 既要积极规范孩子的自主学习，又要努力把握孩子自主学习的效果

父母一定要把学习的自主权交给孩子，让孩子能够把学习当成乐事，在学习中寻找并获得乐趣，使孩子在学习活动过程中，意识到学习是自己的事，自己应该怎样听课、复习和作业；怎样思考、发言和讨论，使孩子对知识的占有欲和征服欲望得以淋漓尽致的发挥。

当然，提高孩子自主学习的能力总要经过一定的途径，掌握一定的方法，才能实现的。在加强孩子自主学习能力培养时，还要十分注意规范孩子自主学习的行为并及时"纠偏"，要循序渐进地反复指导、反复训练，让孩子科学掌握自主学习的方法，从而不断提高自主学习的效率。这对孩子今后的课程学习、课外自学和自然社会科学知识的广泛阅读，会发挥不可估量的作用。

# 细节8：培养女孩从考试紧张中跳出来

考试紧张是很多孩子的通病。作为父母，当孩子在考试中陷入紧张不安的状态时，一定要冷静地面对她的焦虑，帮助孩子分析所面临的形势和困难，多给孩子一些赏识和指导。让她明白，胜败乃兵家之常事，即使失败，父母也会一如既往地爱她、支持她。

小霞今年上小学五年级了，平时学习非常刻苦，做作业也特别认真。在班级小考中，她总是名列前茅。可一到期中考试或期末考试时，就会出现种种失误：不该错的地方总错，会做的题也不会做，紧张得大脑一片空白。有时候还会出现肚子疼、呕吐、腹泻、手脚发麻等，令父母感到束手无策。

今年上半年期末考试时，第一天考语文。小霞妈妈怕小霞紧张，考不好，在送她上学的路上，不停地叮嘱她：看题目要仔细，不要答非所问；不要漏题，按顺序做；字要写清楚，不清楚的要扣分；作文如果是给3个词写一段话，可以写得比较短，如果写日记，内容要长点，如果要求写作文，就不能太短，也不能太

长,否则时间不够。总之,要认真仔细。班级之间要比赛的,你考得好,班级分就高些,说起来为班级争光,同时也为自己争光了。小霞仿佛很同意妈妈的看法,连连点头。

中午小霞回家吃饭,小霞妈妈问小霞,今天考得怎么样?小霞一脸的沮丧,说有好几道题今天早上还背得出的,可一进考场后,就什么也不记得了,可能丢了不少分。小霞妈妈听后既生气又无奈。在考试前,妈妈就反复地叮嘱小霞,叫她别紧张,可小霞还是紧张得不行。小霞妈妈真的不知道要如何疏导她,才可以避免她在关键时刻紧张的毛病。

造成小霞考试紧张是多方面的,有时是由于妈妈对女儿的期望值过高,在一些言语中对女儿造成压力;有时是由于女孩自身的心理素质不稳定引起考前紧张。面对孩子考试紧张,应具体分析是什么原因造成的,然后给孩子创造一个宽松、自由的环境。这样孩子的紧张感就会自然消除。

教育专家认为,当孩子面临考试或比赛出现紧张情绪时,父母应该给孩子充分的赏识和鼓励,告诉孩子:"只要努力,就一定会取得满意的成绩,我们相信你!"当孩子缺乏必要的准备时,应该给孩子适当的帮助和指导,让孩子有更充分的准备。

建议父母的妙招:

为了有效缓解孩子的考试紧张情绪,给孩子创造一个宽松、自由的环境,父母可以按照如下方法帮助孩子克服紧张心理:

1. 深呼吸法

如果孩子在考试中出现过度紧张,可教孩子将双手交叉放在桌面上或者膝盖上,先深吸一口气,同时闭目养神,屏住呼吸,稍停一会儿再慢慢呼出,这样反复3~4次,可达到全身放松的目的,有效改善大脑缺氧状态,使紧张心情逐渐平静下来。

2. 注意力转移法

当孩子在学习中遇到难题解不出来时,可叫孩子把它放一放,先不去想,休息一会儿再想或放到第二天再想。又如,孩子准备上台演出,总是紧张得手足无措。这时,父母可引导孩子谈论或做些别的不相干的事,使孩子不再注意演出的事,紧张情绪自然就克服掉了。

3. 体育锻炼法

如果孩子在考试中老出现紧张的心态,做父母的,可在平时多带孩子参加一些体育运动或户外运动。比如,打乒乓球、骑自行车、游泳、郊游等。这些活动有助于加速血液循环，驱散紧张的情绪。

# 细节9：理智对待女孩学习成绩

家长关心孩子的学习分数是无可厚非的。但并非每一位家长都能使自己的关心变为孩子学习的动力。调查表明，目前社会上家长对学习分数的态度以及由此引起的某些行为，确有不科学的现象存在。这些现象的存在直接影响了孩子的学习。

每次考试过后，看着孩子的学习成绩，有的家长对孩子又是表扬又是奖励，而有的家长对孩子却怒目以待，不是批评就是打骂。

然而，家长对待女孩成绩的态度会对女孩产生什么样的影响呢？

让我们来听听这些女孩的心声："与我相比，我的父母更爱分数。""我觉得我就是为分数而活。""如果父母再因为分数而不理我、惩罚我，我就决定自杀！"……多可怕的话语呀，但这确实是女孩们内心的真实想法。的确，孩子的学习成绩重要，但成绩却不应成为父母衡量孩子优秀与否的唯一标准。

一位翻然醒悟的父亲说过这样一件事情：

女儿的学习成绩始终不怎么好，每次考试后我不是骂她就是打她。有一次，她考得实在不像话，我很认真地"教育"了她一番。没想到，女儿竟然因此而离家出走了。这时，我才彻底醒悟，孩子才是最重要的。从那以后，我的心态一下就变了，忽然有种眼前一亮的感觉。

从此以后，父亲对待女儿的成绩再没有打骂过，而是采取了鼓励与支持的态度，没想到女儿的成绩一次比一次好，最后竟然在升学考试中考出了全校第五的好成绩。

父母的鼓励往往比打骂更具教育意义，这对于更需要父母关注的女孩来说更加适用。父母的责打会让她自卑，甚至放弃学习；而父母的鼓励则恰恰相反，她会认为父母关注她，对她抱有很大期望，因此为了不让父母失望她也会努力学习。

但父母在鼓励女儿的同时，还要让孩子意识到，学习是她自己的事情，她不是为父母或老师而学习。只有意识到这一点，她才会有学习的动力。

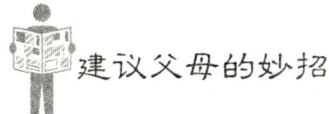
建议父母的妙招：

对于女孩的学习成绩，父母首先要理智对待，其次要多鼓励、少抱怨。

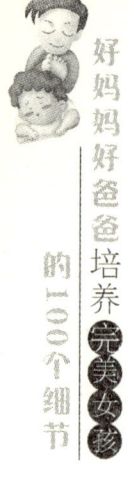

1. 对成绩好的女孩，多理智、少娇纵

理智对待女孩的学习成绩，不仅仅是针对成绩不好的女孩来说，对成绩很好的女孩也要如此。

很多父母常常会因为女儿成绩好而给她们很多不理智的爱：女儿想要很昂贵的书包，父母毫不犹豫地去买，而且还摆出很正当的理由，谁让咱女儿学习好呢？

女儿因为成绩好就目中无人，看不起同学，父母毫不在乎，并且还说，咱女儿有骄傲的资本；女儿成绩好就可以不做家务，甚至起床后自己的被子都可以不叠。

与男孩相比，女孩需要父母更多的爱与关注，但要想让女孩健康成长，父母的爱必须理智。成绩好并不是她目中无人、懒惰，甚至是为所欲为的理由。学习成绩表现的是一种能力，谦虚、爱劳动、尊重他人等又是另一种能力。父母不能只看重女儿的学习能力，而忽略了她其他方面能力的培养。

2. 对成绩差的女孩，多关注少抱怨

一位在某重点大学就读的女大学生谈起她的学习时，常会说这样一句话：是爸爸的鼓励让我考上了大学。可见父母的鼓励有多么重要。

对于一般的孩子来说，也许她们平常听得最多的话就是："快学习去""赶快写作业去"……因此她们会把学习当作一种负担，进而会讨厌学习、害怕学习。

但如果父母换一种思维，让孩子意识到学习是她自己的事情，然后少关注学习，多关注一点她的健康和快乐。如多对孩子说："学习是很重要，但是不用这么拼命，一点点来。该玩儿玩儿，该学学，要把学习变成一件快乐的事""学习很重要，但身体更重要，要做到劳逸结合，多注意一下自己的身体"……

多关注孩子的健康和快乐，这同样是对孩子的一种鼓励。尤其是对懂事的女孩来说，父母的这种态度会让她产生很强的安全感，她会因为自己的努力而自豪，会因为父母的鼓励而更加努力。

# 第八章
## 传授为人处世，带给女孩一个好人生

随着女孩逐渐长大，开始接触社会，也越来越需要懂得为人处世的道路。父母给予女孩最好的礼物，便是传授给孩子为人和处世的人生道理，从而启迪孩子的人生智慧，激励孩子奋发向上。

# 细节1：培养女孩学会与异性交往

生活中，不少家长都存在着这样一个误区：一看到自己的孩子与异性交往，就诚惶诚恐，以为自己的孩子早恋了。其实，孩子间的异性交往是非常正常的事情，也是孩子成长的一种表现。因此，作为家长就应该有意识地引导孩子与异性交往。

悦悦今年13岁，刚上初一，人长得漂亮，学习成绩也很好，是公认的乖乖女。

有一天妈妈下班回家，却在家门口看见悦悦正和一个男孩有说有笑的，关系好像很亲密，似乎不是一般的同学关系。妈妈当时并没有让女儿难堪，只是笑着和他们打了招呼。不久，男孩便走了。

第二天是星期天，悦悦正在家看书，妈妈便决心和女儿聊聊。妈妈装作无意地问女儿昨天那个男孩是谁，悦悦告诉妈妈说他是学校高中部的一个男孩，比她大3岁，偶尔认识后便老是带着自己玩，当作自己的大哥哥。后来，悦悦的学校要求学生全部住校。住校回来的第一周放假，悦悦就迫不及待地出去找女同学玩，晚上也没回家吃饭。妈妈怎么也不放心，感觉不正常，于是去找，看见悦悦和她的女同学从饭店出来。看着两个人很忐忑的样子，妈妈猜想她们肯定和别人在一起。便要求女儿告诉她一切，悦悦说是和那个大哥哥等四五个男孩在过生日。

不久，妈妈就在学校了解了那个男孩的情况，却发现那个男孩的空间留言都写的是思念啊、煎熬啊什么的，俨然是相思了，很显然想的是悦悦。这时，妈妈才意识到了问题的严重性，可又不知道该怎么办。

家有少男少女的父母们都和悦悦妈妈一样，最担心的莫过于孩子早恋。在通常情况下，青少年一旦陷入早恋，他们在感情的旋涡中常常身不由己，突然迸发出的情感往往自己都把握不住，常常会酿成冲突，甚至一场危机，父母为此揪心也是很正常的。

如果发现孩子有"早恋"倾向，父母不能粗暴对待，要鼓励孩子做一个意志坚强、目光远大的人，向孩子说明早恋的危害。既要孩子珍视男女同学间的友谊，又要教育孩子把握好与异性朋友交往的尺度，以免产生不必要的麻烦。

其实大多数青春期孩子的异性交往是凭直觉的，父母应该尊重和鼓励，不要硬给孩子扣上"早恋"的帽子，否则容易使孩子和父母造成隔阂，并让孩子产生逆反心理。

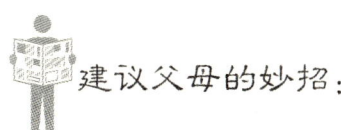 建议父母的妙招：

孩子与异性交往是非常正常的，父母要根据不同年龄段孩子的特点，对孩子进行超前教育引导，教孩子把握好和异性交往的分寸。

1. 要认识到青春期孩子向往异性交往，是青春期身心发育的必然

青春期的孩子通常情感比较丰富，情绪容易起伏波动，尤其是女孩子。这主要是由于思春心理出现。表现在注重自我形象，有强烈的自我表现欲望，渴求得到异性伙伴的肯定与接纳。

因此，父母要关注孩子，经常询问孩子对周围异性伙伴的印象如何，以了解孩子的情感倾向和所思所想。同时，父母可讲讲自己的青春期异性交往经历与故事，让孩子说出自己的看法。要注意，最好避免用早恋这样的字眼，因为这一时期的异性交往大多只是出于一种朦胧的爱慕心理。

2. 青春期是学习自律的关键期，成功的异性交往取决于自觉遵守规则

青春期异性交往并非一无是处，只要父母正确引导，它对于孩子的成长还是有着许多益处的，家长应支持。而对孩子最大的支持，是制定交往的规则，提醒孩子学会自律。

父母可以与孩子共同讨论媒体报道的案例或某些电视剧的情节，发表各自的看法，增强孩子自我控制的意志力。在异性交往中善于自我控制，可有效避免许多不必要的麻烦和被性侵害的不良后果。家长应该开诚布公，与孩子讨论与异性交往有关的问题。不必有什么禁忌，凡是孩子感兴趣的话题，都可以摆到桌面上进行讨论和争论，必要时还可以查阅书刊或请教专家。

3. 要引导孩子懂得爱别人是一种神圣责任，而不是仅仅以自我为中心

异性交往，意味着学会对异性的尊重和爱护，意味着对异性的责任和义务。作为家长，不能总向孩子灌输异性交往的害处，要公正地承认异性交往的益处和异性间互补的不可替代性。这样才具备与孩子谈论异性交往问题的前提，也才谈得上对孩子进行引导。教育孩子交往时男女同学都要学会尊重对方，包括尊重对方的人格，尊重对方的意愿，不可向对方提出无理要求，强迫对方服从你的意志，注意不要随意干扰别人的生活和学习。

父母应支持孩子与异性伙伴的交往，并可帮助她策划一些自发的小组或集体活动，也可让孩子邀请异性同学到家里共同学习或聊天。但父母要态度鲜明地指出：中小学阶段，都应尽量避免一对一的异性相处。父母还应与孩子协商约定异性交往的具体规则。

# 细节2：培养女孩学会与人分享

分享是一种博爱的心境，学会分享，也就学会了生活。分享是一种思想的深度，深思的同时，你分享了朋友的痛苦。分享是一种生活的信念，明白了分享的同时，也明白了存在的意义。

一个人欣赏一份美丽，只是一个人快乐，如果把美丽与大家分享，那种美丽就会延伸，那种快乐就会成倍增长。正如萧伯纳所说："你有一个苹果，我有一个苹果，彼此交换，每个人只有一个苹果。你有一种思想，我有一种思想，彼此交换，每个人就有了两种思想。"

作为父母就应该让你的女孩懂得分享，只有这样女孩才能从分享中获得更多的快乐。

许多父母习惯于过度溺爱女孩，把女孩放在家庭的主导地位，在这种情况下，父母看到的女孩却是心中没有他人的女孩。她们不会关心父母，不会关心他人，更不会关心社会，这样的女孩是值得父母焦虑的。

如今的女孩通常会有一种"自我中心"的心理，这种自我中心的心理根源于父母的私爱和溺爱。因此，为了不让女孩的爱心枯竭、泯灭，父母不仅要爱女孩，更重要的是让女孩学会爱，给予女孩爱的同时还要让她知道如何去爱。"溺爱是父母与女孩关系上最可悲的事，用这种爱培养出来的儿童不肯把心灵献一点儿给别人。"这是一位教育家的经验之谈。因此，父母在爱女孩的时候，应该教孩子学会与人分享。

与别人分享好吃好玩的东西，对别人说一些关心体贴的话，同情并帮助有困难的人，不计较别人的过错，对别人能够宽容和谦让，孩子的爱心就是通过这样一次次的行为模仿和强化而逐渐形成的。

建议父母的妙招：

那么，家长应该如何帮助女孩学会与他人分享呢？

1. 允许女孩有自己的宝贝

其实每个人都会有不愿意与别人分享的宝贝，女孩也一样。有些东西可能是女孩特别喜欢的，也可能是女孩认为某些重要的人送给她的礼物，这些对女孩来说有着特殊的意义。总之，父母在提倡女孩与人分享的同时也要允许女孩有不和人分享的宝贝，而且要让女孩懂得珍惜自己的宝贝。当其他的孩子来家里玩的时候，父母可以允许女孩把她认为重要的宝贝"藏"起来，不让其他人分享。但是，对于大多数的东西，父母应该要求女孩与人分享。

女孩只有藏好了自己的宝贝，她才会大方地把其他东西借给别人，才会更好地和别人分享。如果父母强迫女孩把所有的东西都与人分享，这不但不合理，反而会激起女孩的逆反心理，让女孩做出相反的行为。

2. 父母要学会分享女孩的东西

在教育女孩学会与人分享的时候，父母自己也要学会分享，尤其是与女孩分享——而这一点却往往会被父母所忽视。

很多父母宁可自己受苦也不愿让孩子吃苦，把那些好吃的、好玩的、好用的全都放在孩子的面前。虽然他们在思想上也会担心孩子会成为一个不知道关心别人的冷血儿，但在行为上却不会与孩子分享。在一个家庭中，经常会发生这样的一幕：一个孩子诚心诚意请父母一块吃东西，父母却坚决推辞，说："你吃，妈妈不吃！"或者"爸爸不喜欢吃油炸的东西，也不喜欢吃甜的东西"。就这样，孩子与人分享的好意被父母给扼杀了。慢慢地，孩子也就养成了吃独食的习惯，那些谦让与分享的习惯也让他们丢到九霄云外去了。这样的结果是可悲的，也是值得父母深思的。

# 细节3：培养女孩做一个诚实的人

诚实是做人的基本品质，是成功者的成功秘诀。无论谁如果做人诚实，又讲信用，那么，他就会有意外的收获。而这一品质必须从小培养。

孩子不诚实恐怕是最令家长和教师厌恶和恼火的问题之一了。但是仔细分析，孩子有说谎行为，是不能全部责怪他们的。孩子说谎原因是多方面的，其中有孩子本身有易说谎的心理特点，有社会的影响，也有教育方面的原因。要想让自己的孩子成为一个诚实的人，家长要多做功课多下工夫。

培养孩子做一个诚实的人，并不是一件容易的事情。它需要孩子有足够的定力。因为诚实的孩子也许会吃亏，也许会受骗，但他绝不能因此而远离诚实。

在华盛顿举办的美国第四届全国拼字大赛中，南卡罗来纳州冠军——11岁的罗莎莉·艾略特一路闯关，进入了决赛。当她被问到如何拼"供认"这个词时，

她轻柔的南方口音，使得评委们难以判断她说的第一个字母到底是 A 还是 E。

评委们商议了几分钟之后，将录音带倒带后重听，但是仍然无法确定她的发音是 A 还是 E。

最后，主评约翰·洛伊德决定，将问题交给唯一知道答案的人。他和蔼地问罗莎莉："你的发音是 A 还是 E？"

其实，罗莎莉根据他人的低声议论，已经知道这个字的正确拼法应该是 A，但她毫不迟疑地回答，她发音错了，她说的是 E。

主评约翰·洛伊德又和蔼地问罗莎莉："你大概已经知道了正确的答案，完全可以获得冠军的荣誉，为什么还说出了错误的发音？"罗莎莉天真地回答说："我愿意做个诚实的孩子。"

当她从台上走下来时，几乎所有的观众都为她的诚实而热烈鼓掌。

所以，如果想让孩子健康成长，就必须坚持诚实守信这一原则。父母要时常教育孩子讲诚信，想什么就说什么，没有把握的事情不轻易许诺，许诺的事情就应该努力办到，不失信于人。

建议父母的妙招：

那么，父母应该如何去培养孩子诚实守信的品质呢？以下几点可供家长参考：

1. 教育孩子要以诚待人，不说假话

或许孩子刚开始的不诚实并非是恶意的，而是有着某种目的，或保护自己，或怕承担责任，因此才会去撒谎骗人。其实，撒谎的孩子自己也相当烦恼。因为说谎后内心总是担心假话被人识破，内心就增添了一些的压力。而且假话多了，自然会出漏洞，时间久了，自然无人敢相信你，就会因此而失去朋友。所以，父母要告诉孩子：与其天天戴着假面具，自欺欺人，倒不如老老实实地在人前袒露真实的自我，人们不会因为谁有缺点就疏远谁，只要自己有诚实做人的决心和勇气！

2. 告诉孩子不弄虚作假

有些孩子为了获得父母与老师的赞扬，就学会了弄虚作假，尤其在学习上，为了取得好成绩、高分数，就想着抄袭。这是孩子极力想着得到赞美的普遍心理。要想扭转孩子弄虚作假的不良行为，家长就要多下工夫，告诉孩子如此做的害处以及诚实的好处。要让孩子明白，学习是需要用科学、严谨的态度来对待。用这种态度，可以掌握丰富的知识，具有出众的才能，自然会赢得人们的尊重，倘若为了追求虚荣、功名、弄虚作假、抄袭、剽窃他人的成就，即便获得了好成绩也不会心安理得。

3. 鼓励孩子说真话

父母是孩子最信得过的人，孩子听到什么事情或是想到什么东西，都习惯告诉爸爸妈妈。这时，不要管孩子说的是什么，父母都要认真、耐心地听完。如果孩子因为说真话在外面吃了亏，父母应想办法帮助孩子解决难题，明确表示支持孩子讲真话，鼓励孩子做一个真诚的人。

# 细节4：培养女孩隐藏自己的实力

适时地隐藏自己的实力，是一种很好的自我保护措施，是一个人在社会中很好生存的手段。家长要从小教育孩子不可锋芒太露，要善于隐藏自己。

妮妮，一个出生在贫困家庭的女孩，从小与母亲相依为命。16岁时，她好不容易找到一份临时工作，职责是管理服装。圣诞节临近，工作日趋紧张，妮妮也开始担心起来，她怕忙季过后她就得被迫走人，回到往日奔波劳碌的日子。

这天，妮妮在整理服装时，忽然发现少了一件衣服，妮妮紧张极了，这件衣服足以让妮妮失业。她的大脑开始飞速运转，她努力地回忆从上班到现在从她眼前经过的每一个人。

忽然，她瞥见离她不远的拐角处站着一个女人，这个女人几乎就是这不幸年代的贫民缩影。她的悲伤、无奈、惶惑都写在了脸上。褴褛不堪的衣服似乎也在诉说着主人的不幸遭遇。她怀里的黑色大包引起了妮妮的猜疑。顿时，她领悟到丢失的那件衣服在哪里了。

当女人的手正要触摸到门柄时，妮妮大声喊道："对不起，女士，请您稍等。"

她慢慢地转过身来。漫长的一分钟里她们无言地对视着。妮妮祈祷着："不管怎样，让我挽回我在商店里的未来吧。"丢失了一件衣服的后果，妮妮不敢想象！而此刻，妮妮要表现得很镇定。如果她表现很急躁，那么即使她判断正确，也终会使她所有美好的希望化为泡影。

"您有什么事？"她问，她脸上的肌肉在抽搐。

那一刻，妮妮确信自己的命运就掌握在她手里，她能感觉得出她进店的初衷并不是想偷什么，她也许是想得到片刻温暖和感觉一下美好的时辰。

"什么事？"她再次问道。猛地，妮妮知道该怎样开口了。母亲说过，很多人都是心地善良的。她不认为这个女人会伤害她。于是，妮妮温柔地说："女士，这

份工作对我而言很重要,如果失去它,我将无法维持我和母亲的生活。丢失了一件衣服,我将被辞退。"那个女人用近乎绝望的眼神看了看妮妮,眼神中流露出慌乱和不安,她没有辩解什么,把那个黑色的包交给了妮妮。然后一阵风似的走了出去。

在面对突如其来的状况的时候,女孩能够尽最大的力量,让自己平静下来,把自己真实的焦虑情绪隐藏起来,既挽回了店里的损失,又保护了自己。可见,这个女孩是聪明的。其实,生活确实需要如此。将自己的情绪深藏不露,比锋芒毕露要更受欢迎。家长要教育孩子学会这种自我保护的能力。

建议父母的妙招:

女孩的父母可以用这样的方法教育女孩:

1. 将自己的个人情绪隐藏起来

很多女孩因为在家里深受宠爱,走入社会后也是任性所为,受自己的情绪摆布,随意发作,耍大小姐脾气。这样的女孩无疑不会受到任何欢迎。因为社会是复杂的,绝不会以你为中心。因此,父母要告诉女孩,若想在社会立足,就必须把自己看得很低,不能任由脾气发作。

2. 得饶人处且饶人

抓住了别人的把柄,就恨不得昭告天下,这是泼妇的做法。看到了别人的短处,就想借机要挟,这是无赖的做法。没有哪个女孩想成为泼妇或者无赖,那么,请得饶人处且饶人。宽容与隐忍,永远不会伤害到别人,也永远都是让自己受欢迎的因素。

# 细节5:培养女孩与人相处的能力

在现代社会,是否具有与人和谐相处的能力,对女孩的一生有着重大的影响。在家,女孩要和家里的每一位成员相处;在学校,她要和老师、同学相处;将来参加工作后,她要和上司、同事相处……而这些关系相处的好坏将决定着孩子的心情、精神状态以及做一切事情的积极性。进一步来说,这将决定她的人缘、人际关系,进而决定她的发展、前途,甚至是命运。由此可见,孩子与人交往的能力是非常重要的,父母必须要教育孩子学会与人交往,学会关心别人,并且与其他小朋友友好相处。

相比男孩而言，女孩天生就具有更强与人相处的能力。这是因为，女孩更善于观察和了解他人的内心。一个两三岁的小女孩，在爸爸妈妈不高兴的时候，就会尝试进行安慰；当女孩看到小动物受到伤害，会更富同情之心、救助之心；女孩温柔、说话细声细气，所以她们很容易便会找到知心的小伙伴。

那么，既然女孩天生就有很好的与人相处的能力，父母是不是就可以忽视这方面的教育呢？

答案当然是否定的。当今社会，一个家庭只有一个孩子，没有了兄弟姐妹的存在，孩子们都养成了独自占有、独自享有的习惯。而且，随着生活水平的提高，女孩不免因"小公主"般的生活待遇，而变得唯我独尊、不容他人。难怪有教育专家指出："中国的父母，有教育多个子女的经验，却没有教育独生子女的经验；有教育贫穷时代孩子的经验，却没有教育富裕时代孩子的经验。"这句话，可谓一语道出了中国家庭教育的弊端。

一些家长对此也很是忧虑："遇到好吃的、好玩的，只要女儿要求，我总会不遗余力地满足她的心愿。结果，孩子现在变得很自私，什么都喜欢自己独占着，和我分享都不愿意。"

"我家女儿，性格很内向，不仅不愿意参加集体活动，在学校也没有一个朋友。这样下去，长大后的她又怎么能适应这个社会呢？"

父母的担心是不无道理的。孩子如果形成自私自利的个性，自然不会得到他人的喜欢和接纳；孩子如果性格太过内向，不能真实地与他人交流情感，自然会产生很多心理方面的隐患，影响其成长。

虽然与人相处的能力与孩子的性格有关，但这并不是说性格内向的孩子就无法与人更好地相处。其实，孩子与他人相处的能力是可以培养的，交往也是有很多技巧可言的。所以，加强女孩与人相处的能力迫在眉睫。

建议父母的妙招：

那么，父母应该如何教女孩与人相处的能力呢？

1. 教你的女孩体谅他人

不管是女孩还是男孩，一个能体谅他人的孩子一定会赢得家长、老师以及同龄小伙伴们的喜爱。

妈妈今天下班回来很晚，也很疲惫，但女儿还是缠着她讲故事。累得只想睡觉的妈妈对她说："好宝贝，你已经认识好多字了，今天你自己看好不好？"

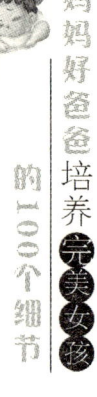

女儿一听就不高兴了,说:"妈妈,我上幼儿园也好累呀,看不动书。"

妈妈想了想说:"妈妈知道你累了,可是妈妈也很累了,也读不动书了,妈妈没有办法给你讲故事。"

女儿看着疲惫的妈妈,想了想说:"对呀,妈妈也累了,也读不动书了。那好吧,妈妈你休息吧!"

看着懂事的女儿,妈妈高兴地笑着说:"不过,你想听故事,妈妈还是给你讲吧。我虽然累了,但教育孩子是家长的责任。"

听了妈妈的话,女儿十分感激地对妈妈说:"那就讲一个故事吧,因为妈妈也要早点休息。"

遇到这种情况,很多家长都会尽量满足孩子的一切要求,因此即使他们很累也会在孩子面前强装精神抖擞的样子。但这样做,孩子往往从小就不会体谅父母,长大后更不会体谅他人。

要想让女儿从小就学会体谅他人,父母就要把她当作家庭中独立的一员。每个家庭成员都要对家庭负责,都要为家庭作出贡献,孩子也不例外。

2. 鼓励女孩真诚地赞美别人、感谢别人

每个人的内心都渴望被人肯定、被人赏识。家长要多引导女孩去发现并赞美身边每一个同学的长处。此外还要积极地发现同学们对自己点点滴滴的关爱,并说上几句感谢的话语。这些友善的小火花就如与同学相处中的润滑剂,一定能起到增进友谊、化干戈为玉帛的良好作用的。这里还有个小秘诀,家长应告诉女孩:微笑是与大家相处中最好的通行证。每天要面带微笑,以一种宽容、欣赏的心态来与同学相处。久而久之,这样的习惯会融入女儿的血脉,为女孩一生的发展奠定良好的基础。

3. 引导女孩尊重别人的意见,学会换位思考

要与大家和睦相处,就要学会换位思考。家长要让女孩学会换个角度去想问题,学会将心比心。这样就可以发现他人的着眼点并诚心地与人合作了。当别人的意见与自己不一致时,不要一开始就否定,而应该先考虑别人意见中合理的地方,从大家都赞同的地方开始,气氛就能缓和融洽了。说话时,应尽量把句号变为问号。这样,你的女孩一定能够拥有融洽的人际。

# 细节6：培养女孩良好的社交口才

有位伟大的诗人说过："语言是人的力量的统帅。"而今，说话、演讲的能力已经成为现代人必须具有的重要能力，要想孩子有个成功的未来，父母就要从小培养她的口才。

在人际交往中，会说话是一种十分微妙的社交技巧，下面这个小故事就生动地说明了这一点。

8岁的小女孩问她的妈妈："妈妈，路边的花儿会说话吗？"

"噢，我亲爱的宝贝，花儿如果不会说话，春天该多么寂寞，谁还对春天左顾右盼呢？"

小女孩满意地笑了。

小女孩长到18岁，问她的爸爸："天上的星星会说话吗？"

"噢，孩子，星星若能说话，天上就会一片嘈杂，谁还会向往天堂静谧的乐园呢？"

小女孩又满意地笑了。

女孩长到28岁，已是个成熟的女性了。这一天，她又问做外交官的丈夫："昨晚的宴会，我的举止言谈合适吗？"

"亲爱的，你简直棒极了，"外交官不无欣赏和自豪地说，"你说话的时候，像叮咚的泉水，悠扬的乐曲，虽千言而不繁；你静处的时候，似浮香的荷、优雅的鹤，虽静音而传千言……亲爱的，能告诉我你是怎样修炼的吗？"

妻子笑了："8岁的时候，我从当教师的妈妈那儿学会了和自然界的对话。18岁的时候，我从当作家的爸爸那儿学会了什么时候该说话、什么时候不该说话。在见到你之前，我从哲学家、史学家、音乐家、外交家那里学会了和什么样的人谈什么样的话。亲爱的，我还从你那里得到了思想、智慧、胆量和爱！"

人生的际遇有很多，一个女孩能否成功，在于是否有足够的能力去争取到、把握住。有时争取到一个机会，只需一句话，但不要小瞧一句话的功效，它会让女孩交到一个朋友或找到一份工作，甚至会改变女孩的一生。

建议父母的妙招：

那么，家长们应该如何培养女孩的社交口才和说话技巧呢？以下方法值得借鉴：

1. 教育女孩，要敢于说话

人人都能接受成功的喜悦，却极少有人能坦然面对失败的尴尬，因为人人都有自尊心，人人都怕自己丢人、丢面子。尤其是内心细密、感情丰富、脸皮较薄的女孩。其实，成功与失败、喜悦与尴尬的距离也就是一步之遥，跨过这一步你就成功了，不跨这一步你只有失败。能够坦然面对尴尬的人反而是更勇敢的，离成功更近的。父母要教育女孩，告诉她们千万不要被自己的想象吓倒，因为机会不是随时都有的。

2. 注重充实女孩的内心世界

优雅，是一种美，一种境界，是女孩魅力的至高境界。优雅，可以驱散面容的缺陷，抵制岁月的侵蚀，几乎结合着所有的内在美。所以每一位女性都想做一个谈吐不俗、举止优雅的女人，每一位家长都想让自己的小公主长大后成为一个优雅女性。因此，家长要想让女儿变得优雅，就一定要注重去充实女孩的内心世界，注重其心灵锤炼，注重修炼其美好的气质，让这些优雅的因子在女孩身上、心中生根发芽。

# 细节7：培养女孩与人合作的精神

21世纪是一个合作的世纪，合作已成为人类生存的手段。因为科学知识向纵深方向发展，社会分工越来越精细，人们不可能再成为百科全书式的人物。每个人都要借助他人的智慧完成自己人生的超越，于是这个世界充满了竞争与挑战，也充满了合作与快乐。

因此，父母应该在积极教导孩子学好各种本领、掌握多种能力的同时，特别注意培养孩子的团队合作精神，引导孩子去积极竞争。

一项问卷调查显示，家长最关心的是孩子的学习成绩，最高兴的是孩子在班级中学习成绩名列前茅。这种片面强调智力竞争、忽视合作精神培养的现象是很有害的。事实上，不管是竞争还是合作，都是非常重要的。孩子不会与人合作，对其将来非常不利。

在日常生活中，有许多行为必须要两个或两个以上的人合作才能完成，只凭一个人的力量是无法做到的。父母可以利用这种机会让孩子体验一下个人无法完成的挫折感，从而懂得与人合作的重要性。

有一位小学老师为了让学生明白与人合作的重要性，特地上了一堂有意思的课。在这堂课上，老师先请一位同学走上讲台，让他伸出自己的手，分别谈一下每根手指头的优势和长处。这位学生说道："大拇指可以用来赞扬别人，食指可以用来指示事物，小指可以用来勾东西，中指可以……"不等这位学生说完，台下的学生纷纷帮他说了许多每个手指的其他优势。这时，老师笑眯眯地拿出一只玻璃杯，只见玻璃杯里面有几个玻璃球。老师对大家说："现在，请你们把玻璃球从玻璃杯里取出来，每个同学都有一次机会。你们可以用你们认为最有本事的那个手指把玻璃球从杯子里取出来！记住，只能用一个手指。"孩子们的热情被老师鼓舞起来了，教室里的气氛非常热烈。每个同学都认真地走上去，用他们的手指去取玻璃球，但是，不管他们怎么努力，玻璃球就是取不出来。孩子们个个都很着急。这时，老师再次对孩子们说："好了，你们可以邀请另外一个手指与原来那个手指合作，一起来取玻璃球。"这次，孩子们个个把玻璃球取了出来。活动做完了，老师对孩子们说："现在你们应该明白了，一个人无论有多大的才能，他总有无法独立完成的事情，人与人的合作是多么的重要。"

人与人之间，合作与竞争是并存的。现实生活中，许多父母总是教孩子与人竞争，希望自己的孩子超过他人。确实，竞争具有一种神奇的力量，能够调动孩子的积极性，激发孩子的上进心。但是合作却可以让孩子产生良好的体验，这种体验能够带给孩子无穷的乐趣，进而促进孩子的合作意识和合作行为。

建议父母的妙招：

家长应该如何培养孩子与人合作的精神呢？以下做法可以借鉴。

1. 让孩子在游戏中学会合作

游戏是培养孩子合作能力最有效的活动，因为不少游戏是集体进行的，许多孩子分成几组，按照规则以小组为单位争胜负。这时，同一小组的孩子需要齐心协力，共同合作才能取胜。如果某个孩子自以为是，不顾别人，其他孩子就不愿意再与他一起玩，他就会感受到不合作的滋味，从而想方设法与其他人去合作。在这种游戏中，孩子可逐步摆脱"自我中心"的思想。

2. 让孩子体验合作的乐趣

成功的合作可以让孩子产生良好的体验,这种体验能够带给孩子无穷的乐趣,进而促进孩子的合作意识和合作行为。大家都熟悉的拔河竞赛,让孩子们尽力通过合作去战胜对方。如果孩子一时没有取胜,父母也不要责怪孩子,而是让孩子明白,成功的合作不一定要达到现实的目标。虽然有些合作的结果是失败的,但是,在合作过程中,参与者都尽了自己的努力,同时,每个参与者都感到非常愉悦,这就是一种成功的合作。

3. 让孩子了解一些合作的规则与技巧

人无完人,三人行必有我师。父母要常给孩子灌输这样一种思想:任何一个人都有他的长处,要学会真诚地欣赏别人,切不可因为别人有这个缺点或那个毛病,就嫌弃他、疏远他。要教育孩子学会关心,学会善解人意。任何个人对他人的关心都是形成其合作能力的前提,而合作能力则是市场经济条件下生存与竞争能力的重要体现。

孩子总不能跟父母一辈子,只有让孩子逐步适应外界环境,学会与同伴的交往合作,他才能健健康康、活活泼泼地成长。如果一个孩子没有学会合作之道,他必定会走向孤僻之途,并产生严重的自卑情绪,进而影响其一生的发展。

4. 让孩子多参加有利于产生合作关系的活动

没有合作的氛围,难以形成合作的习惯。家长可以让孩子从小玩一些诸如共同搭积木、拼图等需要协作的活动,还要鼓励孩子参与如足球、篮球、排球、跳绳等体育活动。这些活动既有团体之间的对抗与竞争,又有团体内部的协调与一致,这就更有利于培养参与者的合作精神。

# 细节8:培养女孩自我保护能力

走入社会,女孩子必然要和所有的人交往,可是交往的尺度到底在哪里?面对骚扰,又该如何保护自己呢?因此,家长有必要教给孩子一些自我保护的能力。下面这个例子值得家长们深思反省。

事实上,我国也有一些有远见的家长,在教育女孩方面卓有成效的父母都是很注重这方面的教育的,因为她们深深懂得,孩子的人身安全是头等大事,而保护她们的最佳手段莫过于让她们自己掌握保护自己的手段。

哈佛女孩刘亦婷的母亲,就是这样一位家长,父母们,我们可以参考一下这位优秀母亲的做法。

从幼儿园时期开始，妈妈就告诉婷婷：妈妈不会委托任何人以任何理由来接她，所以，谁打着妈妈的幌子来接她，都不能跟着走。为了让孩子对此重视起来，妈妈还设计了很多"演习"，让婷婷识别各种可能的骗局。

婷婷从小学二年级就独自坐公共汽车上学，一天来回四趟。在这个过程中，妈妈还是很担心，为了提高她的警惕性，父母经常用报纸杂志上拐卖妇女儿童的案例做教材，分析骗子常用哪些骗术，被骗的人自身又有哪些弱点容易上当受骗。在这些分析之后，妈妈把避免意外的原则归纳为两句话：一是危险的地方不去，二是不贪图任何"好处"。

在父母的反复强调下，婷婷很早就懂得了保护自己。

中午的时候，由于父母们忙于工作，通常都是婷婷一个人在家。为了防止意外，妈妈给她做了一条硬性规定：独自在家时，不给任何人开门，对自称是服务维修的人员，也告知他等家长回来再说。

女孩子的安全问题不可忽视，父母要从小就给自己的女儿灌输保护自己的思想。只有有了这种意识，才能够以不变应万变，可以避免把安全问题复杂化。

女孩子越大，交际范围越广，她需要了解的安全常识也就越多，除了防备人贩子，还要防备被男性欺骗和伤害。

 建议父母的妙招：

作为父母，要及早让孩子明白什么是骚扰与侵犯，一旦受到侵犯应向信赖的成年人和警察求助。还有以下几点建议也值得家长牢记：

1. 告诉孩子不要喝陌生人给的饮料，不要吃陌生人给的糖果或其他食物，不要到荒凉或偏僻的地方玩耍，发现坏人要及时找110报警。

2. 告诉孩子要记住家庭地址及父母的工作单位、电话号码，有事及时联系。

3. 进出电梯注意同乘者是否面露邪恶、是否不按楼层。你应该尽量站在控制钮的地方。一旦被攻击，立即用手拍打按钮，此时电梯会在每个楼层停下来，同时对外大喊失火了！切不要徒手跟歹徒搏斗。

4. 单身到公共场所喝东西，如果没有喝完就去上厕所或离开打电话，回来最好不要再喝了，以免中间被下药。

5. 晚上尽量不要一个人外出，晚归时，应走灯光明亮的街道，或是逆向行走，以便掌握路况；上楼时，先按门铃请家人下楼接，以免歹徒躲在楼梯间。

6. 女孩外出，随时与家长联系，未得家长许可，不可在别人家夜宿。

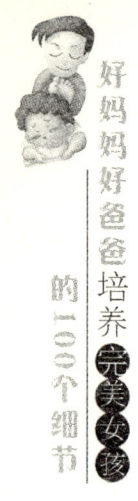

这些做法，都能有效地增加孩子的安全系数，而且可操作性极强，对孩子的自我保护很有效。

把孩子的人身安全放到最为重要的位置上，确保孩子健康地长大成人，这是一个相当艰巨的任务，也是每对父母最关心的问题。但是光靠家长的防护还是不行的，孩子必须要有强烈的自我保护意识，在这个不安全因素还很多的社会里，要学会警惕那些可能导致危险的人和物，牢记"安全第一"，使自己的人身安全得到最大限度的保障。

# 细节9：培养女孩学会抵制诱惑

古语常说：江湖险恶；人在江湖身不由己。其实古人所说的江湖，也就是今天我们说的社会。人入社会，不但要面对形形色色的人，同时也要面对各种各样的诱惑。如果我们没有强大的自制力来抵制诱惑，特别是女孩儿就有可能陷入万劫不复的深渊。而抵制诱惑的能力则需要从小培养，这就要求父母在一些原则问题上不能动摇。

一个真正成功的人通常有顽强的精神和胜于常人的自控心理。增强女孩儿的自控心理，可以帮助她保持心灵上的坚定与纯洁，更有利于她们的健康发展。

1960年，美国心理学家米卡尔曾做过一个"果汁软糖"试验：实验者将一群4岁的孩子留在房间，发给他们每人一颗软糖，然后告诉他们："我有事要出去一会儿，你们可以马上吃掉软糖，但如果谁能坚持到我回来的时候再吃，就能够得到两块软糖。"

有些孩子比较冲动，实验者走后就迫不及待地拿走了糖果。有些孩子能够等到实验者回来，尽管等待的时间非常漫长。这些孩子用尽各种方法让自己撑下去：有的闭上眼睛，避免看见十分诱人的糖果；有的将脑袋埋入手臂之中，自言自语、唱歌、玩弄自己的手脚，甚至让自己努力睡着。20分钟以后，实验者回到房间，坚持到最后的孩子又得到一块软糖。实验后，研究者进行了长达14年的追踪调查。

结果发现，两种孩子在情绪与社会性方面的差异表现得非常显著。自制力强的孩子社会适应能力较强，较为自信，人际关系较好，也较能面对挫折。在压力面前，不易崩溃、退却、紧张或乱了方寸，能够积极迎接挑战，不轻言放弃。在追求目标时，也能和面对糖果时一样压抑立即得到满足的冲动。冲动型的孩子却约有三分之一缺乏这种特质,并且表现出一些负面特征,例如,怯于与人接触,固执而优柔寡断,容易因挫折而丧失斗志,认为自己是坏孩子,遇到压力容易退缩或者惊惶失措,容易怀疑别人以及对别人感到不满,容易嫉妒或羡慕别人,因易怒常与人争斗,而且和小时候一样,不易压制立即得到满足的冲动。

研究者在这些孩子中学毕业时又进行了一次评估,结果发现当时能够耐心等待的孩子在校表现更为优异。这些孩子学习能力较好,无论是语言表达、逻辑推理、专注、制订并实践计划、学习动机都比较好。

而且,这些孩子的入学考试成绩普遍较高,耐心等待的孩子比迫不及待取走糖果的孩子的平均成绩多出200多分。

当然,小小的糖果试验并不能预测孩子未来的能力和成就,人的能力和成就要受很多因素的影响。糖果试验只是反映了人在童年时期的行为,会随着成长慢慢演变为他在方方面面的情感和社会能力的一部分。人在一生中,各种大大小小的成就都取决于抑制冲动、抵制诱惑的能力。

建议父母的妙招:

让女孩学会抵制诱惑,家长首先要学会反思。家长大部分时间都用于工作、家务和娱乐,很少花时间与女儿耐心沟通。女儿基本的精神需求得不到满足,自然会寻求替代品,于是电视、电脑成了女儿的精神麻醉剂。有些家长自己不和女儿交流,也不鼓励女儿交友,不引导女儿参加一些有益的体育活动,虽然给女儿报名参加各种培训班,也完全是功利的。女儿的精神需要仍然得不到满足,就会被各种诱惑吸引,一不留神掉进各种诱惑的陷阱。所以,培养女儿抵制诱惑的能力,就要从家长自身改造做起。

1. 家长要放下架子,与女儿交朋友

文化传媒的普及,明星制造业的繁荣,引发了"追星"热潮,很多女儿因迷恋明星而痴狂,以至于耽误了学业、耗费了家中的钱财、出现了心理问题,甚至有人上演了轻生的悲剧……女儿在"追星热"中丧失理智,家长应冷静处理。与孩子多沟通,由女儿喜爱的明星谈起,和女儿一起讨论理想、未来等,增进相互之间的了解和理解,帮助女孩儿得到更健康的成长。

2. 订立双方共同遵守的亲子协议

父母与孩子相互监督,在互相约束的过程中让女儿形成自我管理能力。就双方的学习、生活、劳动,包括看电视、上网等易上瘾的娱乐活动订立协议,对时间、地点、形式等予以规范化。协议生效后,双方都要严格执行,违反规定将受

到相应的惩罚。注意目标不要太高，双方承诺的条件要具有可操作性，本着循序渐进的原则，目标由小到大，实现起来要由易到难，根据实际情况进行决定。这种订立协议的方式，可充分体现了孩子与家长的平等地位，容易激发他们的内在要求和自觉行动，帮助她们提高自我约束意识、自我管理能力，使她们更好地适应竞争激烈纷杂的社会。

3. 多帮助孩子正确地结交朋友

有些家长害怕孩子特别是女孩子在交往中受到伤害，就限制女儿的交往与交际，却没注意到孩子的孤独。特别是女孩子她们爱把一切藏在心里，如果一旦超过了她们心理承受的临界点，就容易受到外在不良因素诱惑。所以，家长应该在理解孩子的基础上，鼓励、引导女孩交朋友，但一定要监督她们交好的朋友。

4. 给女孩鼓劲，努力提高其学习能力

学习成绩对于一个学生来说还是很重要的，好成绩会带来更好的成绩，从而步入一个良性循环；相反，挫败感会使新的失败接踵而来，从而步入一个恶性循环。因成绩差孩子会产生厌学心理，破罐子破摔，再加上过剩的精力，必然把孩子推向一些不良嗜好，步入种种诱惑的陷阱。所以，家长要帮助女孩儿树立信念，增强信心，通过各种方法帮助他们掌握学习方法，提高学习成绩。

# 细节10：培养女孩懂得信守诺言

讲信用守诺言，一直是我们先辈信奉的传统道德之一，是我国人民在人际交往中弘扬和遵守的格言。其实，无论古今中外，人们都是把信守诺言作为人际交往的一条极为重要的道德准则。因此，人们常常把"一诺千金""黄金诺"等美名奖给讲信用、守诺言的人。可见信守诺言的可贵。

能信守承诺的人不仅能博得别人的合作，同样会赢得他人的尊敬。所以，作为父母，从小就要教育孩子做出了承诺就要信守承诺。

小时候，妈妈经常给宋庆龄讲"自食其言"的故事，并教育她说话要算数，要谨守诺言。对此，小庆龄铭记心间。

一个星期天，爸爸准备带着全家去朋友家做客。孩子们大都穿好了礼服就要出发了，只有宋庆龄仍在钢琴前弹奏着那动听的旋律。

妈妈喊道："孩子们快走吧，伯伯正等着我们呢！"

听到妈妈的喊声，宋庆龄立即合上琴盖，跑出房间，拉着妈妈的手就走，刚迈出大门,突然又停住了脚步。

"怎么呀?"一旁的爸爸看到庆龄停住了脚步,不解地问道。

"今天我不能去伯伯家了!"庆龄有些着急地说。

"为什么不能去,孩子?"妈妈望着女儿说。

"妈妈,爸爸,我昨天答应小珍,今天她来咱们家,我教她叠花。"庆龄说。

"我还以为有什么非常重要的事情呢。这好办,以后再教她吧!"爸爸说完,便拉着庆龄的手就走。

"不行!不行!小珍来了会扑空的,那多不好呀!"庆龄边说边把手从父亲的大手里抽回来。

"那也不要紧呀!回来后你就到小珍家去解释一下,并表示歉意。明天再教她叠花不也可以吗?"妈妈说。

"不!妈妈,您不是常说要信守诺言吗?我答应了别人的事,怎么可以随意改变呢?"宋庆龄不停地摇着头说。

"我明白了,我们的罗莎蒙黛是一个守信用的孩子,不能自食其言是吗?"妈妈望着庆龄笑了笑,接着说:"好吧,那就让我们的罗莎蒙黛留下吧!"

父母放心不下家中的小庆龄,在客人家吃过中午饭,就提前匆匆地回到家中。一进门,爸爸高声喊道:"亲爱的罗莎蒙黛,你的朋友小珍呢?"

宋庆龄回答说:"小珍没有来,可能是她临时有什么急事吧!"

"没有来,那我的小罗莎蒙黛一个人在家该多寂寞呀!"妈妈心疼地对女儿说。

"不,小珍没有来,家中虽然只有我一个人,但是我仍然很快活,因为我信守了诺言。"宋庆龄辩解道。

听了小庆龄的话,宋庆龄的父母满意地点了点头。

为人父母要像宋庆龄的妈妈一样教育孩子对别人要讲信用、负责任,答应别人的事要兑现;如果经过再三努力仍没有做到,应诚恳地说明原因,表示歉意。当孩子诚实守信用时,父母也要及时鼓励孩子。一个言而无信的人,是没有人愿意与她合作的。

建议父母的妙招:

父母可以从以下几个方面去培养孩子懂得信守诺言:

1. 给孩子做一个榜样,不想做的事情就不要答应去做

榜样的力量是无穷的,要想孩子成为一个信守诺言的人,自己首先得成为一个守诺的家长。自己不想做的事情,即便是面对孩子,也不可勉强自己。如果你满腹怨言地答应了孩子,就会产生相反的结果。因此,要想向孩子表明如何避免

被迫做出承诺，首先你自己不能强迫他们做出承诺。

2. 让孩子考虑是否可以答应

教育孩子凡事得讲究分寸尺度，凡不应做的事、做不到的事就不要随便承诺，让孩子知道感情用事、讲"义气"同讲信用不是一回事。守时和守信，在很多场合是互相联系的，父母要善于把它们融会贯通，一起训练、培养，使孩子养成良好的守时守信习惯。

3. 父母要鼓励孩子提高认识

如果孩子表现出不守信用的现象，往往是由于孩子的认识不清、把希望当成真的、把幻想看成现实而造成的，家长应该让孩子分清真假，面对现实正在发生的事物，鼓励孩子做有意义的事，逐渐认清现实，减少对现实的夸大。

# 细节11：培养女孩成为善于交际的人

在现实生活中，很多女孩都不善交际，她们在与人交往时往往表现得拘谨胆小、害羞怕生、孤僻退缩，或以自我为中心、不能合作……因此，她们常常表现出不愿见陌生人、不敢与陌生人说话、无法与别人相处。

无数事实证明，不善交际的女孩，不仅不爱去学校学习，也很容易因此而产生厌学情绪，这对她日后的人生发展将产生很大的影响。

由于女性荷尔蒙的作用，其实女孩生来就有一种喜欢和他人亲近的欲望。那么，为什么很多女孩的交际表现却不尽如人意呢？这其实与父母的教育方式有很大关系。

很大一部分女孩，其个性都有拘谨胆小、害羞怕生的一面。再加上父母对女孩的保护欲要更强一些，很多女孩的交往欲望都会被父母的不当教育所摧毁。例如，很多父母这样告诉自己的女儿：

"不要和学习不好的同学一块玩呀！"

"不要和男同学来往过于密切呀！"

"不要和那些坏孩子走得太近呀！"

家长的这些教育往往会让女孩不知道何去何从；或者让她们封闭自己、不爱与人交往；或者让她们变得人缘不好……

除了不当的交际教育外，在教育女孩的时候，父母们最容易走入的一个误区就是——代替孩子交往。

有个妈妈虚荣心很重，每当她带着女儿见到熟人，孩子还没有说话，妈妈就先开了口："我们家孩子胆子比较小、内向、羞怯。"

其实，妈妈就是担心孩子说话笨嘴笨舌，说话不得体而让她没面子。这样一来，孩子本来想要说的话也不敢讲出口了。

当家长代替孩子交往的时候，实际上是在保全自己所谓的"尊严"和"面子"。这样做，家长虽然保全了"面子"，孩子却丧失了可贵的交往机会。

建议父母的妙招：

那么，家长要如何去培养女孩的交际能力呢？

1. 教给女孩基本的交往技能

孩子的交往技能，如分享、协商、合作等，需要家长在潜移默化中传授给孩子。一位品学兼优的女孩说，小时候妈妈给她讲的一个故事令她终生不忘。故事是这样的：

一个女孩走过一片草地，看见一只蝴蝶被荆棘弄伤了，她小心翼翼地为它拔掉刺，让它飞向大自然。后来蝴蝶为了报恩化做一位仙女，对小女孩说："因为你很仁慈，请你许个愿，我将让它实现。"小女孩想了一会儿说："我希望快乐。"于是仙女弯下腰来在她耳边悄悄细语一番，然后消失无迹。

小女孩果真很快乐地度过了一生。她年老时，邻人要求她："请告诉我们吧，仙女到底说了什么？"她只是笑着说："仙女告诉我，我周遭的每个人，都需要我的关怀。"

这位孩子的母亲通过一个生动的故事，教孩子学会关怀别人——这正是培养孩子的社交能力的根本。

此外，为了帮助女儿成为受同伴欢迎的人，在交往中得到更多快乐，家长应有意识地教给她一些交往的技能。

（1）让女孩学会容忍与合作。

在交往中，遇到与自己意愿相悖的事，家长应教育女儿学会忍让，与同伴友好合作，暂时克制自己的愿望，服从多数人的意见。

（2）学习遵守集体规则。

家长应告诉女儿，只有自觉遵守集体规则的人，才能得到大家的喜爱，也才会有更多的朋友愿意和她一起玩。

（3）女孩乐于助人的品质。

家长要鼓励和支持女儿帮助其他的朋友克服困难，如朋友摔倒了急忙扶起来、同伴的玩具不见了帮着去寻找等。要让孩子知道乐于助人的人就会有很多的朋友。

### 2. 多让女孩与生人往来

很多女孩在交际方面都具有两面性——她们可能在家里能说会道，在外面却显得拘谨、胆小。针对这个问题，家长要多给孩子提供与生人交往的机会。

一位妈妈这样总结了自己的教育经验：

女儿天生胆小，从来不敢与人交际。为了锻炼孩子的交际能力，我就经常鼓励她与陌生人进行交流，并经常为她创造一些交际的条件。

到公园游玩的时候，我拿出零食递给她："去和对面的小朋友一起分享吧！他们很想认识你呢！"

去商店购物的时候，我会鼓励女儿说："帮妈妈问问营业员阿姨，这个商品还有其他牌子的吗？妈妈想给你买一个更好的。"

女孩怕生是很正常的现象，父母对此不应过分着急。只要经常有意识地创造孩子与他人交际的机会，孩子就必然会克服这个"怕生"的问题，交往能力也会得到提高。

# 第九章
## 青春正确导航，让女孩顺利度过青春期

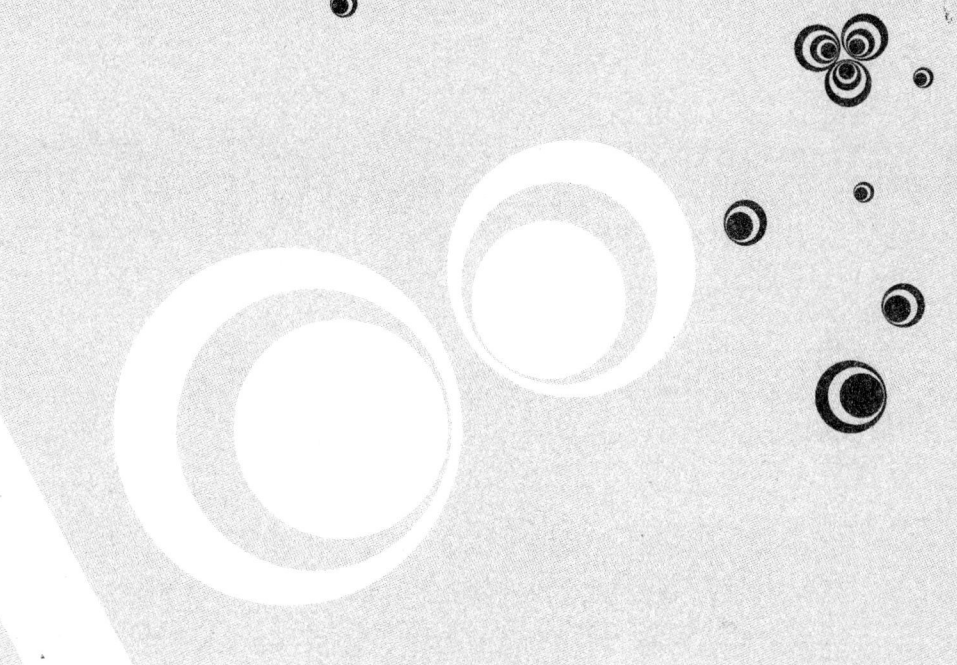

青春期是女孩人生中一段艰苦的岁月。在这段时间，女孩面临着身心的巨变。此时的她，或是恐惧地不敢面对一切，或是感到事事不顺心，她们的心里充满了困惑和叛逆，这就需要父母对女孩进行教育，帮助她们顺利度过青春期。

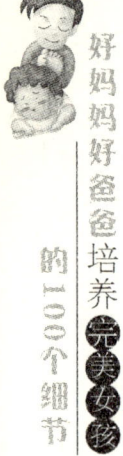

# 细节1：引导女孩正确认识青春期

青春期是指个体的性机能从还没有成熟到成熟的阶段，在生物学上是指人体由不成熟发育到成熟的转化时期，也就是一个孩子由儿童到成年的过渡时期。一般来说，女孩子的青春期比男孩子早，大约从10～12岁开始，而男孩子则从12～14岁才开始。由于青春期是孩子特殊的成长时期，所以父母要让孩子正确地认识自己的生理特征，引导孩子健康成长。

比如，进入青春期的女孩，会面对很多身体上的变化。她们的女性特征开始明显显现，而面对自己的这种变化，很多女孩会手足失措，甚至陷入恐慌。

这个时候，女孩的家长，尤其是女孩的妈妈一定要做好对女孩青春期生理特征的教育准备，让她们能够正确面对，然后安全快乐地度过。

青春期的一个显著变化，就是身高和体重的迅速增长。在这之前，女孩的身高大约每年增长3～5厘米，这个时候则几乎加倍，以每年增长6～8厘米，甚至10～12厘米的速度增加。如果女孩想长得更高的话，一定要在这个长高的黄金时间加强锻炼，如打篮球和跑步等。这种身高的迅速增长大约持续两三年，主要是下肢骨的增长，在这之后就主要靠脊椎骨的生长长高了。

随着身高的迅速增长，体重也明显增加，平均每年可以增加5～6公斤甚至8～10公斤。这个时期的女孩往往显得比较丰满，有些女孩就一时不能适应这样的变化，老觉得自己太胖了。其实只要你注意观察一下周围的同龄人就会发现她们中的大多数也常常跟你有相似的变化，这是发育过程中的正常现象，就不用想着去减肥了。

至于毛毛和乳房问题，这是女孩第二性征发育的必经阶段，当女孩10岁左右的时候，皮下脂肪就开始变厚，臀部变圆，乳房开始发育；11～12岁：乳房继续发育、稍微鼓起，出现阴毛，声音变高变细；13岁：乳房显著增大，长出腋毛，出现月经；14～15岁：乳房基本发育成熟，胸部丰满，手臂、臀部变圆；腰部相对较细，骨盆明显变宽，月经基本形成周期，脸上可能长青春痘。

最令女孩感到惶恐不安的就是月经问题了。月经，是当一个女孩生理发育到一定程度时，她的子宫内膜在卵巢分泌的性激素的作用下，发生周期性的剥离、出血现象。月经的出现掀开了女孩生命中新的一页，标志着她的身体开始成熟了。我们把女孩的第一次月经称为初潮。大多数的女孩初潮年龄是十二三岁，相差几年都是正常的，因为初潮年龄受着很多生理和身体因素的影响。

在我国，总的来说，城市女孩的初潮年龄要早于农村女孩，当代女孩的初潮年龄早于前代。这主要是由于营养的改善，以及现代都市社会的文化刺激比较丰富所致。即使是同一班级的女生，月经初潮年龄也有很大的差异，有的女孩10岁左右就有了月经，而有的女孩初中毕业了还没有动静。这只是发育早晚的问题，发育到一定程度它就会自动出现，来得早的不用惊慌，来得晚的也不必担心。

建议父母的妙招：

陪伴女孩正确认识青春期、度过青春期，妈妈要做到：

1. 让女孩了解青春期的生理常识

青春期是小女孩走向大女孩的分水岭，面对发生在自己身上前所未有的变化的时候，小女孩往往会感到恐慌害怕，这种情绪甚至能够导致女孩作出一些有悖于身体发育的事情，比如含胸驼背，或者束胸等。妈妈告诉女孩青春期的生理常识，和女孩一起来了解女性的身体，这对女孩能够正确对待自己的身体变化是有帮助的。

2. 让女孩坦然面对月经问题

有的女孩担心每个月流那么多血会不会影响健康，其实经血并不是通常意义上的血，它是血液向身体提供养料后剩下的废物，来月经是不会伤元气的。有的女孩在初潮后的一段时间内月经常常没有规律：有的几个月不来，有的间断无规律或者是经期长短不一，或是经血多少不等。这也不用担心，一般来说，初潮到下一次月经的间隔时间在9个月以内都是正常的，而到正常周期月经的时间正常范围是两年内，毕竟这对身体来说也是一件大事，需要一段时间来完善发展。

# 细节2：注意女孩日常健康饮食

女孩处于青春期，是发育的黄金阶段。在这个阶段，女孩应该非常注重饮食。

据世界卫生组织的国际癌症研究中心研究证明：一个不足10岁的小女孩，她的日常饮食可能会决定她30岁以后是否得乳癌。该中心通过大量的证据显示，女性人生最初10年的饮食与她们成年后的健康状况有直接的关系，乳癌和结肠癌的女性患者中，30%与她们幼时营养不当、常吃快餐有关。

中心主任保罗·克雷胡斯博士解释说,过胖的小女孩进入青春发育期后,体内有助于诱发乳癌的雌性激素就随多余的脂肪一起贮存下来。现在我们日常卡路里的消耗35%~45%来自脂肪。在健康状态下,这个比例至少应该减少10%。

克雷胡斯先生警告说,父母应该避免给孩子吃高脂肪、低纤维的快餐和肉食。现在的快餐脂肪含量过高,孩子们又吃得太多,稍加改变并不能解决问题。癌症研究运动中心主任乔丹·麦克维教授说,孩子饮食的改变越早越好,当然,在青春期期间调整饮食结构依然有效。因为青春期是女孩乳房发育的关键阶段。

女孩一进入青春期,都希望自己有一个健美的身体。因此,有的为了身材苗条,便节制饮食,造成热量不足、蛋白质缺乏,发育代谢减弱、面黄肌瘦,反而失去了女孩青春的光彩,也严重损坏了身体健康。有的过多地吃高热量的食品,甚至乱吃补品、补药,结果造成代谢紊乱,臃肿虚胖,毫无健美可言。

女孩时期正是生长发育的重要时期,身体急需各种营养物资,首先是对蛋白质需求较多,饮食上要粗细粮均食,副食上可多食用牛奶、奶制品、鸡蛋和肉类等。在女孩生长发育期,钙磷需要量也多,如摄入不足,就会影响骨骼的生长发育以致影响身体的均匀发展,从而破坏了体形的优美。

因此,日常必须多食用含磷钙多的食品,如牛奶、鸡蛋、虾及黄豆、芝麻、菠菜等,动物肝脏、油菜、芹菜等则含铁质多,也应多吃以补充因月经丢失和造血所需要的铁质。维生素也是女孩时期不可缺少的。维生素A能维持身体的正常生长发育,使人目光明亮。维生素D不足可发生轻变的佝偻病或骨质疏松症。维生素C缺乏容易出血。维生素B可使皮肤光滑。这些维生素多存在于动物肝脏、蛋类及鱼肝油、菠菜、胡萝卜、辣椒等食品中,新鲜蔬菜和水果则含维生素C多。

青春期女孩加强营养是十分重要的,但应适当,切不可乱吃乱补,否则可造成肥胖;反之则营养不足,营养不足会使人体瘦弱,影响身体发育。因此必须作到补养和消耗的相对平衡,坚持体育锻炼,促进胃肠的消化和吸收使全身得到更多营养,身体结实,骨骼匀称、端正,方能使身材优美。

建议父母的妙招:

在女孩的青春期,父母要注意女孩的合理膳食。下面几点建议值得参考:

1. 青春期女孩需要足够的热能和营养物质

谷物是人体热能的重要来源,按合理的营养要求,青春期女孩子每日需要摄入谷类食物约400克,可因活动量的大小而有所加减。谷物应粗细搭配,种类多样。蛋白质、铁、钙一样都不能少。

2. 青春期女孩不能盲目节食、减肥

保持良好体形的唯一好办法，是合理的平衡营养和适当的体力活动，还要注意少吃高能量的肥肉、糖果、油炸食品和其他零食，使机体的摄入与支出达到平衡，这样就能拥有一副健美的体形。如体重超过正常体重20%以上，应在医生指导下科学减肥。

3. 进入青春期的女孩在吃饭前后注意休息

在进食的前后如果运动则胃肠道的血供应就会减少，必然导致胃肠功能的下降，而引起消化不良及一系列的胃肠毛病，所以，女孩在进食前后要注意休息，以保证胃肠的供向。

# 细节3：灵活疏导女孩正视早恋

早恋，也叫做青春期恋爱，指的是未成年男女建立恋爱关系或对异性感兴趣、痴情或暗恋。其实，青春期以前的所谓"好感""喜欢"是不能称其为早恋的。受现代社会电视、广告、电影等媒介的影响，很多孩子在小学阶段就会产生性别意识，进而对异性产生好感。这时候的情感，大多是纯真的友谊，往往会随着年龄的增长渐渐趋于理性……

我们所定义的早恋，一般是指即将进入青春期或已经进入青春期阶段的非理性爱恋。

处在青春期的孩子，在同性同年龄人中形成亲密朋友关系的同时，由于性的萌动而导致对异性的关注和恋爱的感情，而且，这种关注会不断增强，以致对特定的异性萌发出爱慕之情是很自然的。家长应该信赖孩子，以朋友的身份，平等的地位与孩子谈心，帮助孩子处理情感波动的问题，是可以培育孩子约束自己的行动和生活的自觉性的。

早恋的危害，是人尽皆知的。特别是一些女孩的家长，更是视早恋为"洪水猛兽"。女孩父母们的担忧是有一定道理的：与男孩相比，因为女孩更注重关系和感情，所以女孩很容易在这段非理性的情感中受伤。

在这些不理智的"恋情"中，女孩往往扮演的是受害者的角色。于是一些看似有先见之明的家长，在女孩小的时候就向她灌输这样的思想："别跟小男孩玩""离男孩子远点儿"……听话的女孩真的按照家长的话去做了，不跟男生说话、不与男生交朋友，甚至对男老师也不理不睬，于是她们成了父母眼中最听话的"乖

乖女"。但是，让这些家长想不到的是，青春期早恋的女孩大多都是"乖乖女"。

为什么会出现这种现象呢？专家指出，孩子到了青春期，都会对异性产生好感，都会对异性好奇，但这些"乖乖女"们从小接触的异性很少，所以她们的这种好奇和好感会更强烈，因此她们"早恋"的几率会更高。

建议父母的妙招：

对待女孩的"早恋"现象，"堵"是堵不住的，家长应该采用疏导的办法。以下几点可供家长参考：

1. 及时发现女儿的早恋倾向

对于早恋，早发现、早提醒、早帮助，是一种十分有效的解决方式。

以下问题，只要超过三项，家长就该格外留神了——你的女儿不一定正在恋爱，但一定有了早恋倾向：

她最近突然变得很爱打扮，并常对着镜子左顾右盼；

一向朴素的她，竟然要求父母添置时髦衣服；

她的学习成绩突然明显下降，并持续了一段时间；

活泼好动的她开始变得沉默起来；

她回家后喜欢一个人躲在房间里，不太喜欢和父母交流；

她对某异性的名字特别敏感；

她经常会在无意间谈起公园、溜冰场、音乐茶座等一些场所。

2. 让女儿理智对待早恋

一天，女儿对爸爸说："爸，我看上了班上的一个男生，他既帅学习又好，还特别会关心人，我能跟他在一起吗？"

父亲说："好呀，你能看上他，他能看上你吗？"

女儿有点儿不好意思地说："他看上我了。"

"这很好，你能被一个男生看中，说明你很优秀；你能喜欢上一个男孩，说明你已经长大了，眼界开阔了，会欣赏别人了。爸爸不会阻止你跟谁谈恋爱，但爸爸一定帮你把这件事情分析清楚：如果你以后想在咱们的这个小县城发展，就继续跟他交往下去；如果你以后想去大城市发展，就应该去大城市解决这个问题；如果你希望自己有一天能出国，那就应该根据自己的志向再去解决这个问题。"

女儿想了想，自己的梦想是当一名外交官，能够在全国各地飞来飞去，如果现在就把自己的归宿定在了这个小县城里，的确有点为时过早了。

想明白了这些后，女儿很快就放弃了那段不理智的感情。

青春期孩子的恋情大多都是不理智的，她们只是想眼前，根本不会考虑以后。这时，父母应多提提她们的理想，或讲讲当年自己或自己周围人的故事，告诉她们这样一个道理：这段恋情是美好的，但你们的眼光是短暂的，如果过早地把自己束缚起来，你们将失去更多更美好的东西。

如果父母能使女儿真正明白这些道理，我们的女孩不但会理智地放弃这段感情，还会对自己的理想和目标更坚定。

3. 告诉女儿，影视作品中的爱情是不现实的

女孩都是喜欢浪漫的，她们常常会被某些电视剧或电影中浪漫而又勇于奉献的爱情感动得痛哭流涕。但往往也正是这些媒体在误导着她们的恋爱观。如一个刚上初中的小女孩说："如果父母不同意我和强子谈恋爱，我就和他私奔！我们要白头偕老，永不离弃。"

女孩是爱幻想的，有时她们甚至会把自己想象成那个浪漫故事里的女主角，这时父母很有必要告诉女儿：那仅仅是在童话或故事里才会有的。这会帮助女儿树立正确现实的恋爱观。

# 细节4：培养女孩正确的性意识

在我国当前的教育体制中，性教育仍然处于一个缺失的位置——学校没有开设专门的性教育课，讲到一些性方面的内容时，老师常常会一带而过。于是，为了满足女孩对"性"的好奇、让我们的女儿更正确地认识自己的身体，"性"教育的重担就落在了父母的肩上。

然而，中国的家长似乎更羞于谈"性"，直到女儿来月经时，父母才会草草地告诉女儿："这是正常的。"然而由于女孩们得不到关于"性"的知识，但她们对此又很好奇，因此有些女孩就会去那些言情小说、黄色网站中寻找答案，甚至会做出以身试"性"的傻事来。

因此，家长应积极参与性教育，使孩子从小就得到正确的性知识。

从心理学角度来说，不同年龄阶段的女孩，其性教育的内容也完全不同：

（1）5岁前的女孩，性教育主要是解决性别认同问题。家长应在洗澡、睡前很自然地让孩子认识自己的身体，不要有意地把女孩扮成男孩。

（2）5～7岁的女孩，在求知欲驱使下常对男孩与女孩的差异感到迷惑不解，会向父母提出各种问题，此时父母应简单明了地回答她们的问题，不需要过分详

细地讲述性、生殖等情节。如果讲不透,孩子的好奇心得不到满足,反而会更觉得神秘。

(3) 7~13岁的女孩,这期间家长应对女孩进行较系统的性知识教育。在同青春期之前的孩子谈性时,可借助自然现象、童话、寓言故事,采用比喻的手法把性教育内容穿插其中。

例如,家长可以从植物开花结果讲起,接着联系到人的性与生殖:春天,一位漂亮的姑娘把西瓜种子种到地里,之后她每天都给种子浇水、施肥,种子慢慢长出绿色的苗苗。到了夏天,莉莉上结出了小花,花谢了就变成了小西瓜,小西瓜越长越大就变成了熟透的香甜可口的大西瓜,这个时候就可以摘下来吃了。

妈妈在肚子里也种了一粒种子,在妈妈的精心哺育下,这粒种子慢慢长大,十个月后就变成了一个小人。然后妈妈就把她摘下来,于是这个世界上就出现了一个活蹦乱跳的宝宝。

此外,家长还可以在看《动物世界》等节目时,用动物的生殖活动进行比喻,和孩子谈蝴蝶的交配,金鱼或鸡、猫的繁殖等,以帮助孩子理解性知识。

建议父母的妙招:

家长应该在何时与女孩谈"性"?又如何去谈呢?希望下面的几点方法能够对父母们有所启发。

1. 孩子发问时要及时给予解答

通常女孩到了四五岁,不但会对自己的身体感到好奇,也会想认知他人的身体。当她看到别人的身体和自己的不同时,就会想知道原因。这时,父母就应对她讲解一下身体各部位及其功能,并给予明确的解释。

此外,当孩子对一些影视作品中的某些镜头产生疑问时,父母也不应当避讳不答。

在谈及性问题时,父母最容易犯的错误就是,对很多"性词汇"避讳不谈,或吞吞吐吐。殊不知,这样反而会让孩子觉得神秘,觉得一定有什么不对劲,进而产生探索的欲望。

2. 利用书籍对孩子进行性教育

有些父母觉得对孩子进行性教育很难开口,也有些父母觉得自己在这方面的知识太少无法对孩子实施教育。在这样的情况下,父母不妨采取买一些相关的教育书籍放在显眼的地方、让孩子主动阅读的方法,即避免了尴尬,也同样可以收到很好的教育效果。下面这位妈妈做得就很好:

女孩来月经了,她很惊慌,但又不好意思告诉父母,就偷偷地把弄脏的内裤和床单藏了起来。但妈妈在帮女儿收拾屋子时发现了。她意识到自己应该给女儿讲一些性知识了,但她又羞于开口,于是便买了一本《青春期女孩》放在了女儿的书桌上……

3. 了解青春期女孩的性心理

青春期女孩性心理的发展,一般会经历如下几个阶段:

(1)性意识朦胧觉醒,向往与异性的交往,有的女孩为了吸引异性的注意,衣服一日三换,处处表现出与众不同。

(2)梦幻与自慰,想入非非,白日做梦,进而手淫自慰。过去人们认为手淫只存在于男孩中,事实上女孩也有手淫的现象。

(3)模仿与尝试。青春期女孩性心理的发展,可能出现两种不良倾向:一是受性本能、性心理的驱使。出于无知和好奇,过早地进行性体验和性尝试。二是一些女孩视青春期出现的性心理为丑恶,产生强烈的羞耻感和罪恶感,把自己看作下流的人,她们形成闭锁心理,孤僻、自卑、内向。

当然,作家长的不希望孩子出现任何一种不良倾向,因此,当女孩到了青春期,家长们就应该向她灌输这样一种思想:"性"心理是人的一种很正常的心理活动,但青春期的孩子是无权进行"性"行为的。

另外,父母还应该着重对这一阶段的女孩进行性道德教育。

# 细节5:尊重女孩的个人隐私

在女孩幼年时,在父母眼中,她们就是透明的,是没有什么秘密的。可是到了青春期,女孩就不再这样了,她们开始有了自己的小秘密,她们好像有意在与父母疏远,因此常常把自己的日记本锁在抽屉里。

也许正是由于孩子的这些变化,父母对女儿更加"关注"了:女儿到底有什么心事?她需要我的帮助吗?她是不是"早恋"了?……正是在这种心理的推动下,很大一部分父母开始煞费苦心地把挖掘孩子的秘密,甚至把目光定格在女儿的日记本上,并美名其曰:"这都是为你好。"

父母的这种行为能否帮孩子解决烦恼,能否促进了亲子之间的良好沟通?无数事实证明,答案都是否定的。孩子不但不会体会到父母这种行为背后的"好心",相反,父母这种侵犯孩子权力的行为,只会严重伤害孩子的自尊,由此使亲

子之间更无法沟通、使亲子关系更加恶化。

进入青春期之后，每个女孩都会有自己的秘密。即使有些"秘密"确实让她们很烦恼，她们也不想让别人知道，尤其是让父母知道，因此她们总爱把自己的抽屉上把锁。其实，这是孩子进入青春期后很正常的心理，它体现了一种独立意识和自尊意识。

因此，对于女孩的家长来说，偷看孩子日记并不是了解孩子内心世界的最佳途径，相反，这种方法还会使孩子把自己的内心封锁得更紧密，甚至时刻对父母设防，从此拒绝与父母沟通。一旦这种情况发生，对孩子的成长将是十分不利的。

 建议父母的妙招：

对于青春期女孩的父母来说，他们怎样才能了解女儿的内心世界？如何正确对待孩子内心的秘密？如何引导才能让孩子健康成长呢？

1. 不要窥视女儿的"秘密"

作为女孩的父母，你应该知道，从发展的角度来讲，如果你的女孩没有私密权的意识，她将很难成为一个有独立人格的人。并且如果你的"窥视"一旦被女儿发现，她往往会对你产生信任危机。因此，无论在什么情况下，父母都不能窥视孩子的"秘密"。

如果你确实有过"偷窥"孩子秘密的行为，而且被孩子发现了，你应该真诚地向孩子道歉，然后再告诉她："你的所作所为让我很不放心，因此我才出此下策。爸爸（妈妈）向你保证，以后绝对不会再出现这种情况。"这样，孩子才不会对你产生信任危机。

2. 送女儿一本带锁的日记本

青春期的女孩是异常敏感的，她们很在乎自己的小秘密，有的女孩甚至会在日记本里放上头发之类的东西，用以探测父母是不是动过她的日记、书信。

那么，父母应该如何对待女儿的这些小秘密呢？如何既尊重女儿的隐私，又使女儿不至于封锁自己的内心呢？

一位女孩的爸爸给我们做出了榜样：

小爱13岁生日那天，爸爸送了一个让她很感动的礼物——一个带锁的精美日记本。小爱拿着这个精美的日记本，很兴奋但又有点不好意思地对爸爸说："还是老爸最了解我！"

然而爸爸却用一本正经的态度对她说："我们送给你一本可以记载你成长的日记本，你可以用它来适当封锁自己的世界，因为我们知道这是你的需要和渴望。

但爸妈只想告诉你,我们会理解并支持你想拥有秘密的愿望,但是你与我们必须约法三章!"

爸爸又恢复了往常的幽默,继续对小爱说:其一,你要经常和我们交流、谈心;其二,如果有什么自己无法解决的问题,不能自己一个人独自烦恼,必要时一定要向我们求助;其三,要相信我们总会在你的身边,我们愿意为你随时提供任何帮助。"

相信每一位父母在向女儿表明了如此开明的立场之后,女儿都会愉快地接受这份平等的"契约"!

3. 与女儿谈谈自己当年的日记

父母尊重孩子,就应该允许孩子有自己的"隐私世界"。而事实往往也是这样的,父母对孩子越尊重,孩子就会对父母越信任,从而主动与父母分享自己的秘密。

小巧上五年级了,她养成了写日记的好习惯。一天,她正在房间里写日记,听到有人敲门,"是谁?"

"是妈妈,我可以进来吗?"

"请进!"小巧一边答应,一边把日记本合起来。

原来妈妈是给她送水果来了。"又在写日记啊?"妈妈问道。

"是啊,你可不能偷看哦!"小巧娇嗔地"警告"妈妈。

"好,妈妈不看。其实妈妈小时候也像你一样,不光要写日记,还要拿个小锁把日记本锁住,生怕别人偷看了我的日记。"妈妈一边抚摸着小巧的头发,一边说道。

"那有人偷看过你的日记吗?"小巧好奇地问妈妈。

"没有,他们看我的日记上有锁,就知道我不希望别人看,也就不看了。想想那时候挺好玩的,一把小锁,仿佛锁住了自己的快乐,呵呵。"妈妈笑着对小巧说。

"我的日记里也有好多快乐。"小巧对妈妈说。

"我知道,其实妈妈很希望能分享你的快乐,也包括忧愁。不过妈妈会尊重你的意愿,不会偷看你的日记的!"妈妈真诚地说。

"既然妈妈这么说,我倒愿意和你一起分享我的日记了。"

就这样,妈妈既尊重了小巧的意愿和隐私,又得到了小巧的信任和爱。

尊重孩子的隐私权,这是密切亲子关系、获得孩子信任的基础。

在生活中,父母要密切注意孩子在态度和行为上的细微变化。当她希望自己不被打扰时,父母就不要随便进入;当她希望拥有记录自己秘密的日记本时,父

母就不要偷看。

当你用自己的语言和行为去赏识和尊重孩子时，孩子也同样会尊重你，从而把你当成她的好朋友。当她遇到什么事情或者心中有秘密的时候，才有可能主动向你谈起。

女孩的父母们应该记住：你越尊重孩子的隐私，你与孩子的距离也就越近！

所以，当你需要进入女儿的房间时，应该敲门，并礼貌地问她："我可以进来吗？"

当女儿写日记或者写信时，如果你想看，必须经过她的允许。

当你想帮助女儿收拾房间、书桌或者书包时，最好应该让她知道。

# 细节6：多一点爱，包容女孩叛逆期

叛逆心理是青少年成长过程中经常会出现的一种心理状态，是青春期少年的一个突出的心理特点。

进入青春期后，女孩子在生理上发生了很大变化，身体逐渐开始发育成熟，心理上也产生了极大的变化，这个时候如果父母依然用教育小女孩的方式去训导女孩，必然会引起女孩的叛逆心理。

小菊平日都是个非常听话的女孩，但当她第一次提出要到外地上中学的时候，父母却吓了一跳。因为小菊从来没留过披肩发，上网从来没超过父母规定的一小时，从来不和父母、老师顶嘴，从来不敢不完成作业，从来没有考试不及格，甚至从来没迟到过。

上中学那天，小菊的父母亲自把女儿送到学校。走的时候，小菊掉眼泪了。可小菊走之后，并没有像父母对她说的那样，一天一个电话向父母汇报大事小情，让父母运筹帷幄。相反，小菊就像风筝，从父母眼前飞走了，而且越飞越高、越飞越远，渐渐地就像断了线一样，让父母抓不着了。

小菊的父母也没想到，这样一个让人省心的孩子，到了中学怎样忽然就变了一个人。小菊先是到学校附近的美发店给自己染了黄头发，又给自己买了几身绝对能让父母晕过去的衣裳，露着肚脐的，膝盖上破个洞的，肩膀耷拉下来的，再配上野性的腰带、粗粗的链子，乖乖女差点儿就变辣妹了。

不仅发型变了，连原来最看重的学习，小菊都不在乎了。中学里的一些课程令人颇为失望，她开始"必修课选逃，选修课必逃"，逃课成了家常便饭。上午的课不想上，就一觉睡到吃午饭的时间；下午的课不想上，就出去逛街、看电影。终于可以自己决定做什么、不做什么了，小菊享受着用12年"寒窗苦"换来的自由，早把父母的话抛到九霄云外去了。

离家前，小菊的父母给她买了台手提电脑，希望能方便她学习，还一再嘱咐她，不要总上网，不要在网上交友，更不能网恋。爸爸还拿出几份不知道什么时候存下来的剪报，告诉她坏人如何利用网络骗钱骗色，要她一定学会自我保护。

小菊当时全都口不对心地点头答应了，可到了中学，就像久旱逢甘霖，没有父母在背后盯着，小菊一上网就刹不住，开头每天两小时，后来四五个小时，再后来就整宿都趴在网上。

后来，小菊的父母隐隐感到女儿有点不对劲，但直到寒假来临，他们才发现小菊发生了怎样的变化。小菊的父母无法接受这个"粗野""放任""不求上进"的女儿，结果小菊在和他们大吵了一架后，毅然回到学校。小菊的父母真不明白，为什么从小那么听话懂事的一个孩子，到了中学却变得如此叛逆？

像小菊的这种变化，在心理学上称为叛逆心理。孩子在一天天长大，随着年龄的增长，她们所接触的范围也跟着扩大起来。当然，她们的知识面也有所增加，慢慢地，她们就有了自己的价值观。当孩子有了属于自己的价值观，并且发现自己的价值观与父母不同，甚至还会遭到父母反对时，她们就会不那么亲近父母了。这个时候，如果父母还是把其当成孩子一样说教，就会迫使她们产生反抗情绪，进而就有了反抗行为。

其实，叛逆是每个青春期孩子的共同特点，是孩子走向成熟的标志。每个孩子多少都会有些叛逆，但不同的孩子表现的叛逆程度不同，有的叛逆让你觉得她长大了，有的叛逆让你觉得她已经失去了掌控。

作为青春期女孩的父母，对于出现过错或性失误的女孩要及早察觉，给予理解和帮助，不可歧视、排斥或惩罚；不要求全责备，父母应认真反思，调整自己的教育方法。

 建议父母的妙招：

作为父母，要给予女儿更多的关心和爱护，多和孩子交流沟通，这样才能让她健康成长，具体可以从以下几个方面来做：

1. 父母不要管得太多

当孩子长大了，她就会变得有主见、有思想，不再是一只温顺的小猫，她开

始接触世界,而她此时所接受的教育足以让她初步规划出自己的目标,形成自己的个性。她知道自己想做什么、不想做什么、喜欢什么、讨厌什么。因此,当父母们再以成人的理念和标准来要求孩子时,便会产生碰撞。所以,有时候做父母的对孩子的事情不要管得太多,过分的关注只会引起孩子的反感。

2. 及时沟通,增进情感交流

情感交流是人类的本能需求。当父母发现孩子的兴趣会影响功课时,或者做出一些小错误时,不要立即禁止,最好能多了解情况。只有进入孩子的内心世界,才能相处得更融洽。当父母与孩子相处融洽了,孩子自然就不会反叛了。

3. 给予孩子更多的理解

"我这是为她好,孩子为什么就不能理解?"相信很多父母都会有这样的苦恼,自己把所有的爱都给了孩子,不但得不到孩子的理解,反而让孩子更加叛逆。

父母往往一味将自己沉重的爱强加在孩子身上,殊不知孩子根本承受不起,从而令孩子对他们的爱"不领情"。其实,孩子可能需要的只是家长一个温柔的拥抱,一个鼓励的眼神,或是一句温暖的话语。

# 细节 7:消除女孩叛逆的心理

"孩子突然像变了个人一样,真难管",很多家长对于长到一定年龄的孩子都这样反映,但却不知到底是什么原因所致。其实这一切是孩子青春叛逆期到来的表现。

上初中的田依非常喜欢读小说,甚至到了茶饭不思的地步。听老师说田依成绩下降,田依的父母立刻火冒三丈,禁止她"看小说",除了学校和家哪里都不许去,尤其不许去图书馆和书店。回家必须立刻做作业,另外再加 5 页练习题。

没想到,田依听父母说完之后,火气更大。她冲父母大声吼着:"你们懂什么啊?我看的都是名家作品!这有利于我学习!什么都不懂,你们最好别管我!"

父母没想到田依竟然这么不尊重自己,气急之下更加严厉地责备起田依来。然而田依呼哧呼哧地喘着粗气,不屑地看了父母一眼,摔门就进了自己的房间。这一举动彻底激怒了爸爸,爸爸把她拖出房间,狠狠打了她一顿。

没想到,田依连哭都不哭,反而仇恨地盯着爸爸,恶狠狠地说:"你等着吧!我一定要让你后悔!"

田依知道,父母担心的是她会看不健康的书。于是她特意向班上的女同学借了言情小说，故意拿着让父母看到，在他们面前扬长而过。看到当时父母或者无可奈何或者强忍怒气的样子，田依总是觉得内心充满了报复的快感，但是回到自己的房间之后，她又觉得挺失落的。

还有一个故事同样发人深省，应该引起家长们的注意：

娜娜，是一名初一的学生，在班里担任中队长。娜娜以前是比较乖巧听话的孩子，学习成绩也一直不错。可是，最近妈妈发现娜娜"越来越不听话了，"主意多得很，经常像故意跟父母"对着干"似的，而且倔强得很，不肯认错和服输。

曾经有一件事情令父母伤心不已：娜娜的一位同学过生日，准备邀请几个同学一起到"肯德基"庆贺一番。娜娜的爸爸、妈妈心里不太愿意女儿跟那几位同学交往，认为那几位同学不求上进，而且，一贯节俭的他们也无法接受小孩子采用这种方式过生日，因此坚决不允许娜娜去参加。娜娜则认为妈妈对同学有偏见，说爸爸妈妈"老土"，坚持要去参加同学的生日聚会。爸爸、妈妈见女儿不听劝告也很生气，威胁女儿说："你可以去，不过，去了就别想再进这个家门。"没想到，女儿竟然说："我就去，我再也不愿意见到你们了。"

尽管娜娜最后没有去参加聚会，但她一直在跟爸爸妈妈怄气。娜娜的妈妈看在眼里，急在心里，她不明白平时一贯听话的女儿怎么越来越不听话了。

女孩之所以产生逆反心理，处处和爸爸妈妈对着干，有很大一部分责任在于爸爸妈妈不当的教子方式、不当的行为。一旦明白了逆反心理产生之源，爸爸妈妈就应该"正本清源"，以春风化雨般的态度和方式，化解女孩心中的逆反。

有时候，叛逆行为是和年龄有关系的，是女孩成长阶段的"必修课"。女孩有轻微的叛逆行为，爸爸妈妈不用大惊小怪，不要认为女孩是学坏了，而应该像以前一样关怀她、教育她。到了一定阶段，此种叛逆行为就会逐渐消失。

然而并不是说，对逆反期的女孩，家长要敬而远之，家长对程度超过了正常范围值的逆反，一定要应予以重视，通过剖析原因和巧妙的沟通、引导来消除或缓解女孩这种不正常心理。

建议父母的妙招：

教育叛逆期的女孩是一个让人头疼的任务，这个时候家长要注意千万不能急躁，以硬碰硬只能使结果更糟。要消除女孩的逆反心理，父母应该从以下几方面入手：

1. 平等沟通，客观地分析女孩叛逆的原因

许多父母总觉得自己是对的，女孩应该听父母的。但是，青春期的女孩已经

有了自己的思维方式和处理问题的方式，所以父母应该放下架子，耐心地听一听女孩自己的想法，从感情上、从具体事件上与孩子达成一致，做一些适当的让步。

2. 进行艺术地批评

有些父母看到女孩犯错误就一味地批评，这样就会刺伤女孩的自尊心而使其产生逆反心理。要是父母先对孩子的优点给予肯定和表扬，再指出不足和错误之处，女孩的自尊心得到了满足就会乐意接受。

3. 要多走进孩子的内心世界

当女孩因为兴趣影响学习成绩时，父母大多会粗暴地制止，但往往适得其反。要是父母先不动声色地观察女孩的兴趣，了解情况，譬如和女孩一起议论她们心里崇拜的偶像等，然后再做适当的提醒，做到有的放矢，当利害关系一目了然的时候，孩子也就能够接受劝告了。

## 细节8：密切注意女孩情绪变化

如果你稍加留意，就会发现，青春期女孩最爱说而且说的最多的话就是"真没劲""没意思"。

父母邀请女儿去逛街，女儿以"没劲"为理由而拒绝；父母带女孩去参加亲戚的婚礼，回家之后，女儿扔给父母一句"没意思"便回到自己的房间了；

父母让她学习，她更会说"真没劲！"

那么，对于这些青春期女孩来说，什么才是"有劲""有意思"的呢？父母也曾多次这样问过她们，但她们自己也说不出个所以然来。

让父母们担心的还不仅仅是这些，正是因为这种种的"没劲"，女孩们常常会感觉到孤独，有时她们还会有抑郁的表现。

香照是家里唯一的女孩，父母把她当作掌上明珠，无论她想要什么，父母都会满足她。而且连爷爷奶奶、姥姥姥爷也都围着她转，但她竟在自己的日记里这样写道：我很孤独！没有人能理解我！

到了青春期，孩子"内心的秘密"增加了，她们强烈需要与人交流，但又信不过周围的人。于是在这种矛盾的心理斗争中，孩子就会产生孤独感。

另外，在前面我们也讲过，青春期是孩子的又一心理断乳期，进入青春期的孩子大都有这样的心理：觉得自己是大人了，总想一夜之间就成熟起来。

于是在这种心理的作用下，父母的关心不再像过去那样暖融融地打动人的心，反而有些唠叨烦人；老师似乎也失去了往日的慈祥与耐心，越来越喜欢与自己做对了；就连平日最要好的知心小姐妹，现在也不是那么亲密无间、无话不谈了……她们有一肚子的心事，但不知道跟谁讲，所以就会觉得孤独、没人能理解她们。

建议父母的妙招：

青春期是每个孩子都必须经历的心理断乳期，这一时期的孩子，无论是心理还是情绪都有很大的浮动。尤其是女孩，她们更容易产生多变的情绪。父母稍不留神，孩子的性格就有可能与孤僻、抑郁有所联系。那么，父母应该怎样做才能让女儿远离孤僻与抑郁呢？

1. 沟通，走进孩子的内心世界。那什么样的沟通才算是真正的沟通呢？

一位有经验的妈妈这样说：我的女儿12岁了，她整天说的最多的话就是"真没劲、没意思"，我问她什么"有劲、有意思"，她却回答我："反正你们都不了解我！"

我知道女儿属于敏感、内向型的孩子，这样下去对她的心理健康很不利。于是我试着与她沟通。但我感觉无论如何都走不到她的心里去。我没有放弃，一直在寻找着与女儿沟通的最好方法。

一次，朋友送我两张《泰坦尼克号》的电影票，我便带女儿一块儿去看了。当电影播放到船要沉下去时，我听到女儿在悲悲戚戚地哭。

在回家的路上，女儿的话比往常多多了，她问我："妈妈，为什么大家都死了，女主角却能活下来呢？"

"因为这是爱的力量，她的心中有爱呀！"看着女儿迷茫的眼神，我继续跟她说："给你举个例子吧，有一次我发烧烧到40度，当时你爸爸又不在家，我就硬撑着给你做饭。因为我是你的妈妈，我怕你饿着，这同样也是一种爱的力量！"

听了我的话，我能感觉到女儿把我的手拉得更紧了。

从那以后，女儿跟我说的话明显多了起来。她会跟我讲学校里发生的事、讲她的同学，甚至连她的小秘密也告诉我。自从女儿话多以后，我发现女儿嘴里的"真没劲"和"没意思"也少多了！

2. 父母要有一颗持之以恒的心

与青春期的孩子沟通其实并不难，关键在于父母要有一颗持之以恒的心——也许这种方式不适合你的女儿，但终归有一种方式她会接受。只有父母与女儿保持有效的沟通、只有父母走进女儿的心里，女孩的心理才不会出现问题，女孩才能健康快乐地度过她的青春期。

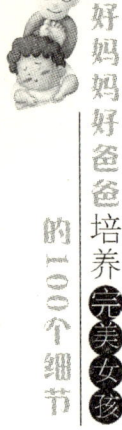

# 细节9：给女孩多提建议，少做决定

任何父母对孩子都是充满着期望的，他们望子成龙、望女成凤。有些家长甚至在孩子幼儿时就为他们设计了一幅理想的蓝图，为了实现这一目的，不顾孩子的爱好和理想，强迫孩子按他们自己设计的轨道发展。

从开始上幼儿园起，莉莉的耳边就常常响起父母"一定要好好学习，一定要争气！一定要考上清华"的叮咛。为此，她在父母为她设计的框架里不断地努力着。终于，12岁的莉莉不负父母的厚望，以优异的成绩考进了一所市属重点初中。终于可以松口气了！莉莉觉得，自己没有辜负父母的苦心，考上了他们指定的学校。这个假期可以好好地休息休息了。

晚上，妈妈下班回来，手里拎着一个大口袋。莉莉急忙迎上前去。打开口袋，莉莉呆住了——里面全是初一的课本和辅导材料！妈妈并没有理会莉莉的惊讶，严肃地对莉莉说："你呀，别以为进了重点初中就万事大吉了。要知道，凡是考进这所学校的学生都是尖子生，你要想出头，就得提前做准备。"莉莉说："妈妈，我知道。可是，这个假期是不是……"妈妈打断了莉莉的话："是不是什么，你还没到可以休息的时候。我和你爸爸早就打算好了，你的目标，就是清华！当年，你爸爸因为一分之差没有考上清华，这是他一辈子的遗憾，这个遗憾只能靠你去弥补了。"

见莉莉没有回应，妈妈缓和了语气，语重心长地说："女儿啊，我和爸爸都是为你着想。清华是最高学府，如果能考进这所学校，以后无论是出国深造还是找工作，都是不费力气的！我们为你创造这么好的条件、替你操这么多心，对你没有什么别的要求。只要你考上清华，到时候你想干什么，我和你爸都不再管你。"

听了妈妈的话，望着一堆堆的辅导资料，莉莉无言以对，禁不住流下了眼泪。第二天，莉莉就离家出走了。

生活中，像莉莉的父母这样为孩子设计好前途的父母不在少数。他们把自己一生的理想或者遗憾都寄托在孩子身上，一直逼孩子往自己认为是正确的路上走，即使孩子并不适合，或者根本就不喜欢。

也许这些父母认为，女孩还小，很多事情她们都不懂，父母们为她们作出的选择对她们有好处。殊不知，女孩虽然年龄小，但是她们也有着鲜活的思想和情感，有自己的兴趣、志向和理想。女孩为了自己这些目标而努力的时候，是自觉自愿、积极主动的，而且学得又快又好，同时享受到学习的乐趣。

如果父母把自己的意愿强加给女孩，让女孩担负起父母的愿望，那女孩就会感到身上的担子太重了，压力太大了。女孩就会觉得学习是一种痛苦的过程，同时也会使女孩失去自己的成长空间和独立意识，这就可能导致女孩产生抵触、反叛与对抗的情绪，出现与父母关系紧张、厌学等现象，甚至走上歧路。也有些女孩会变得精神萎靡，对生活、学习感到迷茫、失去信心等，这些都对女孩的心理健康极其不利，甚至可能引发心理障碍与心理疾病。

建议父母的妙招：

为了保护女孩的健康成长，为了女孩健全独立的个性，明智的父母应该考虑以下方法和建议：

1. 尊重女孩的独立性

随着女孩一天天长大，她们会逐渐形成独立的意识，所以父母要尊重女孩的独立性，让女孩充分地发展，而不是被父母限制在设计好的框子里。不然的话，她们也会像自己的父母一样，在补偿父母遗憾的同时，留下自己的遗憾。

2. 对女孩的要求不可过高

父母在尊重女孩理想和追求的时候，还要注意一些问题：不要在女孩建立理想的初期就给女孩太多的压力和警示，这样做很可能就会打击了女孩的积极性，让女孩轻易放弃自己的理想。

3. 给女孩最后的决定权

对女孩的理想，父母如果觉得是合理的，就应给予尊重和支持。对女孩的理想真正的支持应该建立在对女孩的充分理解和尊重的基础之上，以女孩的心理准备和接受能力为前提，然后进行适当的启发和引导，需要的是精心呵护，不是说教，不是命令，更不是趁机提条件。即使女孩的理想与父母的意愿产生了很大的偏差，也要平静地与女孩沟通，在尊重女孩理想和追求的基础上，通过充分的商量和探讨，让女孩充分理解父母的想法，然后再把决定权交给女孩。

# 细节10：引导女孩正确利用网络

随着电脑与网络在现代社会的普及，无论大人小孩都开始迷恋起了电脑与网络。与男孩比起来，女孩似乎不那样迷恋网络，但是，目前走进网络虚拟世界中的女孩还是越来越多。

一位伤心的妈妈曾这样说："是网络让我的女儿变成了'怪人'。她很少出门，而且特别害怕见生人，连出去买东西都害怕。她的脾气越来越暴躁，很少与我们说话，一旦说话就是冲我们发脾气。她与同学们失去了联系，整天窝在自己的房间里沉迷在网络的虚拟时空中。"

那么，网络究竟有什么魔力让孩子对它如此着迷呢？孩子为何会对网络情有独钟呢？

在某论坛上，一个小女孩曾发出了这样的感慨："都说我们是幸福的一代，可又有谁知道我们的孤独呢？"

这并不是孩子的无病呻吟。的确，如今的孩子大都是独生子女，在家中比较孤单，她们在心理上很渴望与同龄的伙伴交流。但当她们进入青春期后，对父母的反抗、对老师的抵触、对同学的不信任，使她们最终将目光投向了网络。

但如果女孩长久沉迷于网络的虚拟世界里，就像上面那位母亲所说的那样，她会不适应现实的生活，她会惧怕现实生活中的人，她还会因此而与现实中的人失去联系……此时此刻，父母就要格外注意了，引导孩子正确对待网络。

建议父母的妙招：

作为父母，我们应该如何引导女儿正确上网，或者说女儿面对网络时，我们能为她做些什么呢？

1. 制定一份电脑使用规则

平平刚接触电脑时，父母就给她制定了这样一个规则：

（1）使用电脑要以学习为主，娱乐为辅；

（2）电脑放在客厅里，没有特殊情况不得移位；

（3）平时每天使用电脑不得超过半小时，双休日、节假日和寒暑假每天不得超过两小时；

（4）不把有关家庭的信息暴露给网上的陌生人；

（5）在网上遇到他人的骚扰等麻烦事要立刻与父母商量，如果父母不在家，应立即关闭电脑；

（6）如果使用者违反上列规则，视情节轻重，处以减少使用电脑时间或在一段时间内停止使用电脑的处罚。

在这个规则的约束下，平平在使用电脑和上网方面很少出现问题。

小女孩一般还是会相信权威的，在规则的约束下，小女孩犯错误的可能性就会小很多。

但是，对于大一点儿的女孩来说，特别是青春期女孩，规则往往是不起作用的。这时，父母就应采取措施告诉她如何在网上进行自我保护。

2. 切记不能使用强制手段

如果女儿很喜欢网络，父母最错误的教育方法就是无端指责和限制。

很多家长为了不让孩子上网，不是唠叨不断，就是在电脑上设置细节，或者干脆拔掉网线。殊不知，这样不仅无法让孩子真正断了"网瘾"，反而会把他们推进网吧。这样对孩子会更加不利。

其实孩子每天上网不超过两小时，就不能算是"网瘾"，家长大可不必过于紧张。而且，网络作为现代社会不可或缺的交流工具、学习工具，对孩子的学习和生活也是十分有帮助的。

明智的家长常常是这样的，他们会引导孩子健康地使用网络，告诉孩子如何利用网络来学习知识、充实生活，并积极地参与到孩子所喜好的网络生活中！

3. 安装保护软件，以便"过滤"黄色、暴力内容

对于身心幼小的女孩来说，网络上很多的黄色、暴力内容，是危害巨大的，也是最难防范的。对此，家长可以购买相关软件，在自家的电脑上设置防护措施，将这些网络"毒素"清理出孩子的网络世界。

此外，家长还应教给女儿一些基本的网络安全常识，如上网交友时不能轻易说出自己的真实姓名、电话、住址、学校名称等个人信息，最好不与网友见面，对网上求爱者、谈话内容低俗者不予理睬，等等。

4. 面对女儿的"网恋"，用理解代替责打

随着网络的普及，"网恋"也越来越多，处于青春期的女孩也很容易产生"网恋"。对待女孩的"网恋"，父母的责打只会让她们对现实越来越失望，从而更快地投入网上那个虚拟男人的怀抱。所以，面对女儿的"网恋"现象，父母最应该做的就是理智，理智才能了解女儿"网恋"的原因，才能从根源上解决女儿"网恋"的问题。

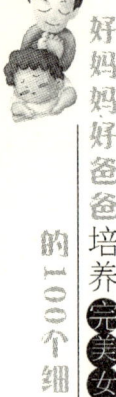

一般来说,女孩们"网恋"往往是由一定的心理需求引起的,或是渴望了解异性、或是寻找精神寄托、或是想转移学习压力等。父母只有了解了女儿"网恋"的原因后,才能对症下药,引领女儿心甘情愿地走出"网恋"。

# 细节11:给女孩的承诺一定要兑现

很多父母认为孩子小,就是自己的附属品,而不给他们任何权利,在孩子面前总是说话不算数,给孩子的承诺也是一拖再拖不去兑现。这样不仅严重伤害了孩子的心,而且会让自己在孩子面前失去威信。

10岁的小双提起父母来,竟是一脸鄙夷的神情。她说:"爸爸妈妈算什么呀?他们说话一点儿也不算数。我爸说,只要我考了前5名,他就带我去坐过山车。可我真的考了第五名时,他却说没时间,下次吧。我妈妈也一样,她说我写完作业就让我下楼和小伙伴玩,可是我写完了她又让我弹一个小时的钢琴。每到这时候,我都会想起电影《麦兜的故事》,麦兜的妈妈让他吃药,说吃了药病就好了,病好了就带他去马尔代夫。结果麦兜吃了药,病好了以后,妈妈却再也不提去马尔代夫的事了,麦兜再问,妈妈就说,'发了财再说吧'。我理解麦兜,觉得他和我一样可怜。以后爸爸、妈妈再怎么向我许诺,我都不相信他们了,全是骗人的!"

15岁的菁菁已经有一个月不理妈妈了。原因是这样的,暑假菁菁去姑姑家玩,有一次无意中听到了姑姑在背后说妈妈的"坏话"。等回到家,菁菁就把姑姑说她的"坏话"全盘照搬地告诉了她。没过多久,姑姑一家来菁菁家作客,姑姑和妈妈言谈甚欢。没想到两个人聊着聊着,妈妈就把菁菁"告密"的事给说了出来。菁菁当时生气极了,因为妈妈答应过菁菁不告诉任何人,也不告诉姑姑。结果,那天姑姑的脸色很不好看,菁菁看了,心里难受极了。后来,她埋怨妈妈,问她为什么说话不算数时,可妈妈说:"小孩子,没关系,这样说了,你姑姑下次就不会说我了!"听了这话,菁菁忽然感觉妈妈不仅说话不算数,而且很自私,只想着自己心里舒服,就不考虑孩子的感受。从那以后,菁菁几乎不再和妈妈说话了。

这些女孩对家长的态度,其实完全是由家长一手造成的。在生活中,这些家长不给女孩任何权利。

小双的妈妈对小双说话不算数,但是对身边的成年人却从不如此。她觉得对孩子说话算不算数似乎无关紧要。其实这最本质的原因是妈妈把小双当成了自己的附属品，没把她当成独立的人，因而也没有把对孩子的承诺看成承诺，没有正确理解父母与孩子之间的关系应该是人与人之间的平等关系。

箐箐的妈妈更是过分，她的举动已经刺伤了女孩的内心，造成了母女之间深深的隔阂。

这样的家长，不给女孩权利的做法一点儿都不可取。可是对女孩百依百顺的家长呢？

溺爱子女是当今社会的普遍现象。生活中，经常可以听到这样的话："我们的童年过得很艰辛，再不能让孩子经受我们的那些磨难了。""现在条件好多了，又是只有一个孩子，因此，无论如何都不能让孩子吃苦受累。"正是怀着这种想法，父母们尽其所能地从各方面满足女孩的需求，包括一些不必要的甚至是无理的要求，代替女孩完成一些理应由她们自己完成的事，如做作业、干家务、值日扫地等。他们尽力把女孩的生活道路铺得平平顺顺的，似乎这样就能保证孩子幸福健康地成长。但是事实上，父母的这种观念会给孩子带来很大的危害。

建议父母的妙招：

为了能够使女孩健康快乐地成长，女孩的父母需要掌握如下方法：

1. 给女孩平等权利

不要因为女孩是小孩，就以为自己可以随意把意愿强加在她的身上，不尊重她的想法，不理会她的需求，不在乎她的感受，这样的结果只能是让女孩越来越疏远家长。

2. 不要给女孩特权

父母一切以女孩为中心，对女孩百依百顺，满足她的一切需求，溺爱她，而不去教她如何理解爱，也不去培养孩子对其他人的爱，会使她不自觉地养成以自我为中心、只为自己考虑的习惯，认为别人为她所做的一切都是应该的、理所当然的，会认为规矩都是为别人制定的，与她们无关，使女孩渐渐成为一个自私、狭隘的人。

# 细节12：教育女孩学会说"不"

随着青少年成熟期的提前和社会观念的逐步开放，一些未成年人在不懂得保护自己的情况下进行性行为的情况越来越多，导致未成年人意外妊娠成为我国日趋严重的问题。因此，家长一定要教育你的女孩学会说"不"。因为女孩不敢说"不"、不会说"不"，她们常常会受到很大的伤害。

下面这个故事是真实的：

两个女孩在歌厅门口遇到了一个坏人，这个坏人用一把水果刀把女孩从闹市区逼到了郊外。要知道，从市区到郊外要倒三次公交车，然而这两个女孩却都被那把水果刀和坏人恶狠狠的表情震住了，吓得都不敢吭声，最后双双惨遭毒手。

试想，从繁华的都市倒三次公共汽车到郊区，他们会遇到多少人？有多少次出逃的机会？即使她们在公交车上大嚷一声，车上的乘客即使没有帮助她们，但坏人至少心里也会害怕，从而放弃打这两个女孩的主意，仓皇出逃。然而女孩的软弱、女孩的胆怯、女孩的不敢说"不"，却让坏人的恶行得逞、让自己受到了伤害。

 建议父母的妙招：

对于更容易受到伤害的女孩来说，父母更应早些教她们学会说"不"——教她对违背自己原则的事情说"不"、对那些有所企图的恶人说"不"、对那些有损自己利益的事情说"不"。

1. 让女儿有自己的原则

不管是大人还是孩子，都要有自己做人做事的原则。有了原则，并坚持按原则去做，才能维护自己的正当利益，并且不易受到坏人的哄骗。

曾有儿童心理学家在一所小学里做了这样一个试验：

孩子们放学正在等家长来接，老师有事暂时离开了，这时一辆外面贴着"中央电视台"标志的车在孩子们面前停下了。这时从车里面走出来几个人，其中一个说："孩子们，你们好，我们是中央电视台的，我们来这儿是邀请你们去台里录制节目的，愿意去的赶快上车。"

一听要去中央电视台录制节目，大多数孩子上了车，只有一小部分孩子还在观望。

这时，那个说自己是中央电视台的人问没有上车的那些孩子："你们不想去中央电视台玩吗？"

其中有孩子说："我怕父母找不到我会担心！"

"到了之后，我们会给你们的父母打电话的。"

又有一部分孩子上车了。

这时，那人又说："凡是上车的孩子都会收到礼物。"说着就给上车的孩子发礼物。

全部孩子差不多都上车了，只有一个小女孩站在那里没有动。那人问她："你为什么不上车呀？"

"因为我爸妈说了，不能随便跟任何人走！"小女孩认真地说。

多好的回答呀，"不能随便跟任何人走"，这就是那个小女孩的原则。

通过这个试验，儿童心理学家得出结论：第一次上车的孩子中，女孩占了绝大多数，这说明这些女孩的自我保护意识不强。有些孩子一听，父母会知道自己的去向，或者一听有礼物要拿，或者一看别的孩子都上车了，他们也便欣然跟着上车了。这都表现了他们的自我保护意识很薄弱，同时还反映了这样一个问题：他们没有自己的原则。或者说父母从没告诉过他们，要有自己的原则。

因此，作为女孩父母，要想我们的女儿不被伤害，我们在平时就应该教给她这样的原则：

放学后要早点回家，如有特殊情况要给家里打电话，或给父母打手机；不能随便跟任何人走；遇到坏人要敢于反抗；不要随便接受男孩的约会；不要随便接受别人的小礼物；有了这些原则后，女孩长大后就不会因为贪图小便宜而上坏人的当；不会因为不敢拒绝而被坏人伤害了……

2. 教女孩学会有礼貌地拒绝

女孩一向很注重关系，她常常为了维护关系放弃自己的正当利益。因此，在日常生活中，父母不仅要教女孩有自己的原则，还要教会她不伤害她最关注的关系，委婉而又礼貌地拒绝别人。

下面这位妈妈就做得很好：

13岁的小女孩蕾蕾收到了一个小男孩的小纸条：放学后我们一起去看电影，好吗？蕾蕾不知道该怎么办，一放学就急冲冲地跑回家了。

回家后，她把小纸条拿给妈妈看，妈妈问她："你想接受他的约会吗？"

女儿摇摇头。

"那你可以大大方方地这样告诉他：不，谢谢，我放学一定要早早回家，妈妈

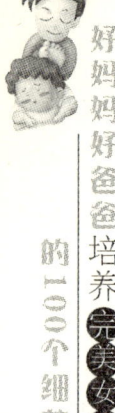

不放心。"

"那他会不会很尴尬?"

"不会的,因为你的态度是礼貌的,再说你说的也是事实呀!"

"那他要一直纠缠我怎么办?"

"你可以这样对他说:再这样我就得告诉老师了!"

蕾蕾真的按照妈妈教她的去做了,结果那个男生再也没有纠缠她。

教女儿学会礼貌地拒绝,不仅能够让她维护自己的正当利益,而且等女儿长大之后,这还将变成她的一种能力和气质。

# 第十章
## 进行正确引导,让女孩改掉自身的缺点

金无足赤,人无完人;每个人都会有缺点。只是处于成长期的孩子,由于自身性格的缺陷或处事方式等原因,致使他们无法更好地适应生活。这就需要父母用自己的关爱来帮助孩子改掉这些的缺点,让孩子们重新找回成长的快

完美 女孩

# 细节1：培养女孩自我约束的能力

孩子如果缺乏很好的自我约束能力，对自己的言行毫不约束，任性放纵，为所欲为，就会导致人格的偏离，影响自身的健康成长，严重者会导致违法犯罪，造成对他人和社会的危害。而且，这些孩子更容易受到外界干扰，很难在某一方面做出杰出成就，很难实现自己的目标。因此，父母要想孩子将来有所成就，就必须从小培养孩子的自我约束力。

自律自控能力往往表现在能够控制自己、支配自己，并自觉地调节自己的行为等方面，它既善于促使自己去完成应当完成的任务，又善于抑制自己不良的行为。而人在刚出生的时候是完全没有这种自控与自律能力的。这就需要通过成人的教育和引导。

人在孩童时期，完全受冲动和欲望的影响，很难长时间做一件事情，不能控制自己的欲望和情感。3~4岁后，孩子才逐渐发展起自律的能力。所以，父母最好在孩子两岁左右对其进行自控能力的培养。

父母对孩子自控自制能力的培养，必须渗透到生活中的每一件小事当中。这种培养和要求，有助于训练孩子克服懒惰的习惯。

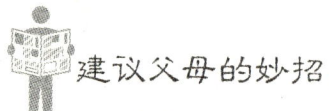

培养孩子的自我约束能力对孩子的成长是十分必要而且是非常有利的。要想孩子成长为一个有出息有前程的人，父母首先要让孩子成为一个有着很强的自律能力的人。这就要求父母在孩子的成长过程中，从以下几方面入手注重孩子自律能力的培养。

1. 从小培养孩子的自我约束力

从孩子能理解大人的话时开始，父母就应帮助孩子逐步学会正确评价和判别自己行为的适宜度。也就是要让孩子知道，什么是应该做的，什么是不该做的。一般来说，孩子较小时，自制力的培养主要是生活习惯的问题，如：按时睡觉、按时起床、按时吃饭、按时上学、按时做练习等。开始时可能会有些困难，但时间长了，孩子就会在父母的督促下，学会控制自己、约束自己，并逐渐养成习惯。

2. 制定一些行为规则来约束孩子

在日常生活中，父母可以为孩子制定一些行为规则，以此来约束孩子的行为，比如为孩子制定一些卫生、劳动、学习等方面行为规则。这么做会收到非常不错的效果。但是，必须注意的是，这种行为规则不能过度或过于详细，否则会影响孩子的独立性。

3. 不要让孩子的欲望膨胀

比如：孩子在商店看见一个玩具娃娃，提出要父母买，父母不能当场就答应，不妨也向孩子提出要求，如果孩子每天按时起床，过生日的时候就送给他。类似的做法不仅能够使孩子懂得有付出才能有收获，还能让孩子学会节制。

4. 启发孩子的自觉性

孩子自制力的发展是和孩子的自觉性、坚持性相联系的，父母要启发孩子的自觉性，让孩子养成自觉的良好行为习惯，并让孩子坚持做体育锻炼，独立完成作业，克服学习中的困难，形成比较稳定的意志品质。

5. 耐心引导，培养孩子的自制力

教育孩子时，父母必须冷静，要有耐心。一旦发现孩子出现缺乏自制力的行为时，父母首先不能冲动，要耐心说服并加以引导，同时父母也要反省一下自己的教育方法是否适当，是否采取了令孩子心悦诚服的态度和方法等。只要父母平等地对待孩子，采取适合孩子的方式，耐心地教育引导，孩子是会慢慢地改变那些不良习惯的，并逐渐成为一个具有较强自制力的人。

6. 让孩子掌握控制自己行为的技能

在教育过程中，父母都了解一个现象，就是有些道理孩子是非常明白的，可有时就是做不到，控制不住自己，这是由于缺少实施技术的缘故。比如，孩子总是控制不住自己的情绪，易冲动，这个时候父母可以教给孩子一些具体的方法，比如让孩子试着深呼吸或默默地数数，也许孩子就能够克制自我了。

# 细节2：培养女孩学会压制怒火

前苏联教育家马卡连柯曾经说过："不能克制自己的人，就是一台被损坏的机器。"

如果在孩童时期，不能让孩子学会克制自己的情绪，那么在成年后，她可能就会受到自己脾气的牵制，遇到事情，无法真正做到沉静，而容易判断失误。

一个男孩，因为性格比较刚硬，有些急躁还容易理解，可是如果一个女孩

脾气暴躁，那么就不大让人容易接受，人们通常都会评价这样的孩子没有涵养。退一步说，抛却这样的偏见，一个性情急躁、动不动就火冒三丈的女孩子，很难有所作为。因为很多的创意和思想，都会在她的熊熊怒火中燃烧殆尽。

既然性情急躁、不能克制自己的人很难有所作为，那么女孩爱发脾气的坏毛病是否可以通过后天的培养来改变呢？

当然能！其实，良好的家庭教育环境，是能够逐渐改变孩子爱发怒的恶习的，而且可以把孩子修炼得越发沉静、沉稳。因此，在孩子小的时候，爱发脾气、性格急躁也没有关系，只要父母能够给予积极的引导，在后天是可以改变的。

### 建议父母的妙招：

愤怒的情绪是人人都会有的，自制力不强的人容易因愤怒而伤人伤己。家长在对孩子情感、心理方面进行引导时，不要忘了让孩子学会压制自己的怒火。下面是一些培养孩子克制怒火的有效方法，供家长们参考。

1. 父母要以身作则，控制住自己

每个人都会有生气发怒的时候，作为父母，当您的脾气难以克制，已经发出之后，别忘了对身边的孩子说一声："对不起，我错了！"您的榜样作用将会赢得孩子更多的敬重，换取孩子健康的人格。如果你连自己的脾气都控制不好，哪能教育好孩子呢？

2. 不要助长孩子发脾气的习惯

如果孩子发脾气时立即去哄，则是对发脾气行为的鼓励和赏识，会助长其发脾气的习惯。因此，当孩子在气头上，且一意孤行时，如果没有当下的危险，我们可以暂时不予理睬，这样孩子就处于孤立的境地，让她体验不讲理是无助的，发脾气是行不通的。等到孩子的情绪稳定之后，父母再晓之以理。这样，不仅惯不出孩子的脾气，而且有利于培养孩子的理性。

3. 试着让孩子克制怒火

父母要在孩子平静的时候让孩子明白发脾气的诸多弊端，并让她做好克制怒火的心理准备。一旦孩子因某种刺激发火时，家长要及时提醒，让孩子自己试着克制。家长在提醒时，绝不能带有批评、抱怨等负性情绪，否则只能是火上加油。

4. 教孩子科学地疏理怒火

强压怒火的感觉是痛苦的，因此，家长要教会孩子一些科学疏导怒火的方法。比如，火气上来的时候，咬咬牙，摆摆头，皱皱眉，做几次深呼吸，然后坐下来，闭上眼睛，设法把身体放松，体会松下来的感觉，静一会儿之后就会好些；当怒气较盛时，做一做比较剧烈的体育运动，比如举哑铃、俯卧撑、引体向上等，在剧烈运动中释放怒气。若大人在孩子面前做过几次类似的示范，孩子就更容易模仿学习。当孩子有了一次利用适当的方式转移怒火、控制情绪的体验之后，家长应当时常赞扬孩子的成功，比如当着孩子的面向别人夸奖其坚强和成熟，以鼓励并强化孩子制怒成功的情感体验。

5. 欲擒故纵法远离怒气

这种方法就是要让孩子对怒气产生厌恶感、讨厌感，从而远离怒气。父母可以让孩子试着向不该发脾气的物体发脾气，几次尝试之后，孩子内心会感觉很无聊、无趣，从而厌恶发脾气；也可以让孩子试着向不该发脾气的人发脾气，如果觉得做不出来，就在想象中试验，想象对方面对自己的暴怒时的态度和情绪反应，同时联想自己受气时的内心感受。多次训练后，会对"发脾气"行为产生厌恶、恐惧之感，进而形成远离暴怒的内在需求。

# 细节3：培养女孩克服自卑与胆怯

大多数人的心灵深处都有羞怯和自卑感，特别有些女孩，胆子很小，怕见生人，上课不敢举手发言，外出不敢向人问路，买东西不敢问价，对人有了意见不敢说，在人群中时常产生紧张、怯懦、犹豫等情绪，尤其在遇到失败、遭到挫折以后，便无精打采，她们以自己是个"不行"的人为理由，选择逃避，说明自己已无能力解决所面对的问题。这是孩子自卑与胆怯心理的外在表现。这时，需要家长进行正确的引导，以此来帮助孩子克服自卑心理。

具有自卑、胆怯心理的女孩往往表现为孤独、不善交际，对人对事态度冷漠、怕在别人面前表现自己。说话声音低、吞吞吐吐、遮遮掩掩，生怕别人耻笑。忧心忡忡，没有信心，总感到事事不如人。对他人处处迎合，不敢坚持己见，不敢据理力争，逆来顺受，形成"自我压缩性人格"。

造成女孩自卑和怯懦的原因很多，有身体方面的因素，如生理缺陷、经常生病、身体不好等；有教育方面的因素，如父母娇生惯养、溺爱袒护造成的依赖性，遇事缩手缩脚，压抑了女孩的自由发展，遇到困难畏难发愁；还有的是父母过分严厉，经常打骂、恐吓、羞辱，把女孩吓破了胆，形成怯懦性格；还有个人因素，如能力差、性格内向、失败体验过多过强等。

一旦发现自己的孩子具有自卑、胆怯的性格，家长就要用心了，要积极引导，

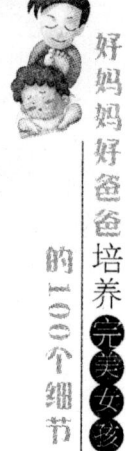

正确教育，尽快帮助孩子克服这一缺点。

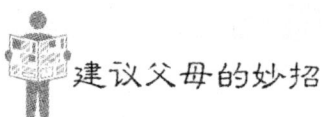建议父母的妙招：

要正确引导孩子尽快克服自卑、胆怯这种不良心理障碍，家长可以从以下几个方面入手。

1. 让孩子正确认识自己，接纳自己

引导孩子正确认识自己。一个人要对自己的各方面有一个明确的认识，才能在生活中获得较为满意的结果。除此之外，不要讨厌自己，不要以为自己羞怯就容忍自己的短处。一个人不要看不到自己的价值，只看到自己的不足，什么都不如别人，处处低人一等。生活中，家长要经常鼓励孩子，让他不但能认识自己，还要全面接纳自己。

2. 要让孩子学会正确与人比较

比较可以产生积极影响也可以产生消极作用，关键要看比较的方法。如果拿自己的短处跟别人的长处比，就会越比越泄气，越比越自卑；如果拿自己的长处和别人的短处比，就会越比越有劲儿，越比越兴奋。有些人的自卑感强就是因此，他们时常拿自己的短处跟别人的长处比而造成的。因此，在教育孩子方面，家长要教会孩子正确地与人比较。

3. 要培养孩子的独立精神

独立精神可谓是克服怯懦的精神良方，家长要引导孩子事事想着独立，不要心存依赖。有了独立精神，解决问题的胆子就会大起来。同时还要有意识地多接触人，主动参加集体活动，多到集体场合活动能够激发交友欲望，与人接触多了就不会怯懦了。

4. 要培养孩子的自信心

交往中的自卑心理，往往是由于对自己的能力不能正确评价而造成的。一些有特殊才能的科学家、艺术家等的实践表明，他们的成就与他们个性品质有密切的联系，其中很重要的一点就是自信心。能力和自信心是密不可分，自信心强的人往往能扬长避短，能力发挥得更充分。家长要让你的孩子知道：只有自信才能挖掘自己的潜力，才能有勇气正视别人的优点。

5. 要提高孩子各方面的能力

能力弱的人往往容易自卑，所以要真正丢掉自卑就要提高能力，努力奋斗。"勤能补拙"，要多给自己设置困难，多尝尝战胜困难的滋味，成功体验多了就能增强自信，而且能改变周围人对自己的看法，提高自己在他人心中的地位，再与别人相处就不胆怯了。

6. 要培养孩子勇敢的品质

锻炼自己的意志,培养勇敢的品质,也是克服懦弱的好方法。比如胆小怕夜黑,就应仗着胆子在黑路上走走。学着干点儿冒险的事(如爬山、郊游等),意志强了,神经脆弱的毛病就没了。在锻炼意志时要向英雄人物学习,向强者学习,脑子里经常浮现出英雄人物的形象,思想受鼓舞,胆子就会大一些,就会有勇气去迎接挑战。

# 细节4:培养女孩不要太"自我"

世上有很多人都有以自我为中心的意识,而这种意识也就成为与人交往的障碍。因为这种人在任何的场合中,都感觉到自己的存在,而忽略了别人的人。这种人将永远得不到真诚和友谊。

以自我为中心的人过于关注自身的状况。比如,自己的成绩、工作以及和他人的关系等。在与别人谈话时,以"我"打头,不愿听别人的有关情况。在集体中作抉择时,总是坚持自己的意见对,而别人都是错误的。在与人相处时,总是考虑自己的心理需求。经常无端地怀疑别人,如果自己做错了事,则认为别人总在笑话自己;看见别人悄悄说话,认为是在讲自己的坏话。

那么,孩子的这种以自我为中心的心理又是怎样产生的呢?

(1)家庭的过多关注。一个从小就处于家庭中心地位的人,成年以后并不能意识到自己已经是成人了,思维方式与习惯、心理上仍把同事、同学、朋友当成父母的形象或无意识地依赖他们,并认为他人思维方式只围绕自己转。

(2)没有得到足够的关爱。一个没有得到家庭温暖,或者没有学到成人如何关心他人行为的人,从小就会表现出自私自利、心胸狭窄。

(3)缺乏朋友,缺乏必要的人际交往。在社会生活中,文化素质低,生活环境过于偏僻、单调,很少获得外界信息的人,他只懂得他所知道的那点东西,思维方式不会超出他的知识和认识问题的范围。

(4)信奉消极、颓废价值观念的人。抱着"人都是自私的""人不为己天诛地灭"等颓废的观念定会表现出以自我为中心。

现代行为科学家认为,人的智商与行为是人一生中最重要的影响因素。有些成人走向社会后自私、贪恋、刻薄不会宽容别人,凡事斤斤计较,其结果令人厌

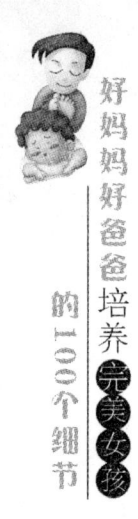

恶，与众人格格不入，最终被社会抛弃或遗忘。因此，我们绝不能让孩子的一些不良行为放任自流，父母要从丰富和加深他们的社会性情感入手，让他们逐步摆脱自我中心，多想着别人点，也就是说培养他们从小学会关心体贴人，有同情心，对人热情友好，多看别人的好处，尊敬人、乐于助人，与人合作并愿意和人分享快乐等优良品质。

 建议父母的妙招：

具体来说，父母应该从以下几个方面帮助女孩早日摆脱以自我为中心的坏毛病。

1. 帮助女孩形成正确的自我认识

要改变女孩的自我中心行为，首先要取消女孩在家中的"特殊"地位，只满足女孩的合理需求，让女孩知道自己在家庭中与其他成员是平等的。父母可以通过各种方式使女孩懂得世界上的一切事物都需要分担共享，并使其懂得应该经常关心他人。同时教育女孩懂得共享为乐、独享为耻的道理，帮助女孩建立群体思想，这样可以使女孩的自我中心行为逐渐减少。

2. 教女孩为他人做些事情

要教会女孩时常为别人做些事情，比如把有趣的游戏介绍给别人，把好玩儿的玩具让别人玩玩等。当父母遇到女孩独占、抢夺别人东西的时候，应认真分析原因，寻找教育对策，及时给予说服和指导。

3. 学会冷处理

女孩在得不到满足而大哭大闹时，家长可以"冷处理"，坚持不去迎合、不妥协。过一段时间后女孩会自己停止哭闹，此时家长可用其他形式安慰一下。这样经过多次矫正之后，女孩就会明白采取哭闹的方式达不到目的，慢慢会减轻以自我中心的表现。

4. 教育女孩对他人要负责

要女孩认识到人不仅仅只是为自己活着，这世界，正是因为有了每个人的奉献，才会这么丰富多彩。要女孩走出故步自封的天地，去爱别人，去接纳别人，去追求美好的人生，去探索自身的价值，关心国家大事，承担社会责任，不依赖他人，不期望他人的回报，积极地工作、学习、娱乐，树立崇高的信仰。

# 细节5：纠正女孩小偷小摸的行为

小偷小摸的孩子都有一种侥幸心理，第一次的成功往往会给他们带来快感。而这种侥幸和快感，会促使他们有第二次、第三次……正所谓"小洞不补，大洞吃苦"，小偷小摸是一种不良行为，如果不及时加以纠正，就可能演变成大偷大摸，给社会造成不安定因素。

孩子的这种想改又改不掉的"小偷小摸"的坏习惯，实际上是一种心理疾病。而且这种偷窃的心理冲动是有周期性的，当冲动的紧张度升到一定程度，偷窃行动即带来满足，偷完之后会后悔，却又重复去做。

这些喜欢偷窃的孩子，并非天生就是小偷，而是与他们所受的家庭教育有关。比如，有些孩子的家长一发现孩子发生了偷拿东西的行为，就大动肝火，责骂、羞辱、体罚，甚至把她扔到河里。这种过于严厉的态度和反应，反而给孩子心理上带来了难以承受的压力，使孩子的自尊心受到了严重的伤害，结果往往产生怨恨、自卑、反抗的心理，反而有意通过偷窃来发泄内心的不满。

女孩有了偷窃行为并不可怕，只要父母教育得当，女孩偷窃的不良行为还是会得到纠正的。如果家长发现孩子偷窃的行为后做出适当、合理的制止，注意干预的方式，不要当着他人的面训斥孩子，多给孩子一些关爱，让孩子在家庭中得到温暖与情感关怀，再给孩子一些正确的引导，那么女孩可能就再也不会进行偷窃了。

一般来说，4～5岁的女孩还不懂得什么是自己的，什么是别人的，还不懂得别人的东西未经许可不能随便拿的道理。这时父母要告诉女孩这个道理，并帮助女孩区别自己的和别人的东西。

当一个女孩已经知道别人东西不能动，但是看到别人的东西好，又控制不住自己，故意把别人的东西悄悄地带回家，这就属于小偷小摸行为了，时间一长，就会成为一种坏习惯。小偷小摸是一种不良行为，发展到后来，会违法犯罪，如果你的女孩有这样的坏习惯，就要设法帮助女孩改正，否则，坏习惯一旦养成，就有可能在将来走上违法犯罪的道路。

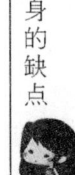

建议父母的妙招：

以下方法有助于父母帮助女孩改掉小偷小摸的坏习惯：

1. 增强女孩改邪归正的决心

应让女孩懂得偷窃是一种不良的行为，如果今日小偷小摸，将来就有可能大偷大摸，走上犯罪的歧途。通过反复教育，纠正女孩的是非观，增强其改邪归正的决心。

2. 增强女孩改邪归正的信心

父母应从尊重、爱护女孩的角度出发，尽量挖掘他们身上的优点，多采用赞许、表扬、信任、奖励的方法，点燃他们的自尊心，唤起他们的荣誉感，消除对抗情绪，树立上进的信心。

3. 不能棍棒相加

当父母发现女孩有偷窃行为时，有的父母姑息不管，有的父母棍棒相加，这样做的结果，往往会使女孩走向极端，滑得更远。应该说，女孩偷窃，父母是有责任的。所以，父母有责任耐心地教育女孩，帮助女孩养成好习惯。

4. 增强女孩的抗诱惑力

有偷窃行为的女孩，在接受教育后，有时会有所改变。但父母要在相当长的时期内，帮助她们避开某些直接诱因。同时，当女孩出现反复时，既要批评，又要耐心说服，使女孩意识到错误，感到内疚，自觉改正错误。

5. 用故事帮助女孩改掉积习

女孩都爱听故事，父母要通过讲故事使女孩明白"勿以善小而不为，勿以恶小而为之""防微杜渐"的道理。

一个人只有能驾驭自己，才能去征服世界，如果女孩有偷窃行为，那么，父母就有责任帮助女孩改掉坏习惯，让他们学会驾驭自己、约束自己。

# 细节6：帮助女孩改掉粗心的缺点

粗心是孩子最常见的问题。很多家长都知道，其实孩子试卷上的错误很多都是因为粗心造成的，可是孩子似乎很难克服粗心这个毛病，每次考试都会因为粗心丢掉很多分数。家长和孩子都为此很着急。

期中考试过后，小荷成绩不理想。分析过试卷之后，她伤心地说："全都是因为粗心的错误，我明明会的！"

第二次考试，小荷说："这道题我会做，可是在审题时却看漏了一个数字……"

某次作业之后，小荷说："老师，我的草稿本上写的都是对的，抄错了，真可惜！"

女孩经常会犯粗心的错误。说起来，好像粗心无可厚非，毕竟知识是会的，只是当时不小心而已。可是，女孩的父母要知道，粗心也是不可原谅的。因为粗心女孩的家长可能都发现了，自己的女儿犯过一次粗心的错误，接下来并不是再也不粗心，而是一犯再犯。

其实粗心和观察能力弱是密切相关的。观察是一种有目的、有计划、有步骤的知觉。它是通过眼睛看、耳朵听、鼻子闻、嘴巴尝、手触摸等去有目的地认识周围事物的心理过程。在这当中，视觉起着重要的作用，有90%的外界信息是通过视觉这个渠道进入人脑的。观察是智力活动的门户。一个观察力强的人能从一般人认为是司空见惯的事物中发现奇迹。一个观察力弱的人即使进入宝山，也可能空手而返。

观察力是女孩完成学习任务的必备能力。女孩学习知识需要从观察开始，即使是间接地从书本上获得知识，也离不开眼睛、耳朵等感官的观察活动。许多女孩学习成绩不好的原因就是观察力极差，从而导致思考能力和判断能力低下，由此可见，女孩的观察能力是非常重要的。

建议父母的妙招：

怎样培养女孩的观察能力，并改掉其粗心的习惯呢？

1. 指导女孩明确观察目的

女孩在观察当中，往往目的性不明确，喜欢凭自己的兴趣观察那些自己感到好奇的事物。事实上，女孩的观察目的，直接影响到观察的效果。观察目的越明确，女孩的注意力就越集中，观察得也就越细致、深入，观察的效果就越好。指导女孩明确观察目的，不仅要教育女孩树立观察的意识，认清观察对于发展自身智力的好处，而且要教育女孩在观察任何事物时，都要有明确的目的，即观察什么，为什么观察。

例如，父母和女孩一起去公园，父母若没有要求女孩观察确切的东西，回来后问女孩，女孩往往回答得不如意；如果父母明确地要求女孩观察公园里的湖泊，女孩就会比较全面地描述湖泊，包括湖面的情况、周围的环境等。因此，父母指导女孩观察事物时，可以随时指定一种观察对象，进行有目的的观察。

2. 让女孩有计划地观察事物

父母要帮助女孩拟订观察的计划，让女孩明确观察的对象、任务、步骤和方法，有计划、有系统地进行观察。让女孩观察的事物应该从简单到复杂、观察的范围从小到大、观察的时间从短到长，这样有计划地指导女孩观察事物，有利于逐渐提高女孩的观察能力。

例如，父母可以鼓励女孩自己种一盆花或其他植物，每天观察其变化，并写观察日记，父母则不断给予指导。这样，女孩由于在观察过程中充满了兴趣，因此，往往可以观察到丰富的内容，效果很好。

3. 教育女孩观察与思考相结合

观察力是感知与思考的结合，只观察而不思考是不会有新奇的发现的。

在女孩观察能力的同时，父母要引导女孩在观察中积极思考。只有在观察的同时积极地思考，女孩才会更有目的、有针对性地去观察。

说起来，好像粗心是一个大不了的事情，其实女孩的父母一定要知道，这个观念是错误的。粗心的女孩总是犯不该犯的错误，将来也很可能因为不该犯的错误而失去本应得到的东西。而且粗心的女孩容易浮躁，女孩的家长一定要帮助女孩改掉粗心的毛病，让她学会细致地观察，留意周围的细节变化。

# 细节7：帮助女孩改掉自私的缺点

自私是一种不好的品质，它不是一生下来就有的，孩子的自私心理产生是由于教育不当或环境影响造成的。

现在的女孩大都是独生女，在家里，没有哥哥姐姐伴她玩耍，没有弟弟妹妹要她照顾，好吃的食物，父母让着她；图书，玩具，也是她一个人所有。这种生活环境很容易养成女孩以自我为中心的坏毛病。再加上当今女孩普遍缺乏集体生活的体验，不会处理自己和他人的关系，因而往往就会表现出自私的一面。

为了避免女孩产生独霸和抢先的不良心理，父母应从吃喝的小事注意对女孩进行良好的品德教育。一个女孩在吃喝等日常生活上目无他人，在别的事情上也只会想到自己，不关心他人。父母要想纠正女孩的这个毛病，可以先从分食做起，即吃东西时，家庭成员每人都有一份。即使为保证女孩的营养，让她多吃一点儿，别人少吃一点儿，但是一定要让她知道，这不是她的特权，当别人需要时，也有这种权利。

吃饭时，最好全家人一起吃，不可让女孩先上桌挑拣她爱吃的东西。平时，注意女孩礼让长辈、礼让小朋友、礼让客人的好习惯。当女孩礼让时，应及时给予表扬和鼓励。

建议父母的妙招：

为了帮助女孩改掉自私的缺点，父母应该注意以下方法：

1. 自己为女孩树立榜样

父母要做与人分享的模范，经常主动地关心帮助他人，如帮助孤寡老人、给灾区人民捐衣送物等。

在女孩的成长过程中，"自私"是很容易出现的一个问题，出现"自私"心理也是一种正常的状况。但是人类社会是群体生活，它要求人们彼此之间必须相互协调、关心和帮助。为了避免女孩成为一个自私、吝啬、冷酷残暴的人，父母一定要重视帮助女孩逐渐摆脱以自我为中心的束缚，逐步养成利他行为。

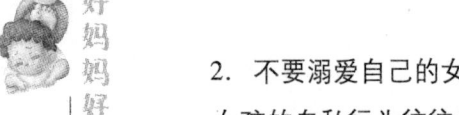

2. 不要溺爱自己的女孩

女孩的自私行为往往与父母的溺爱密切相关。很多父母出于对女孩的爱，把好吃的、好玩的全让给女孩，女孩偶尔想让父母分享，父母在感动之余却常说："我们不吃，你自己吃吧。"长此下去就强化了，女孩的独享意识，她会理所当然地把好吃的、好玩的据为己有。

在家庭生活中要形成一定的"公平"环境。父母要教育女孩既看到自己也要想到别人，知道自己与其他成员是平等的关系，自己有愿望，别人也一样有愿望，好东西应该大家分享，不能只顾自己不顾别人。

3. 给女孩分享的实践机会

经常让女孩与小朋友开展生动有趣的活动。女孩与小朋友们共同活动，共同分享活动的快乐。另外，应常创造女孩为父母服务的机会，如家里买了水果、糕点时，让女孩进行分配，如果女孩分配得合理，就及时表扬强化。

4. 让女孩明白分享不是失去而是互利

女孩之所以不愿与人分享，是因为她觉得，分享就是失去。父母应该理解女孩这种难以割舍的"痛苦"，让女孩明白，分享其实不是失去，它是一种互利。分享体现了自己对别人的关心与帮助，自己与别人分享了，别人也会回报自己同样的关心与帮助，这样彼此关心、爱护、体贴，大家都会觉得温暖和快乐。

5. 要教育女孩"心中有他人"

在家里，家长要从小女孩习惯于和别人平等生活。例如，吃糖果或点心时，家长就要有意识地人人分到，不能光让女孩一个人享用，要使女孩意识到，这些东西不仅她可以吃，爷爷奶奶、爸爸妈妈都可以吃。父母要经常引导孩子和其他小朋友友好相处，乐于把自己的食物和玩具拿出来一起分享。这样做，就会在孩子的心中渐渐地产生关心别人的愿望和行为。

# 细节8：帮助女孩克服拖拉的缺点

办事拖拉、磨磨蹭蹭是孩子中常见的一种毛病，一旦在孩童时期没有克服掉这种毛病，就有可能使孩子形成懒惰的性格，使孩子在碌碌无为中度过平庸的一生。

如果女孩做什么事都不紧不慢，别人不催，她就不着急，那么家长就需要给她制定严格的规矩，不完成任务，就不许干其他的事情。并且父母要坚持做到监督和评价，这样才有助于女孩改掉拖拉的坏习惯。

有拖拉毛病的人，常常有以下表现：

（1）怕困难而把艰巨的任务、麻烦的问题拖到最后办理，或寻找借口一拖再拖；

（2）不善于整理环境，卧室、写字桌上乱七八糟；

（3）缺乏进取精神，不愿改变环境，不愿接受新任务；

（4）老是不肯做作业，直拖到每天的最后一刻，甚至点灯熬油"开夜车"；

（5）遇到棘手的事或考试时，就装生病、找借口，企图回避；

（6）受到不公平的待遇时，即使自己有理仍忍气吞声，避免和别人发生冲突；

（7）无论遇到什么事情都怨天尤人，不检查自己的不是；

（8）说起来一套一套的，想法很多，但从来不去付诸实施。

小时候女孩没有养成遇事马上做、日清日新的好习惯，总把今天的事情推到明天，长大后也总是把需要完成的任务堆积如山，直到它们侵占了自己正常的休闲娱乐时间，人很累，但事情还是没有完成好。

做事拖拉，百害而无一利。拖延时间，最后只会把事情变糟糕。要想克服拖拉，女孩需要知道，绝对的完美是不可能的，逃避更是不可能成功的。只有现在的行动和接下来的行动才会决定事情的结果，拖延只会让结果更糟糕。当遇到困难的任务时，可以讲究策略，把大困难分解为若干小的步骤，然后，马上去攻克它。

建议父母的妙招：

以下方法可以帮助女孩克服拖拉的坏习惯：

1. 让女孩养成立即行动的习惯

如果你的女儿要做什么事，就要她从现在就开始！不要总是"明日复明日"。

女孩因为年纪还小，总觉得日子好像永远过不完，所以体会不到时间的重要性。因此父母有责任帮助女孩逐渐认识时间的宝贵，帮助她养成立即行动的习惯。

2. 让女孩分清事情的轻重缓急

有的女孩做事杂乱无章，随意挑一件事就干，这样会把最重要的事给忽略了。所以，要让女孩学会分清事情的轻重缓急，并且在完成一件事之后，再着手处理另一件。同时，集中优势也是很必要的。因此，父母要让女孩做到一次只集中应付一个问题，直到处理完为止。

#### 3. 让女孩为自己的事情规定一个期限

凡做一件事,让女孩给自己规定一个期限,是避免她拖拉行事的有效措施。在初期,她的这个期限最好公之于众,让别人知道她的期限,并期望她按时完成。这样女孩就会有一种压力,她的自尊心会敦促她努力如期完成此事。公开的拖延往往要比私下里拖拉难堪得多。

#### 4. 激发好胜心,在"比试"中克服拖拉的毛病

为了帮助女孩改正拖拉的毛病,家长还可以让女孩邀请她的同学或伙伴到家里来玩、做家庭作业。看一看谁做得又快又好,不管是谁,做到了这一点,就奖励谁。这样女孩为了面子,自觉地提高了做事的效率。

并且这样做也能在女孩心中植下竞争意识。社会的竞争在小孩子身上得不到体现,但是不意味着家长就能教育她有竞争这么一回事。从小就树立她的竞争意识,让她知道,做事拖拉,就会被大鱼吃掉,这对她将来的成长和进步大有裨益。

女孩做事情拖拉或者磨蹭,有自身的原因,也有外来因素的影响。动气不如动心,花心思帮助女孩对症下药,这才是合格家长的做法。

## 细节 9:帮助女孩改掉顶嘴的缺点

随着孩子的成长,随着孩子语言能力的发育,他们逐渐学会用语言表达自己的想法,父母眼中的乖乖女也变得不再乖巧,而且经常与父母顶嘴,许多父母为此也感到棘手。

一般情况下,孩子顶撞父母大致有以下几种原因:

(1)与孩子之间缺乏足够的沟通交流

父母总想用自己的经验和教训去指导孩子,孩子虽然没有成人,但已经有了自己的想法。家长认为自己的经验对孩子很有用,总是不容孩子分辨和诉说,一味地去灌输和教育。孩子压抑久了,随着年龄的增加,慢慢就会和家长顶起嘴来。

(2)父母的教育方式过于简单。再小的孩子心里也有一杆秤,如果父母在孩子的教育方式上不肯多花心思,仅仅凭着一时的喜怒去赞扬或批评孩子,或单纯地对孩子发号施令、训斥孩子,时间一长,孩子就不会再买父母的账了。

(3)不顾及孩子的感受,总是以家长权威自居,处理问题简单粗暴,不容孩子辩解,批评教训孩子的时候不分时候,也不选地点。这样容易伤害孩子的自尊

心，如此一来，孩子就容易产生抵触心理，和家长顶起嘴来。

（4）父母所持的观点不正确。人无完人，为人父母者也不一定什么都懂，他们有时所持的观点本身就是错误的，孩子对此难以苟同，自然要对父母的言论进行辩驳，有的父母因此觉得脸上挂不住，就斥责孩子，其实大人的这种行为实在不恰当。

孩子身上的问题一般都可以追溯到家长身上，孩子顶嘴了，不能只看到孩子的不是，家长还是应该多反思一下自己，找出孩子顶嘴的原因，然后找出解决的办法，让矛盾消除于无形。

建议父母的妙招：

在了解到孩子顶嘴的常见原因后，家长就应该认真思考，找出解决孩子顶嘴的绝招：

1. 为女孩做个好的榜样

如果父母自己都时常顶嘴，跟老人发生冲突，就容易给孩子树立一个负面的榜样，孩子就会依样画瓢，养成与父母顶嘴的恶习。因此，父母要以身作则，平日处事平和，不急不躁，遇到长辈时言行尊重，女孩自然会听从你的教导，而不再顶嘴。

2. 用心倾听女孩的想法

女孩虽然小，但也有自己的想法。如果她顶嘴，做家长的先不要动怒，而是心平气和地把女孩拉到自己身边，抚摸着她的脑袋，然后循循善诱，用温柔的话语引导女孩，倾听她辩解的理由，如果女孩说得有道理，就别端着家长架子不肯让步；这个时候，如果父母强硬地把孩子堵回去，而不疏导，等孩子长大些，就会更顶嘴。

3. 减少对女孩溺爱的举动

所有的家长都知道溺爱的害处。如果真是因为溺爱造成女孩顶嘴，那只能是从治根开始。只有把对女孩溺爱的氛围驱除了，顶嘴现象才能减少。最好是全家同一阵线，如果女孩不听话，明显是不讲道理的顶嘴胡闹，大家都不理她，孤立她，让她承受后果。而当她变得讲道理听话时，则要用鼓励的言行强化她的转变。

4. 给女孩过渡的时间

有时候，女孩在玩或看电视的时候，大人如果下令让她停止，马上去弹钢琴或睡觉，女孩一下子不能从原来的活动中脱离出来，就会顶嘴。遇到这种情况，

不妨给女孩一个缓冲时间,比如告诉她:"妈妈现在去刷牙,等刷完牙你就要关掉电视了啊!"或者告诉她,分针指到哪个数字时就要去弹琴了。告诉她这些后,就要坚决执行。孩子会发觉其中规律的,一旦成了规律,成了她的一个习惯,再执行起来就不困难了。

5. 营造民主气氛

为了让女孩有话可以轻松讲出来,做父母的可不能时刻以权威自居。不妨在家里营造出足够的民主气氛,谁说得有理就听谁的。并且鼓励女孩随时讲出自己的感受,随时化解孩子的委屈。父母别怕自己会没有威信,其实父母越这样做,就越会赢得孩子的理解和认同。

# 第十一章
## 进行心灵沟通，让女孩健康快乐成长

俗话说：子女好与坏，在于沟通和关怀。两代人之间如果没有正常的沟通，家庭教育就不会有成效。因此，父母只有架起与孩子良好沟通的桥梁，才能把握住孩子心理和精神的需要，才能使亲子关系变得更加融洽、温馨、美好。

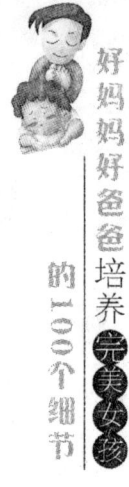

# 细节1：经常和女孩进行心灵的沟通

作为父母，就应该向孩子敞开心扉，经常和自己的孩子进行心灵的沟通。因为，这种方式不仅是一种沟通，更表现了父母对孩子的尊重和信赖。

但中国的父母一般很少向孩子透露自己的内心世界，却希望孩子向自己袒露一切。这种不平等的关系往往成为亲子沟通的一道屏障。

父母在孩子面前，以一种轻松的方式接受自己的不完美，承认自己的错误，不仅让孩子觉得你更亲近，加深亲子之间的感情，而且能把一种坦然、放松的处世态度传达给孩子。

当孩子问父母："你为什么不高兴啊？是不是工作上有了麻烦？"父母就应该认真地考虑一下，是否应该与孩子谈一谈，怎么谈。如果搪塞地说："没什么，很好。"或"不关你的事，去玩你的吧！"这就等于将孩子对父母的关心推开。那么孩子从父母那里所得到的信息就是：父母如何不关我的事。这就等于父母自己向孩子关闭了沟通的渠道。

沟通是孩子成长过程中父母与孩子之间建立良好的亲子关系、父母对孩子施加科学教育，从而促进孩子健康成长的重要环节。而建立良好的亲子沟通关系，父母总是想让孩子向自己敞开心扉是不行的，父母也需要向孩子敞开心扉。

建议父母的妙招：

那么，父母该如何向孩子敞开自己的心扉呢？

1. 和孩子分享你的喜怒哀乐

一位哲人说得好：快乐让别人来分享，就多一份快乐，把忧伤告诉给愿意为你分担的人，就少一份忧伤。父母和孩子之间是世界上最亲密的关系，也应该一起分享彼此的喜怒哀乐。如果父母向孩子敞开自己的心扉，跟孩子分享自己的喜怒哀乐，那么孩子就会感觉到父母对他的信任和尊重，孩子就会更加尊敬父母，并且也会向父母敞开他的心扉。

2. 告诉孩子你的隐私或秘密

很多父母都认为孩子太小很多事情不能告诉他们，尤其是自己的隐私或秘密，如果让孩子知道了则是一件很丢面子的事情。其实不然，如果孩子知道他是跟父母共享隐私或秘密的人，他就会更加地信任父母，父母也就能更加容易地走进孩子的心灵深处。

3. 让孩子了解你的工作状况

父母应该明确地告诉孩子：我现在做什么工作，我的工作细节有什么，它对整个社会、国家甚至人类有什么意义等。现在许多父母的确都很忙，但花点时间陪陪孩子，和孩子说说自己的工作细节，谈谈工作的酸甜苦辣，聊聊成功的幸福体验，对孩子是十分重要的。

很多父母埋怨现在的孩子不知道节约、自私、花钱大手大脚等。但是，如果孩子不知道父母是如何靠辛勤工作给家里挣钱的话，那么他们就不会把金钱与工作紧密地联系起来。孩子们到了上小学的年龄，父母就可以把自己如何靠努力工作来谋生、如何创造属于自己的事业的道理讲给孩子听了。

4. 让孩子明白你对她的期望

父母对孩子的期望不能过高，否则会对孩子造成压力和伤害。应该根据孩子的实际情况，对孩子确立合理的期待。但是，最好也能够让孩子明白，父母对他的期待并不过分，而且要让孩子明白父母对她的具体期待是什么。

如果父母能够做到这些，那么孩子一定也会从父母的期待中汲取前进的力量，一定会努力成为一个不让父母失望的好孩子。

总之，父母与孩子沟通一定要讲艺术，只有敞开自己的心扉，才能引起孩子感情上的共鸣，从而与孩子建立起一种相互信任的关系，使亲子关系融洽。

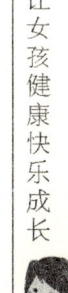

# 细节2：用威信把女孩培养成乖乖女

一般来说，父母在孩子中的威信越高，他们的教育作用也就越大，也最受孩子们的欢迎。由此可见，父母的威信是对子女进行教育的基础。

所谓"威信"，就是威望和信誉。威信的一个重要特点就是意志服从。父母的威信主要表现在：孩子尊重、爱戴、信赖家长；父母对孩子提出的要求，孩子能自愿地、毫不勉强地接受。所以父母的威信是一种无形的教育力量，是孩子自觉接受教育的重要条件。实践证明：如果父母没有威信，尽管态度认真，教育严肃，但孩子仍然当作耳边风；相反，如果父母有威信，不用讲多少道理，孩子也能令行禁止。由此可见，要搞好家庭教育，必须努力建立和维护父母的威信。

作为父母，我们都希望自己的女孩能够乖巧听话，能够成长为一个知书达理的小淑女。因此，树立起父母应有的威信，让小女孩懂得尊重父母、懂得信赖父母，进而与父母建立起一种积极配合的密切关系，就是当代父母必须要完成的一项教育功课！

 建议父母的妙招：

那么，父母在建立家长威信方面应该做哪些努力呢？

1. 以身作则是建立威信的关键

古话说："其身正，不令而行；其身不正，虽令不从。"如果父母想在孩子面前树立威信，首先父母自己要做得更好。

比如，要纠正女儿乱扔垃圾的坏习惯，仅靠一遍遍地说是不行的，必须要做给孩子看。孩子看到父母的行为自然会模仿，同时也就很容易接受父母的要求了。想想，如果父母自己都做不到的事情却要求孩子去做，孩子又怎么会听你的话呢？

2. 父母要有高尚廉洁的品格和广博的知识

父母的品格修养对孩子性格、品德的形成起着举足轻重的作用。这些高尚廉洁的品格一般体现在对祖国的热爱、对事业的忠诚与勤奋、对他人的热忱与宽容、对生活与困难的乐观向上的态度。如父母具备了这些品格，孩子会崇敬与爱戴他们。

孩子在成长过程中总是不断地提出问题、不断地进行探索。作为父母必须具备丰富广博的知识来满足孩子们的求知欲与好奇心。这就要求父母自身有较高的文化素养与知识。如果父母的文化知识修养对孩子的学习品质的形成有极大的好处，同时也就能在孩子心目中获得较高的威信。

3. 严与爱结合起来，树立父母真正的威信

对女孩的教育，只有严与爱结合才能既起到教育效果，又不伤害女孩敏感的自尊。而且，在宽严相济的教育方式下，父母也更易树立权威形象，让女儿既敬你，又爱你。

例如，父母平时可以对女儿要求严格一些，对一些影响孩子个性发展的一点儿小细节、小错误也不能轻易放过。但每次严格教育之后，父母都应想办法对女儿进行一下安抚和开导，使她感受到父母是爱她的。这样，孩子既受到了教育，又不会对父母产生畏惧、抵抗心理。而且，当孩子懂事以后，也会对父母的严格教育心存感激。

4. 少而精的管教有助树立威信

很多当妈妈的都有这样的感受：自己苦口婆心，天天对女儿进行教导，结果女儿根本不听不怕自己；反而是当父亲的，往往在关键时候一句话，就顿时挽狂澜于瞬间。这是因为妈妈太唠叨的缘故。因此，要树立威信，说教就不能太琐碎，要管得少而精。如果父母每天都是絮絮叨叨，大事小事数落个没完，孩子难免会产生逆反心理。所以，有时候抓大放小，反而更有效。

5. 父母要统一战线，教育一致

对孩子存在的问题，父亲一种态度，母亲一种态度；或者父母一种态度，祖辈一种态度；一方严厉，一方宽松；一方斥责，一方袒护，这些都是不可取的。长此以往，父母在女儿面前的威信就会荡然无存。

因此，家长在教育孩子方面，要态度一致。当夫妻二人态度不一致时，切记不要当着孩子的面持相反的态度，提相反的要求。如，爸爸处理问题简单粗暴，妈妈可以不表态，也不要当场反对，待事情过后，妈妈再说服爸爸，取得一致看法后再去安抚孩子。

这时，孩子既不会感到委屈，又会从内心深处信服家长，接受教导。

# 细节3：给女孩多做肯定和鼓励

在儿童心理学研究方面，一直有这样一个为大家所称道的心理学效应——罗森塔尔效应。

美国著名的心理学家罗森塔尔曾做过这样一个试验：他来到了一所普通中学，在一个班里随便地走了一趟，然后就在学生名单上圈了几个名字，告诉他们的老师说，这几个学生智商很高、很聪明。过了一段时间，教授又来到这所中学，奇迹真的发生了，那几个被他选出的学生现在真的成了班上的佼佼者。

为什么会出现这种现象呢？罗森塔尔效应表明，正是"积极暗示"这一神奇的魔力在发挥作用。因此，在家庭教育中，父母要多对女孩做出肯定和鼓励。

清代教育家颜元说过："数子十过，不如奖子一长。"肯定和鼓励是家庭教育中比较重要的方法，每个孩子都需要不断地肯定和鼓励，才能获得自信、勇气和上进心。一个长期接受消极和不良的心理暗示的孩子，她的情绪就会受到影响，严重的甚至会影响其心理健康。相反，如果父母对自己的女儿寄予厚望、积极肯定，通过期待的眼神、赞许的笑容、激励的语言来滋润孩子的心田，使孩子更加自尊、自爱、自信、自强，那么，孩子的表现往往就会令你大吃一惊！

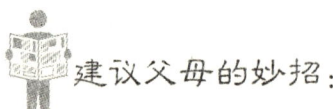

建议父母的妙招：

任何一个人都希望得到别人的肯定，甚至连成人也是如此。面对可爱、聪慧而又优秀的女儿，我们做父母的为什么还要吝惜那一句肯定的话语、那一个赞赏的眼神呢？

1. 告诉你的女孩——"下次你会做得更好！"

女孩是需要肯定的。当女孩遭受挫折时，家长肯定的眼神、肯定的话语、肯定的动作，就是她们最有效的强心剂。

在大多数情况下，女孩的胜任感和自卑感往往会受到家长的影响——女孩受到的表扬越多，她们对自己的期望就越高，就会产生很强的胜任感；相反，受到的表扬越少，女孩随之产生的自我期望就越低，从而越来越不相信自己。所以，当女孩受到挫折时，家长应该给予积极的回馈，帮助她们总结原因，提出改进意见并加以鼓励。

2. 千万不要否定女儿取得的成绩

消极的评价对小女孩的伤害就是这么巨大，它会毁掉孩子的自信、乐观，将懦弱与自卑灌输进孩子幼小而脆弱的心灵。所以，在日常生活中，父母对女儿进行适时的肯定是十分重要的。这种肯定会使孩子确认自己的判断，对自己的能力感到惊喜，她的下一次努力就会更加信心十足。

3. 父母要学会做喝彩的观众

每个女孩都有很多潜能，潜能的发挥与父母对她的赏识是分不开的。用赏识的眼光看待孩子，是现代父母送给女儿最好的人生礼物。

父母若期望孩子成人、成才、成功，最佳的办法就是：永远做女儿的欣赏者、喝彩者，肯定她的成功，培养她的自信，欣赏她的才华。

# 细节4：经常和女孩进行沟通和交流

与孩子沟通交流是培养孩子道德情操的有效方法，心与心的对话是最容易感染人的。

但是，在当今家庭里，很多家长面临着这样一个困境：随着孩子一天天地长大，发现与孩子的交流却越来越难了，特别是上了初中或高中的孩子，与父母的共同语言越来越少了，不像过去在小学那样，一回到家，把学校发生的事情一五一十地都讲给爸爸妈妈听；不再让父母翻看自己的书包、日记、作文；不愿将自己的交友情况告诉父母；不让父母随便进入自己的房间；不服父母管教……有时就是家长问了他们，他们也是爱理不理的，或者三言两语，或者轻描淡写，敷衍了事地一说，以此来应付家长的提问，有的甚至干脆和家长到了没有话可说的地步，对家长的问题毫不理会。

亲子关系是孩子降临世间的第一个人际关系，对孩子身心的健康发展是十分重要的，而融洽的亲子关系也是与孩子沟通的有效渠道。首先要允许孩子有自己的观点和看法，允许讨论，允许争论；其次是善于引导孩子，了解孩子的内心世界。有句话说得好："知己知彼，百战不殆"。父母只有了解孩子，知道孩子想什么，愿意做什么，父母才能对症下药，找到沟通的捷径。父母和孩子之间的沟通是一个缓慢发展的过程，彼此都需要相互理解，尤其是父母，应该多理解孩子，

多给孩子创造一个和谐的氛围，只有这样才能架起心灵的桥梁，才能使孩子健康、愉快地成长。

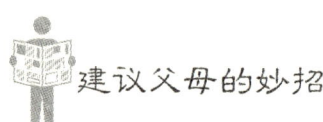 建议父母的妙招：

父母要想成功地培养孩子，就应该与孩子进行有效的沟通，主动地引导孩子形成正确的思想、想法、希望和动机。在与孩子沟通交流时，父母需要做到以下几点：

1. 充满关爱地和孩子交谈

在与孩子交流的过程中，父母时刻表露出一片爱心十分重要。在那些非常和睦的家庭中，父母在这方面做得都比较好。一般情况下，孩子肯定知道父母很爱他，所以，父母要以孩子可以接受的方式来向孩子表示出对他的爱。

2. 不要对孩子说很过分的话

父母的情绪与孩子们的身心健康紧密地联系在一起，没有哪位家长在养育孩子的过程中不努力保持平心静气的。然而，父母在碰到某些事情而激动时，可能会说一些过火的话。因此，当碰到一件比较棘手的事情时，睿智的父母会对自己的孩子说："我心里确实很难过，因此我现在什么都不想说。出去玩吧，等我冷静下来后再找你谈。"要避免因说过火的话而伤了孩子的心。

3. 认真倾听孩子的意见

父母应允许孩子在家庭事务中拥有发言权，这样有两个好处：第一，当家长在征求孩子意见的基础上做出决定之后，孩子则更愿意主动接受这些决定；第二，孩子也能够认识到，他是这个大家庭中重要的一员，这对培养孩子的自尊心及责任感将有莫大的帮助。

4. 认真听孩子的心里话

不管孩子正在告诉父母什么事情，父母都要认真听，直到听孩子说完，这样才有利于与孩子的沟通。

当孩子对父母讲完话后，父母对孩子刚刚讲过的话要进行阐述，然后询问孩子所阐述的是不是他的本意所指。在给孩子提出建议，或者采取行动之前，务必确保自己清楚地知道了孩子话语的真正意思。

# 细节5：营造一个良好的家庭氛围

家庭氛围是在家庭成员产生相互影响、相互制约过程中所形成的心理情绪和环境气氛，它包括：生活环境、生活作风、生活方式、生活情趣等。

营造良好的家庭氛围，给孩子的成长提供一片肥沃的土壤、一片明净的天空，让孩子去发现生活的光点、人性的亮点、生命的真谛！

良好的家庭氛围，还能够使孩子变得性格活泼、开朗、大方、诚实、谦逊、爱劳动、爱清洁、守时守信等；而不良的家庭氛围，则会使孩子变得胆怯、多疑自私、嫉妒、孤独、放任、不懂礼貌等。因为孩子在适应家庭环境的过程中，常以家长为最亲近、最直接的模仿对象，形成自己的心理定势和性格特征，家庭氛围的好坏是孩子心理、行为健康水平的重要相关因素。特别是对于更依恋家庭、依恋父母的女孩来说，家庭与社会相比，前者对她们的影响更大，因为家庭是她们主要的生活场所和赖以生存的地方。所以，创造一个良好的家庭环境，营造一种快乐和睦、温馨甜蜜的家庭气氛，对女孩身心的健康成长相当重要。

建议父母的妙招：

1. 营造快乐的家庭氛围

调查显示：常有笑声相伴的家庭，女孩的情商和智商普遍较高。家庭就是一个组织，每个成员都是构成这个组织的个体。如果每个人都带一些快乐回家，家里自然就充满笑声。相反，如果每个人都携烦恼回家，那家庭中肯定会是乌云密布、雷电交加。所以，作为父母，我们应该为女儿营造一种快乐的家庭氛围，这是最基本的责任。

2. 营造关爱的家庭氛围

女孩，是十分渴望父母的关心和爱护的。如果父母常常对女儿表现出冷漠，或者动不动就对孩子说，你应该这样、你应该那样……在这样的环境中，感受不到亲情温暖的女孩，往往就会产生逃离家庭的强烈心愿。早恋、离家出走等，往往是她们最常采取的消极对抗措施。

孩子的心愿是很简单的，她只是希望父母能够给予她更多的关爱、更多的理

解。只要父母适时转变自己的态度，让家庭之中充满关爱，女孩也势必会渐渐回归到健康成长的正常轨道。

3. 营造和谐的家庭氛围

在生活中，我们经常听到一些家长充满敌意地攻击对方。然而，他们却从来没有想到，这样的家庭环境对孩子会产生多大的影响。

心理学家研究表明，从小就生活在气氛紧张的"缺陷家庭"中的孩子，智商一般较低，而且存在不少心理问题；而生活在和睦家庭中的孩子，心理都比较健康。

在夫妻恩爱、和睦温馨的家庭里，孩子过着无忧无虑、自然有序的幸福生活。父母经常带孩子散步、逛公园、参加体育锻炼、做游戏等，孩子可以全方位地接受教育，对周围的事物充满好奇，从而热爱学习。反之，若夫妻感情不和，家庭气氛紧张，父母不仅无心照顾孩子，甚至还会将孩子当作"出气筒"。这种家庭的孩子感情上很痛苦，精神上很压抑，健康和智力都会受到严重影响。

4. 营造实践的家庭氛围

实践活动是从家庭开始的。家中所有活动对女孩来说，都是一种实践。通过家务劳动可以增长女孩的才干。在家庭中，要对女孩有所要求。比如：父母下班后帮忙拿拿拖鞋、递递茶杯、捶捶背等；也可以进行公益活动，如扫楼梯、擦扶手、护路灯等。女孩通过这些事可以感知她自己同家庭的关系，了解周围的物质世界以及它们同自己的关系，还可以提高社交能力。所有这些活动都给孩子提供了一片实践的天地。

家，是孩子成长的乐园，是孩子成才的摇篮，为人父母者要自觉营造良好的家庭氛围，给孩子一方宽松的家庭空间，从小培养他们的品质，为他们的茁壮成长打下坚实的基础。

# 细节6：分享一下女孩的喜怒哀乐

人生在世，喜怒哀乐等情致变化，贯穿在生活之中！女孩作为一个独立的人，同样也有着自己的喜怒哀乐，也渴望别人能够与她分享。如果父母能够适时地与她分享喜怒哀乐，女儿就会把你当成知心朋友。

一方面，分享会让女儿感到父母在关心、爱护她，从而体验到幸福和快乐；

另一方面，她会感到自己与父母处于平等的地位，从而对父母更加尊重，并乐于向父母倾吐心声。

有一天，李帆下班回家，感觉很疲惫，就坐在沙发上休息。这时，6岁的女儿倩倩从冰箱里拿出一盘樱桃递给妈妈。樱桃是倩倩最爱吃的水果，酸酸甜甜的味道总是让她吃不够。

李帆其实也很喜欢吃樱桃。不过，此时樱桃刚刚上市，价格昂贵。

所以，虽然她也很想尝尝樱桃的味道，但还是轻轻地摇了摇头，慈爱地对女儿说："乖宝贝，妈妈不要，还是你吃吧！"

"妈妈，你真的不吃吗？可好吃了！"女儿好像很坚持。

看着女儿懂事的样子，李帆很感动，她说："妈妈不吃。倩倩喜欢吃的话就都吃了吧，只要你爱吃，妈妈明天还给你买。"

听到妈妈这么说，女儿就抓起一颗樱桃吃起来。看着她吃得津津有味的样子，李帆心里很欣慰。

这时，倩倩的姥姥从厨房出来了。女儿把盘子递到姥姥面前，懂事地对姥姥说："姥姥，吃樱桃。"

倩倩的姥姥是一个节俭的人，从来不舍得随便花钱。像樱桃这样稍贵的水果，她是不会买来吃的。但是，姥姥今天竟然一反常态，她蹲下来，从盘子里抓起一颗樱桃细细品尝起来，然后笑着对倩倩说："嗯，酸酸甜甜的，真好吃，姥姥想再吃两颗行吗？"

倩倩高兴地说："当然可以！"她挑了两颗最大最红的樱桃送到了姥姥的口中。姥姥边吃边夸奖倩倩孝顺。倩倩高兴得乐开了花。

吃完樱桃，倩倩又拉着姥姥去看她刚画的画。一老一少讨论得不亦乐乎，这让一旁的李帆很羡慕。她不禁感叹：倩倩好像还是与姥姥更亲近，每天从幼儿园回来都会跟姥姥叽叽喳喳说个不停；有时候倩倩跟爸爸妈妈闹别扭，只要姥姥一和她说话，她就会把自己的想法说出来。

这天晚上，李帆特意向母亲请教了这个问题。母亲语重心长地对她说："就像白天吃樱桃的事，难得倩倩一片孝心，你怎么不接受呢？你知不知道，如果你一再拒绝倩倩的分享，以后她再有好东西都不会给你吃了。倩倩会认为，妈妈不喜欢吃她的东西，妈妈不认同她的喜好，长此以往，她会习惯性地拒绝与你分享其他的一切，包括她的心事。"

李帆恍然大悟：原来是这样，难怪倩倩能够与姥姥无话不谈。看来自己以后也应该学会与女儿分享了。

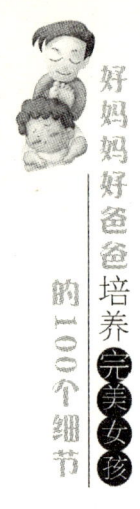

是的,从生活中的小事做起,父母与女儿一起分享点点滴滴,这样不但可以增加相互间的理解与信任,而且可以教会女儿为人处世的道理。

同样,在女儿孤独或受委屈的时候,父母若能及时发现,与她一起分担烦恼和痛苦,并引导她、帮助她,就可以更快地使她从痛苦中走出来,快乐健康地成长。

建议父母的妙招:

学会分享女儿的喜怒哀乐,可以从以下几个方面着手:

1. 尽量增加和女儿在一起的时间

不要以工作忙为借口,要尽可能多地增加和女儿相处的时间。也要注意,物质的满足不能等同于精神上的关爱。只有经常与女儿在一起多交流,才能让她真正感觉到父母之爱,而这种真诚的关爱是她愿意向你敞开心扉的前提。

2. 丰富和女儿交流的方式

有些父母虽然很关心女儿,但是他们只会简单地询问她"吃饱了吗?……还想要什么?"这显然是不够的,根本无法涉及女儿的内心世界。

要学会用"今天你感觉怎么样""学校里发生了什么好玩的事情""昨天那个同学后来怎么样了"等比较形象的提问。这样女儿才会滔滔不绝地把所见所闻说出来,当然其中也会有她自己的想法。

3. 分享时要把握好自己的角色

在分享女儿喜怒哀乐的过程中,父母要掌握并扮演好3种角色:

(1)做女儿忠实的倾听者,倾听她的诉说和见解,成为她最信赖的亲密朋友。

(2)做女儿的引导者,以平等公正的姿态随时随地给女儿提醒和意见,循序渐进地引导女儿作出正确的判断。

(3)做女儿的帮助者,帮助她发现问题,解决问题,顺利成长。

总之,在与女儿的交流中,父母要灵活把握自己的角色,这样才能够让沟通取得最佳效果。

# 细节7：多与你的女孩谈谈心

女孩与男孩不同，由于她们的感情更为细腻，所以女孩更容易出现情绪的波动。

面对学习和生活中遇到的困难，身体柔弱、心灵脆弱的女孩往往会不堪重负，更容易妥协、放弃；

与朋友之间发生了矛盾，女孩会左右为难、闷闷不乐许久；面对父母的不理解和不支持，女孩虽不擅长反抗，但却会把郁闷的情绪积压在内心深处；

因为更注重与他人之间的关系，因为感情丰富、感觉敏锐，女孩遇到的烦心事，往往会比男孩多很多。

作为大人，我们都知道，一个人内心的情感得不到倾诉和排解是很危险的一件事情。所以，作为女孩家长，你的任务也就更加艰巨，你不仅要关注女儿身体的成长，还要引导她把内心的情感发泄出来，让她的心灵也健康成长。

那么，家长应该采取什么样的方法进行引导，女孩才能更快地摆脱这些不良情绪的困扰呢？

方法很简单，也很常见——多与你的女孩谈谈心！

谈心与聊天不同，聊天是一种轻松的交流方式；而谈心则需要父母从心理、情感等角度对孩子进行帮助，及时排解女儿的消极情绪。如果说聊天是一种简单、平常的沟通方式，那么谈心就是一种深入的心与心之间的沟通方式。

生活中，那些在父母的帮助下健康成长起来的女孩，也常常会对与父母谈心的经历记忆犹新。一位优秀的女企业家曾回忆道：

最令我记忆深刻的就是，我每次遇到困难的时候，母亲都会主动找我谈心。每一次谈心，母亲都会和我并排地躺在床上，手挽着手……我们谈论过的话题有很多，关于友谊、关于坚持、关于选择、关于纷争、关于理性……每一次和母亲谈心之后，我都感觉自己浑身充满了力量。

时至今日，我还记得我和母亲手挽手并排躺在床上的情景……

的确，心思细密的女孩，往往就是这样成长起来的。在每一次和父母谈心的过程中，她们学会了自信、乐观、坚强，她们也更积极、更努力地为实现自己的理想而努力着。

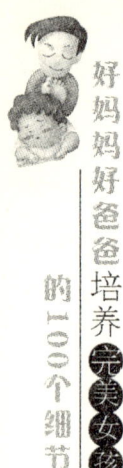

无数事实同时也证明，经常与父母谈心的女孩，不仅在为人处事方面更优秀、意志力更坚强，而且她们与父母之间的关系也往往是亲密无间的。

对女孩父母来说，与你的女儿常常谈谈心，并非什么难事。女孩的内心世界虽然丰富多彩、难以揣测，但她们是愿意向父母敞露自己的心思的。

相信只要你放下家长的架子，找一个合适的时机，与女儿像朋友一样倾心交谈一次，你就会迷恋上这种与女儿沟通的最佳方式。

一个8岁的女孩这样抱怨道："跟父母谈心真没意思，他们总是一边干别的事情一边听我说话，眼睛从来不看我，有时我都不知道他们是不是在听我说话。"

的确，如果家长总是用一副高高在上的姿态与女孩交流，往往会使这些自尊心极强的女孩产生反感，进而放弃与父母沟通、交流。

那么，父母应该如何听女儿说话呢？以下两点可以作为参考：

1. 父母倾听的姿态一定要正确。有关专家把父母倾听孩子的正确姿态总结为三点：

一是"停"，手和心理的"停"。即父母要暂时放下正在做和正在想的事情，注视对方，给孩子表达的时间和空间。

二是"看"。即仔细观察孩子的脸部表情、说话的声调和语气、手势以及其他肢体动作等非语言信息。

三是"听"。即专心倾听孩子说什么，同时以简短的语句，如"你觉得老师不公平吗""你很生气自己被冤枉吗"等，把孩子的想法和感受引导出来。

2. 父母倾听孩子说话时，除了姿态要正确外，还要表现出听的兴趣。例如，在倾听女孩说话的过程中，用简单的诸如"太好了""真是这样吗""我跟你想得一样""你的想法太好了，请继续说""我简直不敢相信"等话语来表示你的兴趣。

# 细节8：提问多注意一下语气

对于成年人来说，同一问题，如果提问者的语气不同，对方的反应往往也会不同。对于孩子来说更是如此。如果父母问孩子同样一句话："你在做什么？"分别用质问和询问的语气来问，他们得到的答案往往是截然相反的。

因此，父母在对孩子进行提问时，应格外注意自己的语气。父母可以选择将音量保持在正常或低于正常说话时的水平；说话时，以一种尊重的口吻而不是要求或威胁的口吻；一次只问孩子一个问题。

当然，在父母提问时，孩子也有拒而不答的时刻，这时，父母需要做的就是，重复问这个问题，并很肯定地对孩子说："你还没回答我的问题呢。请回答我的问题。"

在这种情况下，大多数的孩子都会回答父母的问题。但这时，如果孩子仍然不回答，父母可以这样问她："以后你问我问题的时候，你希望我回答你吗？"这时，孩子再也没有理由不回答你的问题了。

在孩子有意要打破规则的情况下，妈妈在坚持原则的前提下，让孩子亲口重复规则，有利于规则的有效执行。

由此可见，父母在对孩子进行提问时，一定要注意采用适合的语气，只有这样孩子才能接受父母的提问，进而与父母进行融洽的沟通。

建议父母的妙招：

那么，父母在与孩子进行沟通时到底如何来把握自己说话的语气呢？

1. 用启发式的口吻提问

很多家长对于沟通问题的认识往往处于一个误区，就是认为只要家长说的话孩子听了，这就是沟通，其实则不然。我们知道，家长由于他们成长年代的各种因素的限制，使得他们教育自己孩子的语言和思维是很贫乏的。所以，作为家长应该注意和孩子沟通的语气与交流方法，学会设计问题，用问话的口吻来与孩子进行沟通，尽量不要用陈述的语气，要尽可能地让孩子在听了之后自个非常愿意说，这才达到了问的目的。问是一种与孩子进行有效沟通的高级交流形式，父母

只要能够注意好自己发问时的口吻，相信这种方式一定能够帮助父母做好与孩子愉快的交流与沟通。

2. 说话的语气和内容同样重要

很多家长感到很苦恼，因为他们发现跟孩子提要求时，喊叫似乎成为自己正常说话的声音了。的确，孩子有很多让人生气的行为，但是依靠父母的喊叫能解决问题吗？事实告诉我们，喊叫对孩子并不起作用，孩子可能会更加不重视大人的要求，他们会想：如果妈妈真的要求，她会喊叫的。如果妈妈不喊，那还用得着听她的话吗？所以，很多家长都有这样的体会：叫孩子做一件事叫一遍，孩子是不会行动的，至少要喊上好多声，甚至要表现出很生气，孩子才会去做。

父母总是以教训的口气来指导孩子的行为，这种情况下即使孩子听从了父母的教导，也往往不是发自内心的。如果父母能够换种语气，以平等的、与朋友谈话的口气与孩子交谈，而不是对孩子们进行训话，这样父母便能顺利地与自己的孩子交流思想，而且一定会沟通得很有成效。

3. 说话时要灵活运用语言技巧

多使用短句，和孩子说话时，如果要充分吸引孩子的注意力，就一定要让孩子能听明白。因此，使用的句子最好短一些，并且要重复自己所说的话，直到孩子了解为止。

语调有变化，在不影响别人的情况下，说话的语调可以高一些，或者有一些高低起伏、抑扬顿挫的变化，这样更能吸引孩子来注意倾听。

内容要具体，说话的内容要具体，而且是说现在的事，否则孩子提不起足够的兴趣来交流。

语气要温柔，不要老是用责备的语气，多使用温柔、建议的语气，例如"不然，你说说看……""妈妈很想听听你的想法"，这样一来沟通的气氛才会好，孩子也更愿意说出自己的心事。

# 细节9：少唠叨，多倾听女孩的心声

相信每个孩子都会烦大人的唠叨，我们大人应该深有体会，因为我们也是在妈妈的唠叨声中长大起来的。大人特别是妈妈，为什么喜欢唠叨呢？因为，每个爱唠叨的妈妈，都是因为太爱孩子了。但是在培养女儿的过程中，父母会体会到其实唠叨并不利于女孩的成长，不利于女孩自觉、自信、自尊、自理、自律等能力的发展。

因为，唠叨基本上表现为机械的重复陈词滥调，类似的话反复说很多遍，而且是几乎每天都说，这就像一只苍蝇盘旋在女孩的耳边，直听得女孩耳朵"磨"出老茧，身心也被折磨得急躁不安，容易使女孩心烦意乱无法进入正常的学习状态。

其次，唠叨的内容也大多是指向女孩的弱点、缺点，没完没了地数落和冷嘲热讽，就算说的是好话也多是规劝式的"不许这样""不要那样"等，让女孩感到自己不受尊重。同时，父母过多的唠叨会让女孩产生自我保护式的逆反心理，消极对抗、沉默不语或者干脆与父母针锋相对以至于恼羞成怒。

所以，为了良好和谐的亲子关系，父母在与女孩相处的过程中一定要少一些唠叨多一些倾听。

父母有责任对子女的不当言行及思想进行批评教育，但是一定要注意形式。不要没完没了地唠叨，实际上，唠叨不但不会起到效果，反而还会产生很多负面的影响。

建议父母的妙招：

聪明的父母，教育女孩的时候要学会聪明地说话，您不妨参考如下方法：
1. 不要事事叮嘱，要有明确的目标

可以说，父母对女孩讲的话虽然多，但有许多话都没有讲到点子上。事无巨细，都反复强调叮嘱，搞得家庭上下不得安宁，大人为女孩不听话而气愤，女孩在繁杂的环境里静不下心来做功课。所以，父母要对女孩的学习、生活进行一些管理、指教，在对女孩有要求时，父母要尽量用简洁的、女孩可以听懂的语言，

把事情的前因后果讲清楚，并提出具体的建议、指导，让女孩真正明白父母的意思，并允许女孩对此提出自己的意见和想法，然后再去做。

2. 让女孩自己承担后果

对于女孩完全清楚，并有能力自己处理好的事情，让她自己来解决，并自己承担后果。如：不按时起床就会迟到，这是每个学生都很清楚的。她做不到，自然会受到应有的批评和惩罚。父母完全不必每天不断地提醒她，如果她总是迟到、被批评，她自己就会想办法解决这个问题了。

3. 给女孩选择自主权

父母不要过分限制女孩的自由，或是总替女孩做决定，让女孩有一定的自主权。父母应该给女孩自由选择的空间，不应该给女孩下达硬性指令，然后靠不停地唠叨来督促女孩，那样的效果往往并不好。例如：想让女孩收拾自己的房间，对女孩说："晚饭前必须把你的猪窝收拾干净！"这样的硬性指令，女孩多半是不会听的，而父母看到女孩不听自己的话，就不断地反复催促，结果就可想而知了。但是如果换一种说法："孩子，如果晚饭前你有空，就把你的房间收拾一下吧。"这样的说法，则能给女孩以喘息的空间，不会惹女孩反感，反而多半会达到预期的效果。女孩自觉自愿要做的事情，积极性和兴趣都会很高，根本就不需要父母的催促和提醒。

4. 学会倾听女孩的心声，别只盯着女孩的缺点

有些父母眼睛总是盯着女孩的缺点，翻来覆去地只讲缺点，不提进步。其实，绝大多数女孩已能分辨是非善恶，只是缺少改正缺点的自觉性和毅力。如果父母总是喋喋不休地数落女孩的缺点，反反复复地教训女孩，"我讲话你就是不听""怎么说你才能改呢"，父母这样的态度，女孩会视为不信任，甚至产生逆反心理。

唠唠叨叨，虽然话说得多，但是正处于青春叛逆期的女孩未必听得进去，还很可能产生叛逆反抗心理，也不利于和谐家庭关系的维持。聪明的父母应该立即停止唠叨，倾听女孩的内心，用最省力的方式，达到最成功的教育目的。